美国教育史研究丛书
张斌贤　主编

美国传统教育观念的变革

曹春平　著

THE CHANGE OF THE TRADITIONAL EDUCATIONAL IDEALS IN THE UNITED STATES

河北大学出版社
·保定·

出 版 人：朱文富
选题策划：何　东
责任编辑：李丽华
助理编辑：李天雪
装帧设计：赵　谦　王占梅
责任校对：杜启昌
责任印制：常　凯

图书在版编目（CIP）数据

美国传统教育观念的变革 / 曹春平著. -- 保定 ：河北大学出版社，2022.1
（美国教育史研究丛书 / 张斌贤主编）
ISBN 978-7-5666-1954-9

Ⅰ. ①教… Ⅱ. ①祝… Ⅲ. ①儿童教育-教育研究-美国②儿童福利-研究-美国 Ⅳ. ① G61 ② D771.27

中国版本图书馆 CIP 数据核字（2021）第 242756 号

MEIGUO CHUANTONG JIAOYU
GUANNIAN DE BIANGE

出版发行：河北大学出版社
地址：河北省保定市七一东路2666号　邮编：071000
电话：0312-5073003　0312-5073029
网址：www.hbdxcbs.com
邮箱：hbdxcbs818@163.com
印　　刷：保定市正大印刷有限公司
幅面尺寸：170 mm × 240 mm
字　　数：220千字
印　　张：17.25
版　　次：2022年1月第1版
印　　次：2022年1月第1次印刷
书　　号：ISBN 978-7-5666-1954-9
定　　价：60.00 元

总　　序

每当为团队成果草拟总序的时候，总是既兴奋又忐忑。兴奋是因为眼见近几年的耕耘即将迎来收获，忐忑则是由于这些收获的果子还有待学界进行“质检”。

1998年12月至1999年10月，我曾作为富布赖特研究学者在哈佛大学教育研究生院访学。访学期间，我花了很多时间思考今后的学术工作，并确定以美国教育史作为今后长期稳定的研究方向。转眼之间已历二十余载。

二十多年来，我和我的同事、历届外国教育史专业方向的硕士研究生和博士研究生所组成的外国教育史团队一直致力于美国教育史的学习、研究和教学，其目的既为弥补以往外国教育史学科研究之不足，同时也在于通过这块“试验田”，探索更新外国教育史研究的方法、路径。

这二十多年的学术工作历程大致可以划分为两个阶段。2000年至2008年为第一阶段。“京师高等教育论丛”（8种，北京师范大学出版社，2008年）反映了这个阶段的主要工作成果。在这个阶段，因为是初步涉猎美国教育史领域，无论是对美国教育史本身，还是对国内外研究状况，都缺乏足够和充分的了解，因此基本上是沿用过去比较熟悉的“套路”，大多选择国内学界涉及较少、较为宏大的主题开展研究，如李子江的《学术自由在美国的变迁与发展》、和震的《美国大学自治制度的形成与发展》、黄宇红的《知识演化进程中的美国大学》，等等。客观地说，在当时国内美国教育史研究基础还相对薄弱的情况下，这些研究还是很有价值的。2009年至今为第二阶段。经过数年的积累和反思，我逐渐意识到，要想进一步深化美国教育史研究，要想真正形成一些具有新意的研究成果，必须要改变已有的研究方式，尤其是要自觉地摆脱教育学科沿袭已久对“宏大叙事”的选题偏好和以追求系统性和完整性为目的的“教科书”式的研究路径，变以往“大题小做”或“大题大做”为“小题大做”。这也就意味着要进一步聚焦主题、提炼问题，真正开展针对问题的研究。从2009年前后开始，无论是我还是我的学生，都尽量避免触及时间范围较大或边界不易确定的“宏大”选题，而选择更加具体、更为专门的专题开展研究。2015年前后出版的“美国教育变革研究丛书”（11种，浙江教育出版社）是这种转变的初步尝试。陈瑶的《美国教育学科构建的开端》、康绍芳的《美国教育学界精英群体的兴起》、李朝阳的《美国城市学校制度的建构》、祝贺的《美国公共学校种族隔离的终结》及马文琴的《美国学校公民教育的转向》等著作，都针对某一个具体和专门的主题，并努力将研究主题聚焦在一个较小的时间范围内，以求对主题进行深度剖析。

在前期工作的基础上，近几年来，我们团队更加注重以下几个方面的工作。第一，进一步“压缩”选题，不断聚焦研究主题。第二，进一步强调文献综述的意义，更为自觉地把即将开展的研究建于前人相关的研究基础之上。第三，进一步注重吸收和借鉴相关学科的理论和方法，在教育与其他社会活动的“交汇”处寻找研究问题。呈现在读者面前的“美国教育史研究丛书”所收录的10种著作实际上反映了上述三个方面的工作。崔高鹏的《〈1862年美国赠地学院法案〉研究》、高玲的《学校变革与美国教师职业演化》、吴婵的《美国公立中学与大学关系的变迁（1870—1918）》、杜光强的《全国教育协会与美国中学课程革新》、李曙光的《教育测量与美国学校变革》、曹春平的《美国传统教育观念的变革》是第一方面的工作成果。陈露茜的《意识形态冲突与美国公共教育》和王凤玉的《研究型大学的崛起与科研体制》是第二方面的工作成果。第三方面的工作成果则是张斌贤的《教育与美国社会改革（1890—1920）》和祝贺的《教育与美国儿童福利改善》。

在未来的岁月里，北京师范大学外国教育史教学科研团队还将继续开展美国教育史研究，更加自觉和系统地借鉴相关学科的理论和方法，不仅在研究主题的选择上求新，而且在研究方法和路径上“求变”。希望通过我们持续不断的努力，促进美国教育史研究乃至外国教育史学科的不断自我革新，同时也希望得到教育学界同人的大力支持。

丛书出版之际，首先要感谢河北大学出版社社长朱文富教授。朱社长从事外国教育史（尤其是日本教育史）教学研究多年，深知基础学科研究对教育学科建设的意义，也更加理解此类图书出版的价值，对丛书出版给予了大力支持。我们还要感谢河北大学出版社的各位编辑，他们的辛勤劳动为本书增色不少。

2021 年 3 月 21 日

目　录

导　言

一

清教徒殖民美洲以后，他们订立契约、发展和形成制度及法令，并且开始考虑兴办学校，发展公共教育。随着学校的创办，以形塑人的精神为主旨的清教教化观念得以保存和传递。这种意味着人的理智与道德的培育、塑造和训练的教育观念可以称为心智形塑（mental discipline or mental training）。世界知名教育哲学家约翰·杜威（John Dewey）就在《民主主义与教育》之中将心智形塑列为美国三大“传统”教育观念之一。[①] 杜威所批判的“传统”的心智形塑观念，是以“训练迁移”说为主要内涵的19世纪下半叶的观念形态。本书所谈及的传统，是立足于18世纪末19世纪初的观念形态。从这个意义上来说，本书所研究的是作为美国教育史上传统教育观念的心智形塑观的演变历史。在18世纪末19世纪初，美国社会思想面貌呈现变革的动向。先后有欧洲启蒙思想的传入、第二次大觉醒运动和关于劳工阶层德性的争论。在这些因素的引导下，本土学者陆续引介和阐释欧洲心智形塑观念，并且在本土推广欧洲中高等教育机构的心智形塑的实践范式。

① John Dewey, *Democracy and Education* (New York: The Macmillan Company, 1930), pp. 71-79.

百余年来，教育史和教育哲学界不乏对这一历史现象的关注，然而鲜有研究者就 19 世纪美国中高等教育领袖的传统心智形塑观念的变革历程做出专门的、系统的探索。据目力所及，在中美教育史文献中，最早记录 19 世纪美国大学心智形塑观念与实践形态的资料是耶鲁学院教授诺亚·波特（Noah Porter）的《美国学院与美国公众》（*The American Colleges and the American Public*）。[①] 其后，若干美国大学史研究者，尤其是劳伦斯·维赛（Lawrence R. Veysey）在《美国现代大学的兴起》（*The Emergence of the American University*）[②] 中、乔尔·斯普林（Joel Spring）在《美国学校：教育传统与变革》[③] 中、茱丽·A. 罗宾（Julie A. Reuben）在《现代大学的形成》[④] 中都对美国心智形塑的兴衰或转变史有一定的探究。[⑤] 相比教育史的研究，教育哲学家对心智形塑的理论研究更为专门化，典型代表作有哥伦比亚大学教师学院查尔斯·J. C. 贝内特（Charles J. C. Bennett）的《形式训练》[⑥]。教育哲学家的研究，更注重该观念或学说的学理逻辑的来龙去脉。学界公认了心智形塑在美国传统教育观念中的重要地位，但是从已有研究来看，对美国心智形塑的专门探讨还停留在哲学批评阶段，专门的观念的历史形态探究尚处于起步阶段。

---

① Noah Porter, *The American Colleges and the American Public* (New Haven, Conn. : Charles C. Chatfield, 1870), p. 41.

② Lawrence R. Vesey, *The Emergence of the American University* (Chicago: the University of Chicago Press, 1965), pp. 21-22.

③ 乔尔·斯普林：《美国学校：教育传统与变革》，史静寰等译，人民教育出版社，2010，第 75—77、91 页。

④ Julie A. Reuben, *The Making of the Modern University : Intellectual Transformation and the Marginalization of Morality* (Chicago: University of Chicago Press, 1996), pp. 23-27.

⑤ 需要进一步说明的是，她（他）们使用 mental discipline 或 training of the mind 等不同术语表示心智形塑。

⑥ Charles J. C. Bennett, *Formal Discipline* (New York: Columbia University, 1907), pp. 9-11.

并且，学界对美国心智形塑的历史形态存在研究分歧，尤其是对其外延、内涵及其源流界定不一。1965 年，维赛将心智形塑界定为“一种信念体系的一部分”，并且认为包含心智形塑的信念体系由官能心理学、清教神学和苏格兰常识哲学组成。1980 年，丹尼尔·坦纳（Daniel Tanner）则在《课程发展》一书中认为，心智形塑是一种学说，也代表了一种普通学校普遍使用的道德教育方法。心智形塑最初源于新英格兰加尔文主义神学中的儿童观，加尔文主义神学将儿童定义为“罪恶”的。随后，官能心理学与心智形塑学说相结合，促进了心智形塑学说在社会上的流行。[①] 劳伦斯·阿瑟·克雷明（Lawrence Arthur Cremin）在《美国教育史》一书中谈到 19 世纪美国心智形塑观念的支持者贺拉斯·曼（Horace Mann），认为他的心智教育思想源自颅相学（Phrenology）的自由主义、裴斯泰洛齐思想、苏格兰常识哲学和波士顿一位论派思想。[②] 1986 年，郝伯特·M. 克利伯德（Herbert M. Kliebard）在《美国课程的斗争：1893—1958》一书中对心智形塑的历史源流做出如下论断：“其渊源至少可以追溯到柏拉图（Plato）的观点，即几何研究可以改进一般智力，但 19 世纪的心智形塑（理论）直接源于 18 世纪德国心理学家克里斯蒂安·沃尔夫（Christian Wolf）。沃尔夫提出了一种十分详尽的组成人的心智的官能层级说。”[③] 1996 年，罗宾在《现代大学的起源》一书中谈到心智形塑的思想来源问题时，得出与维赛、克雷明一致的结论。罗宾声称，南北战争前，学院创建者们受到苏格兰常识哲学的影响，因而倡导用广泛的课程对学生进行

---

① Daniel Tanner and Laurel N. Tanner, *Curriculum Development: Theory into Practice* (New York: Macmillan Publishing Co., Inc, 1980), p. 200.

② 克雷明：《美国教育史》（卷二），洪成文等译，北京师范大学出版社，2002，第 144 页。

③ Herbert M. Kliebard, *The Struggle for the American Curriculum (1893-1958)* (New York: Routledge, 1995), p. 6.

心智形塑，并且把学院的教育目标理解为“使青年的智力得到最充分的发展，使他们的道德和宗教本性得到最高尚的培育”①。

可见，美国教育史研究者对美国心智形塑的根源、内涵和外延的定义不尽相同；同时，鲜见关于美国教育史某个时段的心智形塑观念和实践的专门研究。因此，本文以 19 世纪美国教育家为何及如何引介、接纳、批判、实践欧洲心智形塑观念和实践范式为核心研究问题，并且从以下几个子问题入手：第一，19 世纪美国心智形塑的来源问题。第二，19 世纪之前的美国本土心智形塑观念与 19 世纪后引入的欧洲心智形塑观念之间的关系问题，尤其需要界定，它们二者之间是长期共存的关系，还是相互斗争的关系。第三，美国人引介、接纳、改造和实践欧洲心智形塑哲学观念的动力问题及具体的历史过程问题。

心智形塑是美国重要的传统教育观念，研究它的流变，能从侧面反映美国传统教育转变的根本原因。对 19 世纪美国心智形塑做专门史研究，有助于打破常规的教育史研究方法和拓展常规的外国教育史研究领域。从方法论来看，本书并不基于狭隘的教育观来探寻美国心智形塑史，尤为注重汲取教育史研究的新方法论和成果。正如张斌贤教授所言，史学家容易以现代教育观念和现代教育制度及其形式来“观照”、解释和评判教育的历史，这种狭隘的教育史研究传统在一定程度上源于对教育历史性质的认识偏差。② 本书对教育的理解是，美国教育不仅包括显性的学校教育，还包括发挥教化功能和有潜移默化的教育意义的布道活动，报纸杂志的创办、刊行，学园运动，夜间讲座，私人印发书册等举措。教育不仅通过显著的机构或学校来实施，还以人们口耳相传的观念来达到影响人心智的目的。此外，本书主要研究任务不是评判心智形塑在美国教育史上的成就或退步，而是将心智形塑

---

① 茱丽·A. 罗宾：《现代大学的形成》，尚九玉译，贵州教育出版社，2006，第 23—27 页。

② 张斌贤：《教育与社会变革》，中国社会科学出版社，2012，第 29 页。

观念视为美国教育史上不断变形与生成的现象，进而描绘它作为美国教育史上的观念和实践的复杂历史面貌，尤其是它在教育史上的演变、所引发的争议和质疑、如何被重新界定等历史过程。出于对克雷明和伯纳德·贝林（Bernard Bailyn）以来的新教育史观和方法论的思考，① 本书将涉及 19 世纪美国文化观念演变和一些相关的心理学思潮，而这些并非国内外教育史研究的常规领域。

此外，本研究对国内的高等教育和基础教育的教育目标，以及课程和教材的编排有一定现实意义。在现代，心智形塑已经留存于国内外知名大学的精神深处。如美国著名高校麻省理工学院的校训是拉丁文的“Mens et Manus”，翻译成英文是“Mind and Hand”，强调精神力量和动手能力。澳大利亚著名高等学府悉尼大学的校训是拉丁文“Sidere Mens Eadem Mutato”，国内常把它翻译成“繁星纵变，智慧永恒”，拉丁词“Mens”实际上谈的是英文中的“Mind”。② 在威廉·托利·哈里斯（William Torrey Harris）的教育哲学论述中，mind 在一定程度上近似于 soul，是比智（intellect）、意志更加上位的、整体性的概念。③ 这里存在一个问题，如何理解不同语境的 mind，后文将有所讨论。上述校训体现了大学先父们对心智形塑价值的认可，关于人文

---

① See Lawrence A. Cremin, *American Education , the National Experience 1783-1876* (New York: Harper & Row, 1982)；参见埃里克·方纳《给我自由！——一部美国的历史》(上下卷)，王希译，商务印书馆，2011；张斌贤《教育史观：批判与重构》，《教育学报》2012 年第 6 期；王晨、张斌贤《伯纳德·贝林与美国新教育史——兼论〈教育与美国社会的形成〉》，《清华大学教育研究》2013 年第 1 期。

② 郭彬：《中美大学校训比较研究》，《黑龙江教育（高教研究与评估）》2011 年第 11 期；金家新：《大学校训：大学精神与大学理念的宣扬》，《江西师范大学学报（哲学社会科学版）》2010 年第 6 期；王春喜、程斯辉：《中外大学校训比较研究》，《教育科学》2007 年第 3 期。

③ William Torrey Harris, *Psychologic foundations of education ; an attempt to show the genesis of the higher faculties of the mind* (New York: D. Appleton and company, 1898), pp. 9, 20.

学科和自然科学课程何者更能形塑学生的思维、观察力和判断力的问题，本研究有一定的启发意义。

二

本研究所关注的核心概念是心智形塑，即 mental discipline。之所以采取心智形塑这个译名，是经过了一定的考量，以下做出说明。

心智形塑，即英文中的 mental discipline 与 training of the mind。一些近代美国学者将 mental discipline、training of the mind 与 formal discipline 交替使用。心智形塑的内涵十分丰富。在部分教育哲学家眼中，心智形塑的目标不在于令受教育者获取可触的、可感的关于物理世界的殊相知识，而在于获取一种超验的、不变的共相或理念知识，尤其旨在令学生洞悉某种道德生活实践所需的原理，诸如正义、公平或自由。因而，心智形塑又可以被称为形式训练（formal training）或形式教育。在某些普世教育家的阐释里，心智形塑关涉人获得神启的可能和人与神交流的可能。在部分教育心理学家眼中，心智形塑则意指塑造学生获取知识和交流知识的基本能力，包括注意力、观察力、辨析力、逻辑思维能力、清晰的表达力等。

mental discipline 已有的译法包括“心智训练”“智力训练”“心灵的陶冶”。译文区别在于 mental 是译成心灵、心智还是智力，而 discipline 的单独译法有规训、训练、学科、教育。本书将采取“心智形塑”这个译名作为 mental discipline 与 training of the mind 的集体名称，这个译法依据以下的理据与考虑。

其一，mental 这一词语是 mind 的形容词。mind 的外延与内涵随着人类知识领域的分化而转变，相应地，在下列知识领域中，mental discipline 中的 mind 可以采取不同译法。在亚里士多德（Aristotle）的哲学中，英译词 mind 意味着灵魂的活动形式，源自希腊文中的 psuchē

一词、拉丁语中的 de anima、法语中的 âme 一词。在古希腊哲学中，mental 有时指涉人的灵魂的理性、欲望或气魄等活动，概念表征为 mental units。mind 也近似于亚氏哲学中的“形式”概念。① mind 在哲学界的译名“形式”“心灵”或“心智”沿用至今，在 20 世纪初，熟谙逻辑学与哲学的亚历山大·米克尔约翰（Alexander Meiklejohn）仍将心智形塑等同于形式训练。然而，在基督教神学中，mind 有精神的含义，它源于上帝的意志，能协调人从上帝那分有的精神与肉体灵魂的冲突。到了近代，心理学逐步从哲学中脱离出来，mind 逐步萌生新的外延和内涵。在这个阶段，心智形塑观念的代表人物之一是约翰·洛克（John Locke）。洛克论述的 mind 的内涵则近似于心智习惯。此外，近代欧洲的心理学家将 mind 当作心理活动的总称，还将它分类为拥有不同功能的官能（faculty），并且将传统教育观念心智形塑称为官能训练。与近代心理学家不同的是，近代哲学家约翰·戈特利布·费希特（Johann Gottlieb Fichtb）论述的 mind 的含义指意志或“世界理性”。综上，在古代哲学、近代心理学、近代哲学和神学研究领域，mental discipline 中的 mental 可以翻译成“灵魂活动形式的”“形式的”“心智

① Paul Elmer Mere, *Platonism* (Princeton: Princeton Press, 1917), p. 83; Aristotle, *De Anima*, trans. R. D. Hicks (Cambridge: Cambridge University Press, 1907). 这本《论灵魂》的核心词 de anima（灵魂），对照的希腊原文是 psuchē（汉译本采用的是 psukhe），一些阿拉伯学者对《论灵魂》主要集中于探讨 intellect（智），See M. Nussbaum and A. O. Rorty (eds), *Essays on Aristotle's De Anima* (Oxford: Clarendon, 1992), pp. 8-11. 而后来的一些学者，如戈特弗里德·威廉·莱布尼茨（Gettfried Wilhelm Leibniz）使用的 âme，陈修斋译成“形式、实体、灵魂”，由于迈克尔·斯科特（Michael Scot）曾经受命与另一学者共同负责把亚里士多德的《论灵魂》翻译成拉丁文，还把阿拉伯人对亚氏的评注从阿拉伯文翻译成拉丁语，所以阿拉伯学者的研究也是形成现在对亚氏理解的文献来源之一。关于这一翻译史历程，See James Wood Brown, *An Enquiry into the Life and Legend of Michael Scot* (Edinburgh D. Douglas, 1897), pp. 42-96; See Lynn Thorndike, *Michael Scot* (Nelson. London: Thomas Nelson, 1965). 林恩·桑代克（Lynn Thorndike）是后来质疑心智形塑基本理论假设的美国心理学家爱德华·李·桑代克（Edward Lee Thorndike）的胞弟。

的”“心智习惯的”“精神的”“理性的”“世界理性的”“基督脾性的”。

其二，不同语境的心智形塑哲学观念包含的 discipline 或 training 的含义不同。在亚里士多德的心智教育观中，他强调用材料刺激智性的运作和增强。神学家则侧重消极教育法，即规避、压制个人的欲念和自我中心主义情感，意在防范肉身欲念对理性的颠覆，并且形塑个人意志的克己力量，感应神恩。在近代哲学家中，心智形塑观念的代表人物洛克强调心智习惯的重复训练，旨在令儿童在成人后极其自然地遵循理智习惯去行动。费希特则倡导用摹刻的方式，在儿童心中形塑世界理性的理念。据此，“操练”“规训”“训练”“形塑”都可表示教育史上教育思想家论述的 mental discipline 指涉的教育过程。①

其三，不同阶段的 mental discipline 或 training of the mind 可以翻译为心灵规训、心智形塑、理性的形塑、官能训练等，但本研究需要一个词语来统称不同阶段的 mental discipline，这有助于读者阅读本篇研究。

其四，本书的重点是 19 世纪初至美国内战前的心智形塑观念与实践的变革，这个时期的美国现代心理学尚处于萌芽阶段，故排除现代心理学色彩浓厚的“智力训练”的译法。再者，19 世纪的心智教育方式是从消极的规训方式转变至积极的训练、练习、塑造的教育方式，采取“形塑”的译法，一方面较之于“规训”一词有积极的意义；另一方面，形塑表示了这种教育的宗旨和过程。相比较而言，“训练”只是心智教育的方法之一，词语的含义较为狭隘，“训练”这个词语偏向

① Aristotle, *De Anima* (Cambridge: Cambridge University Press, 1907), p. 131. Timothy Dwight, *Theology Explained and Defended in Series of Sermons*, Vol. 5 (London: W. Baynes and Son, 1822), p. 367; 胡斯都 · L. 冈察雷斯:《基督教思想史》(第 1 卷)，陈泽民等译，译林出版社，2013，第 210—213 页; John Locke, *Thoughts Concerning Education* (London: J. and R. Tonson in the Strand, 1913), pp. 63, 66; Gregory Moore (ed.), *Fichte : Addresses to the German Nation* (Cambridge: University of Press, 2008), pp. 22-24.

于将儿童置于被动的处境，教师似乎成了驯兽师，而“形塑”的含义相对宽泛一些，能涵盖自发形成与训练两种类型的教育，故采取“形塑”来统称 mental discipline。此外，有的教育家虽然希望培育个人对共同体的归属情感，但是仍旧诉诸共同体理性的教育，而非情感教育，故不采取“心灵”而采取“心智”的译法。因此，本文采用心智形塑这个译名统称不同阶段的 mental discipline 或 training of the mind。

为了交代本研究的具体研究对象，除了译法之外，还需要界定心智形塑的属性。问题在于，心智形塑是一种思想、一种观念（idea），还是一种构想（conception），或者是一种理论、一种范式？前人对它的界定分别是一种教育理论、一种课程理论①、一种传统的高等教育哲学，同时是一种由相关神学、心理学、道德信念结合而成的信念体系②及一种以训练为方法的道德教育实践与学说③、一种构想④、一种指导如何践行亚里士多德心灵分类理论的理论⑤。由于这些研究者对心智形塑的界定主要是依据各人的研究问题而得出的，因此那些把心智形塑界定为教育理论、教育哲学或信念的人并不一定就否定了这一术语指涉的教育实践形态。

首先，对教育思想、教育理论、教育观念做一个辨析。张斌贤教授认为，教育思想涉及对三种问题或其中部分问题的关注与思考：一

① See William Harry Heck, *Mental Discipline & Educational Values* (New York: John Lane Company, 1909), p. 15.

② Lawrence R. Veysey, *The Emergence of the American University* (Chicago: the University of Chicago Press, 1965), pp. 21-22.

③ Daniel Tanner and Laurel N. Tanner, *Curriculum Development: Theory into Practice* (New York: Macmillan Publishing Co., Inc, 1980), p. 200.

④ Paul Monroe, *A Textbook in the History of Education* (New York: Macmillan Company, 1935), pp. 505-525.

⑤ Alexander Meiklejohn, *The Liberal College* (Boston: Marshall John Company, 1920), pp. 107-132.

是教育与社会发展的关系问题，二是教育与个人发展的关系问题，三是教育内部各要素的关系问题，由此形成的教育观念、教育价值、教育理论和教育理想就是教育思想。① 李政涛在《什么是教育思想》一文中认为，教育思想的本质是教育者的情感和需要，教育思想是对教育实践的召唤和关怀，解蔽和显示“生命在教育生活中如何成长”，还包括教育行动和体验。② 阿尔弗雷德·埃文·弗莱彻（Alfred Ewen Fletcher）编的《教育百科全书》认为，“理论”是个与实践相对立的术语，教育理论的目标在于阐述一些科学真理或原则，以便为实践教育者提供可遵循的规则基础。教育实践要遵循的原则源于生理学、心理学或心智科学（mental science）等专门科学，它们包括一些可以用来训练和发展心智官能的原则。③ 张斌贤、王晨的《大学“理念”考辨——兼论大学“理想”与大学“观念”》一文认为，观念是指“广泛意义上的思想、概念、思想的对象、思想的结果的意义域”④。诺夫乔伊认为，观念（idea）是一种既广泛又特别的东西，说它广泛是因为它可能具有神学、社会学、哲学等意义，说它特别是因为它包含一组特别的思想方式。观念史的研究对象可以是单个的观念，也可以是一组观念群，它们可能是在个体或一代人的思想中起作用却不被认识到的思想习惯或假定，也可以是一个时期或一种运动中的神圣词语和成语。⑤

依据前述学者对教育思想、理论、观念的定义，本文认为，以个

---

① 张斌贤主编《外国教育思想史》，高等教育出版社，2007，第1页。

② 李政涛：《什么是教育思想》，《湖南师范大学教育科学学报》2007年第5期。

③ Alfred Ewen Fletcher(ed.), *Cyclopedia of Education*, *the third edition*[London: Swan Sonnenschein & Co. (paternosters quare), 1892], p. 107.

④ 张斌贤、王晨：《大学“理念”考辨——兼论大学“理想”与大学“观念”》，《江苏高教》2005年第2期。

⑤ 诺夫乔伊：《存在巨链：对一个观念的历史的研究》，张传有、高秉江译，江西教育出版社，2002，第10—12页。

体教育家为单位来论述的话，19 世纪美国教育家提出的心智形塑不是教育理论，而是教育观念，主要原因在于，其一，心智形塑观念存在于曼与乔治·蒂克纳（George Ticknor）等个体教育家的思想当中，并且在近代美国大学教育中发挥作用，被中高等教育领域的人士视为一种教育信念。其二，心智形塑观念不仅包括教育原则与真理，还包括其他成分。首先，它的核心概念 mind 既属于哲学、神学中的核心词汇，又属于心理学的核心词汇；其次，它的外延广泛，既属于哲学，又属于神学，还涉及心理学、教育学；再者，它包含特定的思想方式与随之形成的一套概念命题，既具有教育意义，也具有宗教、政治上的意义。其三，在 19 世纪末之前，美国并未普遍形成专门研究心智形塑的教育理论。这个时期的心智形塑还仅仅存在于人们的思想和观念之中。其四，直至 19 世纪末，美国出现了专门的研究心智形塑相关假设的教育心理学家，并且逐步涌现专门研究心智形塑的专著，心智形塑才从一种观念转变为一种教育理论。因此，本书所涉及的“心智形塑”还属于观念形态。

若从时代特征和教育家群体方面出发，可以将 19 世纪美国心智形塑概括为一种范式，因为美国教育家群体在倡议心智形塑观念和实践之时，对人的身心及其关系有共同的基本假设，也有共同的核心概念，并且提出了共同的时代教育问题，进而针对教育问题提出了一套心智教育方法。从殖民地时期至 19 世纪末，美国教育家群体在心智形塑的基本概念、共同假定、基本教育问题和应对方法上，有明显的演变，并且美国教育家群体对心智形塑方法的认识是随着他们对心智形塑基本概念和假定的演变而演变的。因此，本书将结合观念和范式的叙述方式来陈述 19 世纪美国心智形塑史。

还需要说明的是心智形塑在性别和种族问题上的限定。除了特别说明之外，本书涉及的 19 世纪上半叶的美国心智形塑观念代表人物在文章、日志、演说、报告中阐述教育应培育何种人的问题之时，首先假定的教育对象是一个男人、白种人。本书并未否定在 19 世纪中叶之前，美国存在一些阐述女性或其他种族的心智形塑观念的教育人士，并且本书对 19 世纪中叶之前的女性心智形塑观念有所涉及。在 19 世纪初，美国中高等教育机构一般以男性白人为招生对象，因此美国中高等教育史研究并不太关注 19 世纪的女性心智形塑观念与实践的主题。在 19 世纪中叶前后，心智形塑观念的支持者所指涉的教育对象的范围相对丰富起来，因此本书会涉及 19 世纪中叶前后的阐述黑人教育和妇女教育的心智形塑观念。

最后，应把心智形塑看成一个动态的概念。因为，19 世纪的心智形塑的理论假定、意义、所采用的材料、教育方式等有一定的变化，须具体到不同时间段、从不同支持人物的思想与实践中去分析心智形塑这个观念。心智形塑大致可分为三个时段：第一个时段是第二次大觉醒运动后至 19 世纪 20 年代，“心智形塑”处于观念的原初形态。第二个时段是内战前时期（Antebellum era），在欧美教育学思想的交汇下，出现了以“智”的训练为内涵和以“意志”塑造及“身份”形塑为内涵的不同观念形态。第三个时段是重建时期至 19 世纪末 20 世纪初，观念进入阈限与衰落期。

此外，由于研究涉及“正统加尔文派”和“一位论”这两个称谓，因此下文将陈述这两个称谓的使用理由及它们在文中的具体指涉。

本研究将涉及新教内部信奉加尔文传统教义的群体。这个群体自称为正统加尔文派，他们的观念辩论对手称呼他们为“正统加尔文主义者”（Orthodoxy Calvinists）或“正统人士”，并且现代不少美国历史研究者指认他们为“正统加尔文主义者”或“正统者”，如乔治 M. 马斯登（George M. Marsden）在《美国大学之魂》一书中就将耶鲁大学校长蒂莫西·德怀特（Timothy Dwight）的父亲乔纳森·爱德华兹

(Jonathan Edwards) 称为"正统派人士"。[①] 林玉体的美国高等教育史研究著述也用"正统加尔文派"称呼这个群体，[②] 为了以示区别，本书将沿用部分美国历史学家的术语"正统加尔文主义者"来指称支持严格意义上的加尔文教义的基督教徒，如德怀特。

书中的另一个核心词汇是一位论。一位论，即 Unitarianism。一位论主义者的神学为一位论，人们称呼他们为一位论者（Unitarian）或唯一神教派人士。根据一位论群体的神学理论，他们可以追溯至阿里乌斯派（Arians）和苏西尼派（socinian）。[③]

三

从已有的研究文献来看，心智形塑研究以国外文献为主，国内较少有关注和研究心智形塑的文献，因此下文将采取从英文文献到中文文献的顺序来述评已有的相关研究。为了体现已有研究在方法、深度和研究范围之间的区别，本书将依据下列文献所属的类别进行分类评述。

（一）英文文献及中文译本文献研究综述

在 20 世纪初，美国教育界掀起了中等教育改革的浪潮。教育改革的主题之一是探讨高中教育应该独立还是依附于大学教育。坚持以大学为中学教育改革导向的人士与坚持中学自主改革的人士之间发生了激烈的争论，争论焦点之一是"是否要维持高中现行课程与教学系

---

① George M. Marsden, *The Soul of the American University* (New York: Oxford University Press, 1994), pp. 60-61.

② 林玉体：《哈佛大学史》，台北高等教育文化事业有限公司，2002，第 132 页。

③ See Thomas Belsham, James Freeman and William Wells, *American Unitarianism* (Boston: Nathaniel Willis, 1815); Timothy Dwight, *Theology Explained and Defended in Series of Sermons*, Vol. Ⅱ (London: W. Baynes and Son, 1822), pp. 149-150; 参见胡斯都 · L. 冈察雷斯《基督教思想史》（第 3 卷），陈泽民等译，译林出版社，2013，第 246 页。

统”。高中现行课程与教学系统的指导观念是心智形塑，随着探讨的深入，中等教育研究者、中学教师、大学专业教师，以及教育学专业研究者开始对心智形塑进行批评或为其辩护。

1. 教育改革浪潮中的批评与辩护

在20世纪初的辩护和批评浪潮中，出现了对心智形塑的内涵和外延及其对应的教育目标、具体操作、课程材料的专门阐释。

对“心智形塑”提出异议的，首先是实验教育学和实验心理学家。其中，威廉·詹姆斯（William James）与爱德华·李·桑代克等教育心理学家从心理学理论与实验出发，质疑心智形塑理论的核心概念——官能（faculty）。爱德华·李·桑代克反对用官能这种描述心理能力的一般概念。他说，心理能力不是一般官能（general faculties）的集合体，而是数不尽的能力的集合。每种心智能力在某种程度上都是独立的。教学任务不应是发展理性官能，而是发展与不同种类事实相关的种种特殊的思维力量。①还有心理学家建议将心智形塑分成“特殊训练”（specific discipline）与“一般训练”（general discipline）。特殊训练包括对决定反应的关键特殊元素的分析，一般训练包括识别一些情境中的关键元素。②

1908年10月9日，阿姆赫斯特学院校长米克尔约翰参加波士顿大学举办的“新英格兰地区学院与学校协会”（Association of Schools and Colleges of New England）会议。在会议上，他发表了以“心智形塑是不是一种神话”（Is Mental Training a Myth）为主题的演讲，为心智形

---

① E. L. Thorndike and R. S. Woodworth, “The Influence of Improvement in One Mental Function upon the Efficiency of Other Functions (Ⅱ),” *Psychological Review* 8, No. 4 (1901): 384-395.

② Herbert M. Kliebard, *The Struggle for the American Curriculum (1893-1958)* (New York: Routledge, 1995), p. 92; William Harry Heck, *Mental Discipline & Educational Values* (New York: John Lane Company, 1909), pp. 28-29.

塑在心理学界受到的“误解”做出澄清，并且阐述心智形塑的“逻辑学”渊源，进而为这个传统教育观念做公开辩护。米克尔约翰总结了心理学家对心智形塑的两类批判，一类是理论上的批判，包括爱德华·李·桑代克等人质疑心智形塑的“官能”概念是否真的存在，质疑“官能”是否是一个可以训练的东西。另一类批判来自实验心理学家，诸如詹姆斯的训练迁移实验。米克尔约翰对这些评判的回应是，虽然桑代克基于心理学实验提出可以用新的“共同元素”代替“官能”概念，但是他并未阐述共同元素是什么。米克尔约翰认为，实验心理学家的实验并未成功证伪心智形塑，他对“形式训练（formal discipline）学说”的定义是，“也许形式训练学说最先是在逻辑学的观点之中被提出来并得到维持的，而非在心理学的观点之中”①。他认为，逻辑学从人类经验中总结了“形式”（form）这个概念，再将这种“形式”概念用来形容智力过程中的一系列共同元素。从逻辑学的意义来看，这种智力训练学说能站得住脚。关于心智形塑面临的另一种批评意见——它缺乏对意志、感情的教导，并且只注重形式，而非知识本身的传授——米克尔约翰的回答是，“心智形塑不是学院教育的全部，不是神话”②。

1909 年，威廉·哈里·赫克（William Harry Heck）出版专著《心智形塑与教育价值》，认为自然科学和社会科学的发展冲击了心智形塑。赫克对心智形塑的定义是，心智形塑即形式训练，源自中世纪僧侣教育的禁欲主义原理与方法。这个学说在 17 世纪才成为一个明显辩护古典主义课程的教育理论，现已成为中等教育课程理论基础。赫克认同保罗·孟禄（Paul Monroe）在《教育史的教材》一书中的观点：

---

① Alexander Meiklejohn, *The Liberal College* (Boston: Marshall Jonh Company, 1920), p. 122.

② Alexander Meiklejohn, *The Liberal College* (Boston: Marshall Jonh Company, 1920), pp. 116-132.

人文主义教育与时代实践没有直接关联后，中世纪经院主义的形式主义（Formalism of Mediaeval Scholasticism）作为人文主义教育的新辩护理由应运而生。[1] 他概述了19世纪末教育学家对心智形塑的质疑，包括艾默生·E. 怀特（Emerson E. White）的著作《教学法要素》（*the Elements of Pedagogy*），亚历山大·贝恩（Alexander Bein）的著作《教育学作为一种科学》（*Education as a Science*），以及耶鲁大学查尔斯·哈伯德·贾德（Charles Hubbard Judd）所做的"迁移"试验等。赫克将心智形塑看成一种重视学习过程而非内容的形式主义教育学说，并且肯定心智形塑是中等教育的重要教育任务。

1916年，哥伦比亚大学的教育哲学家杜威在其著作《民主主义与教育》中批评"规训"（discipline）这种"形式教育理论"。杜威认为规训教育理论源于洛克的二元论——身体与心智的二元对立论。规训理论可以解释为"教育是官能的训练"，规训指涉不断重复操作的训练方法。规训还可以是形容词，表示官能受训练之后的状态。在杜威看来，官能只不过存在于规训理论的假设之中，具体形式包括感知、记忆、联结、想象、感觉及思考等。规训理论已成为当代教育理论与心理学中的"陈腔滥调"。[2]

实验心理学家对规训或心智形塑的基本概念——官能及训练的"迁移"功效的质疑，使高中及大学教学中繁重的心智练习与艰深的智力课程更难为大众所理解。

一战后，规训的含义范围有所缩减。1934年，阿瑟·哈罗德·韦斯顿（Arthur Harold Weston）等人在《美国学者》杂志上对大学规训问题的争论显示规训是与纪律教育和德育相关的教育手段。如韦斯顿

---

① William Harry Heck, *Mental Discipline & Educational Values* (New York: John Lane Company, 1909), p. 14.

② John Dewey, *Democracy and Education* (New York: The Macmillan Company, 1930), pp. 71-79.

认为，中西部私立大学面临着生源上的竞争，学费与住宿费是大学财政收入的重要因素，一般大学不太可能降低注册人数，若要实施有效的规训政策，可采取的措施就是将个人化的教学与个人化的规训相结合。①

在以上文献中，研究者并非将心智形塑作为一个科学研究对象进行客观、中立的历史分析，而是持有批判或辩护该观念合法性的立场。从这个意义上来说，它们是以一定“功用”为导向的研究。同时，由于多数学者是大学古典专业教师或教育学家、教育心理学家，论者从各自的专业视角对心智形塑进行批评与辩护之时，所陈述的专业词汇展现了心智形塑概念的心理学与哲学的双重外延。这为推断 19 世纪的心智形塑观念的外延提供了思路。

总的来看，20 世纪上半叶的大学教师所陈述的心智形塑概念近似于学术训练，其内容是表达清晰、对精微事物的区分、思维的准确及心智态度（如注意力、坚毅）等内容，并且强调这些心智习惯在一般情境中的“迁移”作用。教育哲学家则将心智形塑概念阐释为人类心智活动的基本形式的训练，注意到心智形塑的身心二元论渊源，相信心智活动基本形式可以通过练习而获得增强；教育心理学家则将心智形塑定义为人类心智活动基本过程的共同元素的训练，即记忆力、想象力等方面的“官能”训练，进而质疑“官能”的“迁移”作用。论者各自的观点为本文研究美国 19 世纪大学与中学教育中的心智形塑观念内涵提供了分类视角。

2. 教育通史类著作中的心智形塑研究现状

英美籍教育通史研究者对心智形塑的探究主要是欧洲思想谱系追溯，偶尔涉及美国心智形塑实践形态研究。

---

① Arthur Harold Weston, “College Discipline,” *The American Scholar* 3, No. 1(WINTER 1934): 123-124.

从辉格史学观、修正主义史学观再到进步主义史学观下的通史作品中，涉及美国心智形塑观念的有不少。一方面，从传统史学家的美国教育通史著作中挑选了孟禄的著作，从教育与文化关系视角下的教育史著作中挑选了约翰·S. 布鲁巴克（John S. Brubacher）的研究，从20世纪50年代后美国教育史学界的修正派史学著作中选取了乔尔·斯普林的著作；另一方面，如温和的修正派史学家克雷明的著作亦有涉及，但涉及篇幅较少。因此，选取文献时考虑了上述关于学派和研究程度方面。1935年，孟禄在《教育史教科书》中对心智形塑的历史进行了追溯。在书的“教育作为一种规训”这一小节中，规训这一教育构想（educational conception）的前身被理解为中世纪经院主义的形式主义，这种形式主义的风行源于人文教育的辩护需要，也源于宗教原罪论的支持，同时得益于传统心理学——亚里士多德的官能心理学与约翰·洛克、弗朗西斯·培根（Francis Bacon）的新心理学。规训观念的代表人物是约翰·洛克、托马斯·亨利·赫胥黎（Thomas Henry Huxley）、约翰·亨里赫·裴斯泰洛齐（Johan Heinrich Pestalozzi）及威廉·汉密尔顿（William Hamilton）。在18世纪，形式主义思想与两种运动有关。一是由德国虔敬主义、法国詹森主义与英格兰清教主义产生的宗教形式主义运动，二是理性主义的形式主义启蒙运动。规训观念在美国初等教育领域统治了较长时间，在19世纪中叶，美国学校教育创建选修制，发展科学与现代文化课程之后，人们丢弃了规训观念的基石。孟禄在前言中表示，要用这本书展示教育与其他历史文明之间的关系、教育理论与教育实践的关系等问题。孟禄对心智形塑的阐述基本上是依据这个研究初衷展开，总体来说，他对洛克的规训思想的阐述有相对丰富的史料，既包括洛克的传记，也包括洛克的《教育片论》《文艺复兴以来的教育观点》《人类理解论》等一手史料。孟禄对规训观念的欧洲思想谱系历史渊源的描绘基于贝恩的《教育作为一种科学》、爱德华·李·桑代克的《教育心理学》等十数本二手文献，其对规训观念与美国、欧洲教育实践对照关系的描绘基于6本教育史作品，出版年代在1818—1897年，多数出版于纽约与伦敦。[①] 孟禄对心智形塑的阐述能为初步探究这个观念的研究者提供基础的思路与文本线索，但是它较少涉及心智形塑在19世纪美国教育史中的内涵演变和观念实践形态。

1947年，教育史研究者布鲁巴克在《教育问题史》一书中的“教育心理学”大类下收录“形式教育（formal discipline）与训练迁移”这一词条。布鲁巴克认为，柏拉图最早具有官能训练的观念，昆体良（Marcus Fabins Quintilianus）的《雄辩术原理》（*Institutes of Oratory*）是形式教育观念的最清晰的早期陈述，虽然约翰·洛克因其著作《教育片论》被人们公认为形式教育代言人，但是洛克禁欲观念源于柏拉图和亚里士多德的身心二元论，这种禁欲的方法后来出现在基督教的教学中。[②] 布鲁巴克与孟禄的阐述方式是相似的。

乔尔·斯普林在《美国学校：教育传统与变革》一书中则专门描绘了美国19世纪初的“道德改革与官能心理学”。斯普林认为，官能心理学的要素是行为主义和浪漫主义。本杰明·拉什（Benjamin Rush）与曼是官能心理学的代表人物，受到颅相学影响的曼为马萨诸塞州教育委员会撰写的报告与1828年发布的《耶鲁报告》的依据都是官能心理学。他认为，各种官能心理学的共同点是“它们都相信道德官能能否良好的发挥取决于它是如何被开发的”，官能的训练是必要的。斯普林将心智形塑思想界定为“官能心理学”，并且将心智形塑归类为道德教育，这说明作者仅看到了心智形塑的心理学理论基础，忽视了心智形塑的哲学与神学的思想基础。他在谈到“道德官能”和“理性官能”

---

① Paul Monroe, *A Textbook in the History of Education* (New York: Macmillan Company, 1935), pp. 505-540.

② John S. Brubacher, *A History of the Problems of Education* (New York: McGraw-Hill Book Company, 1947), pp. 139-141.

时，将这两个概念看成19世纪官能心理学的重要概念。这种解读是有失偏颇的。[①] S. 亚力山大·里帕（S. Alexander Rippa）在《自由社会中的教育：美国历程》一书中认为裴斯泰洛齐学说在美国的传播令人们认识到儿童的学习过程比官能心理学强调的机械记忆与心智形塑更为复杂。[②]

3. 美国大学史与高等教育史研究中的相关进展

相较于其他的研究资料而言，美国大学史与高等教育史相关研究的焦点不是探究心智形塑的欧洲思想根源，而是注意到与心智形塑相关的教育政策、心智形塑在当代的内涵，以及其与官能心理学的关系。

耶鲁学院教授波特的《美国学院与美国公众》是一部美国大学史著作。它依据一定的一手与二手教育政策史料，包括《阿姆赫斯特学院报告》（1827）、《耶鲁报告》（1828）、《布朗大学报告》（1850）等，阐述了19世纪上半叶美国大学在课程、教材、班级系统、管理及改革等方面的历史变迁。波特认为，19世纪上半叶的美国大学的教育目标是大学生心智的培养与形塑，相对应的课程主要是古希腊语与拉丁语等古典课程。[③] 此书的观点是基于较为可靠的历史材料形成的，有助于帮助研究者推测心智形塑在19世纪上半叶精英大学教育中的地位。此外，波特的这部著作是1965年维赛的《美国现代大学的兴起》（*The Emergence of the American University*）的直接史料。

维赛在《美国现代大学的兴起》一书中为读者呈现了1865—1901年心智形塑备受大学教育者推崇从而成为大学教育目标的图景。维赛

---

① 乔尔·斯普林：《美国学校：教育传统与变革》，史静寰等译，人民教育出版社，2010，第75—77、91页。

② S. 亚力山大·里帕：《自由社会中的教育：美国历程》，安徽教育出版社，2010，第88页。

③ Noah Porter, *The American Colleges and the American Public* (New Haven, Conn.: Charles C. Chatfield, 1870), pp. 39-92.

主要依据波特的《美国学院与美国公众》一书与马克·科什（Mac Cosh）的《美国大学》（*American Universities*）一书、斯坦利·霍尔（Stanley Hall）的论文《哲学在美国》（“Philosophy in United States”）等文献，对心智形塑这个教育目标的官能心理学、神学、苏格兰常识哲学理论基础，以及与之对应的大学古典课程进行了阐释。维赛认为心智形塑目标在19世纪末最终走向了消亡，原因是心智形塑在大学学术竞争中被淘汰，它的消亡是17世纪清教主义消退的标志之一。他还引用了一些关于大学生、大学神职人员言论的一手史料阐述19世纪下半叶心智形塑的具体实践。① 此书对大学心智形塑教育观念与实践的历史陈述方式为本文提供了借鉴意义。然而，这本著作对大学心智形塑观念的理论基础的概述主要源于二手文献，因此维赛在此书中的观点尚有待考证。

哈佛教授罗宾在《现代大学的起源》一书中对南北战争前的大学和高等学院创建者的心智形塑思想有一定的介绍。罗宾认为，在19世纪早期，苏格兰常识派哲学家托马斯·里德（Themas Reid）、托马斯·布朗（Thomas Brown）等人的思想影响了美国教育家，美国教育家进而相信真理一致性，即知识可以来自于人类的所有经验。于是，美国教育家用这种思想来指导学院教育，希望学院教育涵盖知识的所有分支，把学院的目标理解为发展智力，培育道德和宗教本性，均衡地训练学生心智能力。罗宾的研究虽然涉及一些学院创建者的心智形塑观念，但是对各个观念的演变、观念与其他思潮之间的关系并未进行详细的历史探究。②

克里斯托弗·J. 卢卡斯（Christopher J. Lucas）的《美国高等教育

① Lawrence R. Vesey, *The Emergence of the American University* (Chicago: the University of Chicago Press, 1965), pp. 21-22.

② 茱丽·A. 罗宾：《现代大学的形成》，尚九玉译，贵州教育出版社，2006，第23—27页。

史》(*A history of American Higher Education*)一书解析了《耶鲁报告》，并且对报告中的心智形塑的含义进行了一定的阐释。他认为，《耶鲁报告》产生于学院古典课程普遍遭受科学课程冲击的时代，既允诺应增加化学、地理学、政治经济学等自然科学课程，又试图维护古典课程的地位。报告将学院教育的目标定义为训练心智，即让学生通过练习心智官能获得智力的发展，因而反对在本科生阶段教授专业课程，认为本科教育是高等专业教育的预备教育，应教授适合所有学生的普遍元素。卢卡斯的上述解读基于 1829 年《美国科学与技艺杂志》发表的耶鲁报告版本，并且参照弗雷德里克·鲁道夫（Frederick Rudolph）的《美国学院与大学》(*The American College and University*)一书的相关阐述。[①] 虽然卢卡斯将《耶鲁报告》置于同时代高等教育课程改革浪潮之中进行解读，体现了该报告的历史地位，但他仅仅介绍了《耶鲁报告》在本科生教学、课程方面的局部倡议，《耶鲁报告》与精英分子们的联邦共和国政治理想之间的关系有待进一步挖掘。

马斯登是一位专门研究美国高等教育中的基督教与福音主义话题的现代历史学者。他著述的《美国大学之魂》注意到了 1828 年《耶鲁报告》与当时宗教大觉醒、古典主义与启蒙运动道德准则之间的关系，认为这份报告之所以坚持古典学课程，是因为耶鲁是福音派的传统学院，需要用古典学课程来培育人的理智与道德官能，官能与人的体力一样，可以通过练习来培育。[②] 马斯登基于自身的神学知识基础将《耶鲁报告》置于宗教大复兴与启蒙思想潮流的影响之下进行解读，提供了一种有别于上述高等教育史研究的视角。

---

① Christopher J. Lucas, *A History of American Higher Education* (New York: ST. Martin's Griffin, 1994), pp. 131-134, 331.

② Geoge M. Marsden, *The Soul of the American University* (New York: Oxford University Press, 1994), p. 82.

4. 美国中等教育史研究中的相关研究进展

课程史研究者坦纳的著作《课程发展》与克利伯德的专著《美国课程的斗争：1893—1958》都注意到心智形塑与古典课程的关系。坦纳用“突然兴起的普通学校——道德、方法与心智形塑”一小节从历史的角度描绘了心智形塑在普通学校中的兴起过程。坦纳认为，在殖民地时期，学校教育观念由新英格兰加尔文主义神学观与南方的英国神学观决定。加尔文主义儿童观将儿童看成“有原罪的”（innately evil），儿童被看成“微型的成人”，人们期望儿童实践成人的宗教标准与道德行为。在这种儿童观的影响下，18 世纪的美国学校采取了“规训”这种“严酷的”方法与观念，这种训练的阅读教材是《新英格兰启蒙》，这本书列举的字母隐含了宗教与道德含义。① 随着儿童观变得自由，宗教教育让位给了道德教育，心智形塑从而成为普通学校道德教育的一部分。坦纳认为，心智形塑这种教育之所以流行，还有一个原因是官能心理学为不同种族、宗教提供了一种共同的道德教育原理。州立学校运动开始后，许多学者对于教育的讨论促进了以官能心理学为基础的课程理论的兴起。②

与坦纳的观点不同的是，克利伯德在《美国课程的斗争（1893—1958）》一书中认为，心智形塑是美国近代课程史上四类利益集团的其中一类的教育价值观，也是人文课程的课程理论。同时，他指出心智形塑的理论基础是心理学，既包括官能心理学，又包括对学科与官能关系进行假设的心理学理论。在他看来，心智形塑理论的雏形可以追溯到古希腊哲学家柏拉图的几何教育理论与德国心理学家沃尔夫的官能层级说。心智形塑理论假设某些特定学科能够增强记忆、推理、

---

① Daniel Tanner and Laurel N. Tanner, *Curriculum Development: Theory into Practice* (New York: Macmillan Publishing Co., Inc, 1980), p. 200.

② Daniel Tanner and Laurel N. Tanner, *Curriculum Development: Theory into Practice* (New York: Macmillan Publishing Co., Inc, 1980), p. 217.

意志和想象等官能，这好比体操可以增强身体肌肉，心智体操也可以增强官能，并且心智形塑理论假设人的心智官能是随着自然秩序出现的，而被忽略的官能会逐步萎缩。相对其他研究者，克利伯德对心智形塑这种课程理论的衰退原因做了详尽的阐述。在他看来，心智形塑从1890年开始衰落，其主要原因：第一，心智形塑支持者阵营的妥协，如查尔斯·W.埃利奥特（Charles William Eliot）在十人委员会妥协，广泛拓展心智形塑课程范围。第二，工业化导致人们产生新的知识价值观。第三，自1895年起，威廉·托利·哈里斯（William Torrey Harris）等人成为人文课程的支持者，心智形塑支持者不再是人文课程支持者的主力，并且以哈里斯为首的赫尔巴特学会挑战了心智形塑支持者的权威。第四，其他利益团体，如霍尔等儿童研究运动者对课程控制权的争夺与对心智形塑与心智形塑者的攻击。第五，杜威的批判。第六，詹姆斯、爱德华·李·桑代克等心理学家对心智形塑的"官能"概念、"训练迁移"功能的质疑。① 克利伯德依据较多的一手与二手史料描述了心智形塑作为课程理论是如何逐步衰退的，但是这本书对心智形塑的研究时段主要聚焦于19世纪末，对19世纪初和中叶时期心智形塑观念着墨不多。再者，从他对心智形塑理论基础的解读术语中，尤其是强调心智形塑的"官能心理学"基础，可以发现19世纪末心理学家的批判史的影子。因此，其对心智形塑的解读有待批判与考证。

克利伯德的《锻造美国课程：课程史与课程理论论文》一书收录了《美国学校课程中的人文主义学习的削减》（"The Decline of Humanistic in the American School Curriculum"）一文。这篇文章对《耶鲁报告》的出台历史及其与心智形塑观点的关系做了一个历史回溯，还罗列了耶鲁校长杰里迈亚·戴（Jeremiah Day）的一些陈述来解读《耶鲁报

① Herbert M. Kliebard, *The Struggle for the American Curriculum (1893-1958)* (New York: Routledge, 1995), pp. 6, 12-15, 23-24, 29, 92.

告》的心智形塑目标，这些观点主要基于两篇二手文献——《与一段博雅教育历程相关的最初的论文》（*Original Papers in Relation to a Course of Liberal Education*）与《耶鲁：一段历史》（*Yale : a History*），其对戴的心智形塑学说实质的解读还有待考证。[①]

5. 文化史研究中的相关进展

自 1990 年以来，部分美国文化史作品对心智形塑的兴盛现象做了一定的侧面描述。卡罗琳·温特拉（Caroline Winterer）的《古典主义文化》一文描绘了 18 世纪末语法学校教师就何种古典语言教学方法更能塑造学生心智（discipline students' minds）的问题展开的争论。温特拉认为，18 世纪末至 19 世纪初，语法学校的教学基本上都遵循着心智形塑这个教育目标，课程设置也基本上以官能心理学理论为基础。比如，教师们认为希腊戏剧能帮助学生产生官能，古拉丁语的学习能塑造学生的心智。[②] 霍华德·M. 瓦奇（Howard M. Wach）的《广泛的智力与道德机构：内战前的波士顿公众文化》一文描绘了南北战争前波士顿公众的"心智文化"（mental culture）兴盛的历史现象。据瓦奇的观点，随着城市文化迅速成长，出现了许多反映观念冲突的社团、协会和公共讲座。波士顿的一位论派、加尔文正统论、福音主义争相复兴，这些派别之间的争论支撑了一种自我促进（self-improvement）文化的兴盛。在自我促进的文化中，个人自觉追求自身的完美与进步。他认为，这种自我促进的文化以训练与培养心智为目标，这种文化的兴盛主要体现在 4 个机构之中：波士顿有用知识协会（the Boston Society for the Diffusion of Useful Knowledge）、商业图书馆协会（the

---

① Herbert M. Kliebard, *The Struggle for the American Curriculum (1893-1958)* (New York: Routledge, 1995), pp. 7-8.

② Caroline Winterer, *The Culture of Classicism : Ancient Greece and Rome in American Intellectual life , 1780-1910* (Baltimore: the John Hopkins University Press, 2002), pp. 37, 94-95.

Mercantile Library Association）、马萨诸塞州慈善图书馆协会（the Massachusetts Charitable Mechanic Association）及洛威尔研究所（the Lowell Institute）。[①] 查尔斯·卡珀（Charles Capper）的《玛格丽特·富勒作为文化改革者：波士顿的会话》一文，以一位论派者玛格丽特·富勒（Margaret Fuller）为主要研究对象，再现了波士顿这座城市自 19 世纪 30 年代以来，妇女们在先验主义运动的影响下希望通过改变人们的心智进而改变人们的生活的理想和追求。[②] 此外，文化研究者还对心智形塑观念的衍生概念的内涵进行了探究，如路易斯·P. 马苏尔（Louis P. Masur）的《第一人称单数的时代：新英格兰的自我词汇（1780—1850）》一文对"自律"（self-discipline）概念的研究[③]，罗杰·汤普森（Roger Thompson）在《听的习惯：爱默生，纯文学的雄辩术，想象力的角色》一文中对"想象力""雄辩"概念的研究[④]。

6. 心智形塑研究专著

在 20 世纪初，一批教育哲学研究者对心智形塑这个观念进行了专门研究。1906 年，威斯康星州史蒂文·普颖特州立师范学校的约瑟夫·V. 科林斯（Joseph V. Collins）在《学校评论》上发表了《数学与形式训练学说》一文。[⑤] 1907 年，哥伦比亚大学教师学院的贝内特出版了《形式训练》一书。贝内特这本书是基于查尔斯·W. 埃利奥特、哈

---

① Howard M. Wach, "'Expansive Intellect and Moral Agency': Public Culture in Antebellum Boston," *Proceedings of the Massachusetts Historical Society, Third Series* 107, (1995), pp. 30-56.

② Charles Capper, "Margaret Fuller as Cultural Reformer: The Conversations in Boston," *American Quarterly* 39, No. 4(Winter 1987), pp. 509-528.

③ Louis P. Masur, "Age of the First Person Singular: The Vocabulary of the Self in New England, 1780-1850," *Journal of American Studies* 25, No. 2(Aug. 1991), pp. 189-211.

④ Roger Thompson, "'Habit of Hear': Emerson, Belletristic Rhetoric, and the Role of the Imagination," *College English* 69, No. 3(Jan. 2007), pp. 260-282.

⑤ Joseph V. Collins, "Mathematics and the Doctrine of Formal Discipline," *School Review* 14, No. 8(Oct. 1906), pp. 604-608.

里斯、贝恩等人的心智形塑观点，从哲学角度出发对心智形塑做了进一步的探究，并且采取了哲学术语“形式训练”来代表“心智形塑”。他认为，形式训练包括古希腊人教育中的舞蹈训练等文化训练，也包括经院哲学家的逻辑、智力训练与军事学校的守法训练。形式训练与心智形塑不但使逻辑学这一课程盛行了数个世纪，还支持了近代大学、学院中的课程与专业选修制度[①]。1911 年，南卡罗来纳州温斯洛普师范工业学院的教育学与心理学教授弗雷德里克・阿瑟・霍奇（Frederick Arthur Hodge）撰写了论文《约翰・洛克与形式规训》（“John Locke and Formal Discipline”）。[②] 1913 年，宾夕法尼亚大学的教育学教授 A. 邓肯・约克姆（A. Duncan Yocum）出版了专著《文化、规训与民主》来论述形式（心灵）训练的历史与现实问题。[③] 克拉克大学的 C. K. 莱纳斯（C. K. Lyans）的哲学博士论文《形式训练学说》在探究洛克的心智形塑思想之后，对心智形塑的基本内容“训练迁移”做了进一步的分析。莱纳斯并不认可“官能”的概念，他认为应该用“功能”“习惯”来形容心理过程，依据实验心理学家的“记忆力迁移”实验，训练并不能加强记忆力，训练加强的是人对记忆内容的印象，真正能够迁移的是“知识与思想”，知识不能自行迁移，它必须首先组成一些思想，为了眼前的目的适应、重塑（re-formed）、重组，这涉及理论和实践之间的沟壑。[④] 20 世纪以来，从哲学角度对心智形塑观念的渊源与意义进行阐述的研究很多，但是鲜见从历史角度专门描绘其兴盛与衰

---

① See Charles J. C. Bennett, *Formal Discipline* (New York: Teachers College, Columbia University, 1907), pp. 9, 11.

② See Frederick Arthur Hodge, *John Locke and Formal Discipline* (Virginia: J. P. Bell Company, 1911).

③ See A Duncan Yocum, *Culture, Discipline and Democracy* (Philadelphia: Christopher Sower Company, 1913).

④ C. K. Lyans, "The Doctrine of Formal Discipline" (PhD diss., University of Clark University, 1914).

落的过程。

7. 心理学与哲学类中文译著中的研究

从20世纪初至今，国内引入并翻译了一批国外的心理学与哲学作品。其中，陈兆蘅翻译的《桑代克教育学》于1933年出版。这本译著包含桑代克的“心灵之训练”的部分，根据这部分，爱德华·李·桑代克的“心灵之训练”的目标是“增加个人之普通能力，以适应思想、动作、感情等至于合宜之状态”，实质是“增加个人之普通能力而已”，因为“普通能力较之特别能力更有价值”。[①] 其具体操作是，“搜寻事理之主要元素而教导之”，“思想精确的能力包括数之思想精确之能力，数之思想精确之能力又包括计算之能力，计算之能力又包括了加法之能力”……[②]一些心理学通史作品将心智形塑观念包含的官能心理学与颅相学作为心理学史上出现的重要理论，进行了一定的叙述。E. G. 波林（Edwin Garrigues Boring）在《实验心理学史》一书中阐述道，颅相学是关于官能与大脑、心智之间关系的思想。颅相学将大脑定义为“心灵的器官”，并且将大脑的特殊部分当作心智官能的特殊器官。[③] 杜·舒尔兹（D. P. Schultz）对这些人物的关系和生平的介绍有助于了解心智形塑观念衰退时期的心理学因素。[④] 此外，约瑟夫·沃特拉斯在《20世纪美国教育中的哲学冲突》一书中把心智形塑当成美国20世纪中等教育课程的哲学基础之一进行了一定的历史考察。[⑤]

---

① 爱德华·李·桑代克：《桑代克教育学》，陈兆蘅译，商务印书馆，1933，第35页。

② 爱德华·李·桑代克：《桑代克教育学》，陈兆蘅译，商务印书馆，1933，第36页。

③ E. G. 波林：《实验心理学史》，高觉敷译，商务印书馆，1982，第57页。

④ 参见杜·舒尔兹等《现代心理学史》，叶浩生译，江苏教育出版社，2005。

⑤ 约瑟夫·沃特拉斯：《20世纪美国教育中的哲学冲突》，王璞、於荣译，安徽教育出版社，2011，第8、14、18页。

（二）中文文献研究综述

国内对心智形塑思想观念的研究可追溯到严复。1903 年，他翻译了郝伯特·斯宾塞（Herbert Spencer）的社会学著作，出版为《群学肄言》。对于这本“治群学之涂术”，严复赋予其治平精义的称颂，并且将 mental discipline 译为缮性，认为缮性是纠正心习之偏、奠定治平心性的基础过程。[①] 2005 年，董标在博士论文《毛泽东教育学知识的形成与表征》中注意到严复对“discipline”这一词语的翻译，指出严复的缮性与斯宾塞之心智形塑思想有所出入。[②]

1. 外国教育通史与西方心理学史中的研究现状

国内不少外国教育通史文献对美国 19 世纪心智形塑支持者的教育思想进行了叙述，如雷通群的《西洋教育通史》、吴式颖的《外国教育史教程》和滕大春的《美国教育史》等都对曼的生平、教育行动及思想有所阐释。滕大春注意到曼就任教育委员会秘书之后所做的年报，称曼“不是清教徒所鼓吹的原罪论者”，但“又非儿童中心论者”。徐宗林的《西洋教育史》对斯宾塞的智育思想有所陈述[③]，郭法奇的《欧美儿童研究运动：历史、比较及影响》对影响美国儿童心智观的欧洲思想做了较为系统的梳理。[④]

唐钺的《西方心理学史大纲》专门阐述了与 19 世纪美国心灵训练观念密切相关的 18 世纪德国的沃尔夫和伊曼努尔·康德（Immanuel

---

① 汪征鲁、方宝川、马勇主编：《严复全集》（第三卷），严复译，汪征鲁、陈旭东、方挺点校，福建人民出版社，2014，第 191 页。

② 董标：《毛泽东教育学》，香港时代国际出版有限公司，2011，第 166 页。

③ 雷通群：《西洋教育通史》，吉林人民出版社，2013，第 343—344 页；吴式颖：《外国教育史教程》，人民教育出版社，2012，第 395—400 页；滕大春：《美国教育史》，人民教育出版社，2002，第 294—309 页；徐宗林：《西洋教育史》，台湾中华书局印刷厂，1976，第 277—286 页。

④ 郭法奇：《欧美儿童研究运动：历史、比较及影响》，北京师范大学出版集团，2012，第 92、125—126 页。

Kant）的心理学思想。他认为，18 世纪下半叶自然科学使德国思想家提出含有辩证法因素的理论，可是由于德国社会经济发展的落后与新兴资产阶级的软弱，这种思想还是属于唯心主义的范畴。据唐钺的描述，沃尔夫主张世界存在心的单子——灵魂，还有物质单子——物质的原子，并且系统化了“材能心理学”（唐钺在此处加了批注：也译为能力心理学），认为心和灵魂具有各项材能。[①] 虽然唐钺的研究没有直接涉及美国 19 世纪的心灵训练观念，但是对沃尔夫的介绍为本书的研究提供了素材。

2. 美国高等教育史与大学史研究中的现状

林玉体的《美国高等教育之发展》一书注意到《耶鲁报告》将学院目标定义为“心灵的陶冶与充实”，并且称这份报告是以官能心理学为基础。该书认为，19 世纪早期的美国学院生活是“反智的”“以道德及宗教虔诚挂帅，无知但品行端庄为第一”，数十年后，密歇根大学与布朗大学等高校才开始重视心智的培育，并且介绍了美国大学的讲座法与吟咏等教学方式。此书以叙述为主，其史料由 30 多本英文教育史著作构成，主要是关于美国高等教育史、美国高等教育哲学史、美国妇女教育史及美国天主教大学历史的研究文献，时间跨度从 20 世纪初至 20 世纪 90 年代，以 19 世纪六七十年代出版的文献为主。林玉体的另一本著作《哈佛大学史》对心智形塑倡导者蒂克纳发起的改革进行了一定的介绍，但是并未研究这场改革的主题。[②] 黄坤锦所著的《美国大学的通识教育》一书对《耶鲁报告》也做了一番简介。他将《耶鲁报告》描绘教育目标的语句“the discipline and furniture of the mind”翻译为“心灵的训练和教养”，并且介绍了报告中倡导的“讲述”

---

① 唐钺：《西方心理学史大纲》，北京大学出版社，1982，第 114—117 页。

② 林玉体：《美国高等教育之发展》，台北高等教育文化事业有限公司，2002，第 202—209 页，第 76 页；林玉体：《哈佛大学史》，台北高等教育文化事业有限公司，2002，第 124—133 页。

(lecture) 与“背诵吟咏”(recitation) 教学方法。[①] 虽然这只是一份通识性质的简介，但是作者对讲座法与吟咏法的重视与林玉体如出一辙，反映了中国台湾学者对美国大学心智教育方法研究的关注。

在文章方面，王保星的《〈耶鲁报告〉与美国共和主义高等教育教育观的确立》一文，认为 1828 年的《耶鲁报告》的根本目的是用新共和主义的框架去包容共和主义的内容——自由教育，古典共和主义者把道德视为美好社会不可缺少的因素，把公共利益置于意识信仰体系的中心位置，随着美国工商业的发展，对一个人的道德评价不再局限于他的公民活动，而更主要的是考察其经济活动能力。《耶鲁报告》就完成了这一项艰巨的任务，即“促使自由教育实现了从公众道德目的向为个人成功做准备过程的转变”[②]。林伟的《美国高等教育史学语境中的〈耶鲁报告〉》一文提出，19 世纪末以来，美国高等教育史学对《耶鲁报告》的解读可以分为三派。一是以弗里曼·巴茨 (R. Freeman Butts)、布鲁巴克与威利斯·鲁迪 (Willis Rudy) 等人为代表的进步主义史学的观点，他们把《耶鲁报告》看成进步势力与保守势力冲突的产物。二是修正史学派。杰克·莱恩 (Jack Lane) 认为《耶鲁报告》是美国高等教育中的“新共和主义宣言”，集中阐释了 18 世纪启蒙运动及美国革命所代表的新共和主义精神，传统共和主义强调的是道德培训，而新共和主义强调的是心灵训练。三是后修正学派。1998 年，阿利索·拉比尔 (Alison Rabil) 提出，《耶鲁报告》充分体现了美国联邦主义者的政治思想。[③] 王晨在《契合与超越——纽曼和赫钦斯大学思想核心概念比较》与沈文钦在《纽曼博雅教育学说的历史渊源》都对纽

① 黄坤锦：《美国大学的通识教育》，北京大学出版社，2006，第 75—76 页。

② 王保星：《〈耶鲁报告〉与美国共和主义高等教育教育观的确立》，《清华大学教育研究》2003 年第 2 期。

③ 林伟：《美国高等教育史学语境中的〈耶鲁报告〉》，《大学教育科学》2011 年第 1 期。

曼的心智形塑思想渊源及内容有一定的探究。王晨梳理的从纽曼到赫钦斯的心智形塑观念发生了演变，纽曼将之理解为理智的训练，而赫钦斯理解为“人性”（manhood）的完善，这为本书的心智形塑观念形态分类提供了一定的参考。[①] 此外，刘春华在博士论文《变革时期的美国文理学院，1890—1940年》中概述了19世纪末至20世纪中叶文理学院中心智形塑的含义。她认为，心智形塑源于逻辑学，心智总是将思维对象一般化和系统化，心智形塑就是训练这种能力的教育方法，也是形式训练。[②] 沈文钦在博士论文中对英国的心智形塑思想渊源做了一定的探究，认为心智形塑的含义类似于理智的培育与磨炼。[③]

与上述研究不同的是，高惠蓉的《女权与教育——美国女子高等教育发展研究》一书从性别的视角描述了19世纪初美国人的女士心智观念。由于女士高等教育的发展集中于19世纪末，本书并未进一步探究这种观念的根源。[④]

根据中英文文献的研究情况来看，中文文献一般以纵向史的纬度概述与心智形塑相关的政策与人物，对支持心智形塑的代表人物曼的关注最多，缺乏对心智形塑概念和制度的专门研究；而在英文文献中，教育哲学家从哲学角度对心智形塑和形式训练观念的内涵与思想渊源做了一些专门研究，美国教育史研究者和高等教育史研究者对美国中

---

① 王保星：《〈耶鲁报告〉与美国共和主义高等教育教育观的确立》，《清华大学教育研究》2003年第2期；王晨：《契合与超越——纽曼和赫钦斯大学思想核心概念比较》，《教育科学》2005年第2期；沈文钦：《纽曼博雅教育学说的历史渊源》，《高等教育研究》2009年第6期。

② 刘春华：《变革时期的美国文理学院，1890—1940年》，博士学位论文，北京师范大学教育学系，2012，第67页；刘春华：《美国博雅学院的现代转型》，浙江教育出版社，2015年，第93—94页。

③ 沈文钦：《十八、十九世纪英国 liberal education 思想及其古典渊源》，博士学位论文，北京大学教育学系，2012，第206—216页。

④ 高惠蓉：《女权与教育——美国女子高等教育发展研究》，上海三联书店，2010，第17页。

高等教育中的心智形塑制度与观念做了一些探究，但是大多数探究都是基于二手与三手史料得出的，对原始资料的发掘不够。总的来说，前人的研究为本书的研究思路提供了参考和借鉴，也为本书提供了较为丰富的线索去寻找史料。

第一章　美国传统心智形塑教育观念的源与流

从欧美教育思想谱系来看，美国传统教育观念与古希腊、近代英国和德国等地域的教育思想有深厚的渊源。自古希腊时代开始，柏拉图、亚里士多德等教育家极为关注人的心智形塑问题，并且讨论了与此问题相关的智育、美育、体育与德育问题。在历史长河的演进历程中，心智教育观念历久弥新，有了新内涵和新基础理论。随着欧洲人殖民美洲，一种以赎罪观和原罪论为基础假设的心智形塑观念在美洲文化和教育中逐渐盛行开来。

第一节　欧洲教育哲学谱系的渊源

从殖民地时期至19世纪初，美国主要的传统教育观念是心智形塑，心智形塑常出现在中高等教育领袖人物的公共演说和教育机构的政策、报告之中，如1817年牧师刘易斯·埃萨克（Lewis Isaac）在耶鲁大学校长戴的就职典礼上发表的演说、1828年戴负责撰写的《耶鲁报告》、马萨诸塞州教育委员会秘书曼主笔的“第七次年报”等。其中，埃萨克将人性的自私与原罪论作为心智形塑教育观的理论基础，在演说中提出“人心常常忠于自私”，“肉体灵魂是无法改变的，为了不让心智受到肉体灵魂的影响，必须常常运用心智”，“不使用的心智就像不用的金属一样容易生锈，心智官能会因此衰弱”。①

《耶鲁报告》曾提出，高等学院的教育目的是为“少数将来跻身政治领域特殊位置的人”提供“彻底的心智形塑”，让他们拥有“深刻思想”，进而达到“明智”（wise）。为了达到这个终极目标，学院教育的基本目标就是“形塑与充实学生的心智”。与心智形塑观念相应的实践是以数学课程材料锻炼理性展示官能、物理锻炼归纳官能、心智哲学锻炼思考官能、英语读写锻炼语言官能、雄辩术锻炼演说官能。②《耶鲁报告》的这番言论体现了美国大学传统心智形塑观念所包含的两个基本子观念：一是对未来将参与社会政治生活的精英阶层来说，“心智”的发展最为重要。二是假定人的心智包含若干具有特定功能的官能。

1844年，曼的“第七次年报”则倡导在美国马萨诸塞州推行普鲁士心智形塑方法：

> 普鲁士教师们在25年前发现，儿童有5种感官、各类身体肌肉与心智官能，必须保证它们处于活动状态。教学这门艺术，是要激发学生的兴趣，让学生使用这些感官、肌肉与官能，替代它们的有害消遣。③

---

① Lewis Isaac, *A Sermon at the Ordination of the Rev. Jeremiah Day* (New Haven: The Journal Office, 1817), pp. 6, 7, 10, 22-26.

② Committee of the Corporation and the Academical Faculty, "Reports on the Course of Instruction in Yale College," in *Liberal Education for a Land of Colleges, Yale Reports of 1828*, ed. David B. Potts (New York: Palgrave Macmillan, 2010), pp. 85-115. James Kingsley and Jeremiah Day, "Curriculum Changes at Yale," in *The Annals of America*, Vol. 5 (1821-1832) (Chicago: William Benton, 1968), pp. 266-273.

③ Horace Mann, "Report for 1843," in *Annual Reports on Education* (Boston: Horace B. Fuller, 1868), p. 304.

波士顿“三十一人委员会”在《评论贺拉斯·曼的“第七次年报”》中也有相似的陈述：

> 我们的教育系统的目标是培养学生的理性官能，不仅仅是让他们受教育，更要让他们成为能思考的人，保护他们不被野心政客的欺诈与误导人的热情所侵蚀。①

从这些演说和报告来看，19 世纪美国传统的心智形塑观念有 3 个典型特征：其一，对人的身心及其关系有共同的基本假设，即认为人的身体产生的欲念和情感乃至人的理性都能受到一种更高级的心智力量、更整体意义上的精神力量的审视和克制，并且将“心智”视为各种官能的集合体，有朴素的“官能心理学”特点，亦相信人的肉身和感官的过度消遣会侵蚀心智。其二，皆在社会的至善状态和社会成员的心智之间构想某种联结，并且赋予教育定向的社会功用。其三，都提出了一种相应的心智教育方法范式。从思想谱系来看，美国的这类传统教育观念与古代欧洲教育思想有深厚的渊源。

一、古代哲学的身心观与官能层级说

美国传统的心智形塑观念及其实践的基本假设是假定人的身心力量之间存在冲突，制约着人对自由的体验。这种思考与心智官能层级说可以追溯至古希腊教育哲学。

（一）古代欧洲的身心观

古希腊哲学家在探索社会与宇宙的存在之理时，对古希腊人的身

① Barnum Fielde et al. ,*Remarks on the Seventh Annual Report of the Hon. Horace Mann of the Massachusetts Board of Education*(Boston:Charles C. Little and James Brown,1844), p. 48.

心发展任务及其问题有诸种解释。其中，古希腊哲学家柏拉图在《理想国》和《米诺篇》等对话录中阐述了一种身心发展观。近代美国学者白璧德曾将古希腊哲学家柏拉图所著的《理想国》的洞穴隐喻阐释为人终其一生要与原初的、自我中心主义的自我做斗争的象征。这里其实蕴含两重冲突，一重是情感与理性的冲突，或者说家族情感与城邦理性的张力，涉及父权与君权的逻辑关系；另一重是心灵与其感应的更高精神的冲突与交流。在苏格拉底和柏拉图代表的古典教育哲学家看来，不同的阶层需要不同的心智教育，只有在人的邦国理性、家族情感与意志之间形成与城邦身份相符的稳定的心智官能关系形态时，才能达到人的美德和城邦的善治。① 在柏拉图晚年的著作《蒂迈欧篇》之中，这种身心冲突论体现为造物主对人身心构造的设定：造物主为了让理智免受身体影响，故将人的理智安置于脖子之上。②

古代诗人维吉尔（Virgil）的巨著《埃涅阿斯纪》亦在探究宇宙存在之理时提出了一种身心冲突假设。他认为，宇宙源自一种叫“元气”（spiritus）的东西，它化为现实世界中的“心智”（mens）。心智在每个人的身上被不同程度的身体激情所侵蚀。人的生命终结之时，心智从肉体中脱离出来，化为“魂魄”（manis）。由于魂魄在心智状态之时受到激情的玷污，无法恢复到纯粹理性状态，因此需要不断轮回转世，不断净化，最终回归元气。③ 维吉尔在世界灵魂与身体之间设置了一种中间状态——心智，心智是受到激情玷污的理性灵魂。维吉尔设想的

① Plato, *The Republic of Plato*, trans. Alan Bloom(New York: Basic Baaks, A Division of Harper Collins Publishers, 1968), pp. 194-196；参见柏拉图《蒂迈欧篇》，谢文郁译，上海人民出版社，2005；林玉体：《柏拉图的教育思想》，台北文景书局印行，2012，第 171—173、257—279 页。

② 柏拉图：《蒂迈欧篇》，谢文郁译，上海世纪出版集团，2005，第 50 页。

③ See Virgil, *The Aeneid of Virgil*, trans. John Conington(London: Longmans, Green, and Co., 1866), pp. 207-208. 王承教：《维吉尔的灵魂转世说及其哲学意义》，《现代哲学》2013 年第 5 期。

是，心智凭借不断的轮回转世才能净化到纯粹理性状态。

教父时代的神学吸收并修改了柏拉图等人的初始世界构想，认为最高智慧最初创造的是一个无形的世界，这个无形世界是由理智因子（intellectual）构成。理智因子是一种精神的存在，以天道为思考对象。其获得自由后，由道转向思考复杂的多样，理智因子因而转变为魂（φυχη）。由于魂对道的偏离程度不一，转化成世界上各个有等级之分的存在，包括肉身稀薄的天神、有血肉之躯的人及魔鬼。这种对人的身心认识及其蕴含的精神层次说是清教教育观念的思想资源。[①] 近代美国的加尔文主义思想，主张抵制身体的欲念和自私的情感，在这种思想文化基础上产生的是一种以权威、教条和禁欲为特征的教育。

柏拉图的理念论、回忆说，维吉尔的元气说与教父时代的神学，在一定程度上体现了西方教育思想史上的教育权公私属性张力说。在此基础上，欧洲哲学家康德进一步对纯粹理性进行了分类与阐述。基于哲学构想，康德将教育区分为 4 种形式：规训（德语是 disziplinierung）、文化化（德语是 kultivierung）、文明化（德语是 zivilisierung）、道德化。规训是以改变人的动物性为目标的教育行动，以防御、抵制动物性的做法为主。他说："规训决不能是奴役性的，而是要让孩子感受到他的自由，只是他不能妨碍别人的自由；因此，他必须受到阻碍。"[②]

综上所述，古代哲学和神学中既包含家族教育与公民教育的张力，也包含人与神意之间的殊异与交流。除了身心观，美国传统的心智形塑观念的另一个基础理论是官能层级说。

---

① 胡斯都 · L. 冈察雷斯：《基督教思想史》（第 1 卷），陈泽民等译，译林出版社，2013，第 210—213 页；Timothy Dwight, *Theology Explained and Defended in Series of Sermons*, Vol. 1 (London: W. Baynes and Son, 1822), p. 367; Timothy Dwight, *Theology Explained and Defended in Series of Sermons*, Vol. 5 (London: W. Baynes and Son, 1822), pp. 149-150.

② 彭正梅：《德国教育学概观：从启蒙运动到当代》，北京大学出版社，2011，第 28 页。

（二）心智官能层级说的渊源

虽然美国传统教育观念对人的心智官能有不同的定义及分层理论，但皆假设了心智官能的存在。在近代，包含这种假设的理论被称为官能心理学。

美国教育学领域中的官能概念，源于古代欧洲心理学或心智哲学中的形式与灵魂。

在古希腊，亚里士多德曾提出一种与近代美国教育学中的官能层级说颇有渊源的心灵论。他认为，形式是不变、不灭的本体（substance），因此灵魂就是人的身躯的形式，灵魂与躯体的关系就如同蜡块与蜡块上的烙印一样。① 亚里士多德根据功能将人的灵魂分成不同的类别，并且分别称之为营养能力（灵魂）、感觉能力（灵魂）、思维能力（灵魂）及运动能力（灵魂）。这些不同的灵魂是身体不同部分的形式，比如，视觉就是眼睛的形式。同时，亚里士多德将灵魂用来思维和获取知识的部分统称为智（intellect）。② 这些不同的灵魂，或者说不同的活动形式类似于近代官能心理学中的官能。

亚里士多德基于他的灵魂分类理论进一步提出，感觉灵魂与心智有着本质的区别，感知器官受过强烈刺激后，感觉灵魂会失去功能，“但是，心智在思考需要强烈思考的对象后，不仅不会减小思考细微事物的能力，而且会加强这种能力”③。

这是心智形塑观念的基本内涵在古代哲学中最早的、清晰的表述。亚里士多德假设心智力量可以通过刺激与运用得到增强，这个假设与

---

① Aristotle, *De Anima*, trans. R. D. Hicks (Cambridge: Cambridge University Press, 1907), pp. 30, 51.

② Aristotle, *De Anima*, trans. R. D. Hicks (Cambridge: Cambridge University Press, 1907), p. 131.

③ Aristotle, *De Anima*, trans. R. D. Hicks (Cambridge: Cambridge University Press, 1907), p. 131.

肌肉通过体操锻炼可以得到增强的假设在逻辑推理是相似的，因而这个假设被后人称为“心智体操论”（mental gymnastics）。

在近代，随着约翰·洛克、莱布尼茨、沃尔夫等人从哲学与心理学角度进一步阐述个体的心智，古代的心智或灵魂分类学说逐渐由近代官能心理学术语系统取代。其中，在沃尔夫的术语中，世界由灵魂单子与物质单子构成，灵魂具有各项能力，据此，人的心理能力被分为认识能力与动求能力。认识能力进一步被分为感觉、想象、记忆、注意、悟性和理性，动求能力则被分为愉快、不愉快的感情和意志作用。沃尔夫的心理官能分类理论引起了后人的注意，甚至吸引了 19 世纪初来德留学的美国青年学者。①

二、古代心智形塑实践观念

在古希腊罗马时代，哲学家们在公民心智和城邦的至善目标之间构想了某种联结，并且各自提出了独特的心智教学理论。

柏拉图的心智形塑实践观体现在音乐教育学说中是一种心智的形塑（moulding，forming）过程，其教育材料并不限定为声乐和音律，而是以神话和诗歌为主，并且凭借吟诵神话和诗词，在儿童心智中印刻道德、宗教甚至是政治的观念。②

亚里士多德在《政治学》中阐述了一种心智教学理论的雏形。首先，其教育理论是基于身体与心灵、欲望与智力这两对范畴展开的。它关注的教育问题是心灵教育与身体教育的秩序、理性教育与习惯教育的关系、心智教育的方法、心智发展与课程材料的关系问题。亚里士多德认为，心智教育包括身体与心灵教育，身体教育应该早于心灵

---

① 参见唐钺《西方心理学史大纲》，北京大学出版社，1982，第 120—125 页。

② 林玉体：《柏拉图的教育思想》，台北文景书局印行，2012，第 220—221 页。

教育，欲望教育应早于智力教育。在心智教育之中，习惯与理性都十分重要，先发展习惯，习惯的教育同理为理性与心智服务。[①]

在课程方面，首先要明确的宗旨是所有的课程知识并非因为其具有实际用处而教，选取课程材料的唯一标准是它们是否能够提供“闲暇”（leisure）。所谓闲暇，并非因欲望获得满足而产生快乐的情感，而是理智获得自由的运用，为思考而思考。课程被分为 4 类：阅读与书写、体操、音乐、绘画。在体操方面，亚里士多德认为教育模式比教育环境更重要。体操教育的原则是，避免过度虚耗身体，在训练身体的时候要避免同时训练心智。音乐教育能够带来心智的闲暇，有助于培育心智，引领学生走向美德。在节奏与旋律之中，人能够模仿音乐中的愤怒情绪与音乐中表现出来的绅士般的气质，学习勇敢与节制的美德。在音乐选择方面，不应选择那种能让未受教育的奴隶、理性尚未发展的儿童甚至动物都能从中发现乐趣的庸俗音乐。音乐课程应以演奏者心智的愉悦与闲暇为目标，而非训练一个取悦听众的演奏者。[②]

古罗马昆体良的《雄辩术原理》默认了亚里士多德的关于心智官能可以通过锻炼增强的假设。他将人的理智划分为不同的理智力量，包括想象力、模仿能力、判断力、记忆力。他把这些力量统称为“雄辩才能”，并且将培养雄辩术的教育称为“力量”的教育。“力量”与亚里士多德提到的“形式”属于不同的概念范畴。但若从教育哲学的角度来看，昆体良构想的理智力量教育与亚里士多德的心智教育都与形式教育有相似的含义。与近代心理学不同，昆体良并未将不同理智力量与人脑结构关联起来。昆体良与亚里士多德的共同之处在于皆强调儿童时期是塑造“习惯”的关键时期，这个“习惯”是指与心智相

---

① Aristotle, *Politics*, trans. H. Rackhan (London: William Heinemann Ltd, 1959), pp. 600-617.

② Aristotle, *Politics*, trans. H. Rackhan (London: William Heinemann Ltd, 1959), pp. 627-660.

关的习惯，主要目标是令儿童远离自私情感与不理智的激情。

昆体良认为，在教学上，一方面，雄辩术教师应该首先辨别学生的自然天性（各个理智官能的强弱），再锻炼羸弱的心智官能，抑制过强的官能，力求各方面平衡发展；另一方面，不能根据学生的自然天性进行分科教学；最后一方面，学生应养成勤奋、深思的习惯，训练持久的记忆力。在课程材料上，昆体良推崇采用以下几类材料：哲学上的一般问题；关涉特定时间、地点、人物的特殊问题；公民议事问题。他更注重经验对心智力量的培育，要求学生首先通过家庭教育习得理论知识，再从经验教育中学习，包括聆听法庭辩论、参与教师的课堂提问、参与公众集会、聆听或实践辩论。在不断累积经验的同时，学生才能将在经验教育中习得的心智力量及对应的雄辩力量应用于一般的演说情境中。①

昆体良概括了这种培育理智力量的形式教育目的：

> 我要培养的不是法庭上的迂腐庸人，不是为金钱而雇佣的代言人。我所要培养的人是具有天赋才能、在全部高等文理学科（liberal arts）上受过良好教育的人，是天神派遣下凡来为世界争光的人，是前无古人的人，是各方面都超群出众的人，是思想和言论都崇高圣洁的人……当元老院的政策需要指点、当民众需要避恶趋善之时，他的才华更能放射异彩。这种人不就是维吉尔所理想的那种雄辩家吗？……但愿我们的青年，不，让一切年龄的所有人（因为大气不嫌晚成）竭尽全力为此目标而奋斗。②

至近代，乔瓦尼·巴蒂斯塔·维科（Giam Battista Vico）试图用

---

① 昆体良：《教育论著选》，任钟印选译，人民教育出版社，1989，第25—27、76—90、131、143—150页。

② 昆体良：《教育论著选》，任钟印选译，人民教育出版社，1989，第160—161页。

人类制度的演变史将哲学知识推送至心智形塑材料的最高位置上。维科在著作《新科学》中认为，各民族的神话故事由人类的感官语言组成，神学诗人就好比人类统一体的感官部分，哲学家就好比人类统一体的理智部分，因此只有哲学家才能发现最高意志于世间文化、历史与制度中的显在。①

三、近代英、德教育哲学谱系上的"训练迁移说"

美国的心智形塑观念被杜威等当代教育家指认的别名是"训练迁移说"。训练迁练说是心智形塑观念的重要内涵，指涉在特定课程或情境中习得的心智能力能够迁移至其他情境中运用，以及心智能力发展是相互影响的、关联的。这种观念的雏形可以追溯至约翰·洛克。洛克将人的心智教育阐释为儿童某些心智习惯的训练过程。

洛克在《教育片论》中谈到，幼童教育的旨趣是心智习惯的培育，尤其是训练和培育不沉迷于感官享乐和满足自身欲望的习惯，甘愿长时间投身于理性探究的习惯。他强调，这种习惯能迁移至儿童未来的生活之中。洛克并未用 discipline 来形容这种习惯的培育过程，他用 discipline 指涉体罚，认为体罚是一种应被丢弃的教育方法。洛克认为心智教育要遵循心智自然发展秩序，通过不断重复的实践，令幼童形成良好的心智习惯。② 洛克将理性训练限定为父母所有的对儿童的养育权利与职责。③ 洛克对心智习惯的重视与昆体良极为相似：

---

① 乔瓦尼·巴蒂斯塔·维科：《新科学》，朱光潜译，商务印书馆，1989，第 609—611 页。

② John Locke, *Thoughts Concerning Education* (London: J. and R. Tonson in the Strand, 1913), pp. 63, 66；参见约翰·洛克《教育片论》，熊春文译，上海人民出版社，2005，第 122—160 页。

③ 纳坦·塔科夫：《为了自由——洛克的教育思想》，邓文正译，北京：生活·读书·新知三联书店，2001，第 100—101 页。

> 从一开始就要告诫学生：决不能表现出自私、无耻和失去自制，应牢记维吉尔（Virgil）的名言：少年时代养成的习惯多么重要。①

根据克拉克大学博士莱纳斯对洛克的解读，我们可以发现，洛克既重视特殊训练的作用，也承认训练可以迁移。莱纳斯认为，洛克承认迁移是有限制的，并且洛克认为学生在每一门课程中会发展出适合这门课程的态度，他们有可能采取这种态度应对所有科目，因此儿童应学习多门课程，习得不同态度，进而让心智获得多方面发展，如仓库一样富足，这样才能敏捷有效地解决问题。②

在17世纪末18世纪初，德国的费希特同样阐述了一种类似于训练迁移的教育观，只不过迁移的是人的良善德性及意志力。费希特认为，人的"意志力"能保障人拥有稳定的道德行为与选择。他将这种教育命名为新教育。旧教育往往致力于将固有的观念灌输给学生，费希特认为旧教育没能实现人性形塑（英文是Cultivation of Humanity，德文是Bildung zum Menschen）的任务，应该凭借新教育，将运行于人与神、人与民族、人与世界之间的法则摹刻（德文是bild）于学生的心灵之中，使之养成坚韧的意志力，进而拥有稳定的道德行为与选择。表示这一教育过程的词语就是德文bildung，译成中文是自我指导，译成英文是cultivate of the mind，formation of the mind，mental discipline等。

费希特认为，在旧教育中，即使告诉学生什么是正确的，劝勉学

---

① 昆体良：《教育论著选》，任钟印选译，人民教育出版社，1989，第26页。

② C. K. Lyans，"The Doctrine of Formal Discipline，"*Pedagogical Seminary* 21，(Sept. 1914)：344-345.

生去遵循正确法则，学生未必会遵守法则，因为人拥有自由的意志。①在他看来，新教育克服了这一点，新教育产生的知识是超越经验与感觉的，是必然、普遍的，是可以使意志必然做出某种选择的。至于教育方式，费希特说："用一种确信无疑的技巧与艺术（deliberate art）来形成人的一种固定的、极其精确的良善意志。"② 新教育的具体操作是直接刺激学生心智的自我活动（mental self-activity），使之不断自我否定，不断改进，进而产生知识。学生最终能体会到，自己不仅是人类社会的成员，还是普遍精神生活的永恒之链中的一个环节，从属于更高级的社会秩序。③

在心智形塑手段方面，洛克诉诸心智习惯的重复训练，费希特则重视超验理念对人心的刺激和摹刻。费希特假设了意志对人整体上的心智的否定作用，意志成了一种可以审视理性、否定欲念的更高层次的整体意义的精神力量。这两种心智形塑范式的区别在 19 世纪美国文化和教育观念中有一定的反映。

四、近代德国心智哲学的传入

独立战争以后，美国和欧洲的文化交流迎来了新的高峰期，社会领袖、知识分子和政治精英们在对美国应学习英国文化、德国文化还是法国文化的问题上意见纷呈。进而，部分青睐德国文化的美国人和德裔美国移民通过杂志、讲座和教育机构引介了德国心智哲学及相关文化。

---

① Gregory Moore(ed.), *Fichte: Addresses to the German Nation* (Cambridge: University of Press, 2008), p. 28.

② Gregory Moore(ed.), *Fichte: Addresses to the German Nation* (Cambridge: University of Press, 2008), pp. 22-24.

③ Gregory Moore(ed.), *Fichte: Addresses to the German Nation* (Cambridge: University of Press, 2008), p. 36.

自1801年起，德国的克里斯蒂安·加尔夫（Christian Garve），沃尔夫、康德等人的心智学说以共和主义者约翰·昆西·亚当斯（John Quincy Adams）创建的《穿越西拉希旅途杂志》（*Journal of a Tour through Silasia*）为媒介传入美国。① 除了一些杂志、期刊介绍国外（尤其是德国）的相关哲学之外，一批回归美国本土的留德学生通过举办学院讲座、出版著作等方式也加速了心智哲学在美国的传播。蒂克纳与爱德华·埃弗里特（Edward Everett）在德国游学归来之后，在哈佛大学宣讲德国的哲学。② 德国心智哲学传入美洲思想圈之时，不可避免地与原先的加尔文主义神学形成对峙之势。

五、瑞士和苏格兰的颅相学理论及其传入

在19世纪美国中等教育领域，不少一线教师、教育官员和教育家热情地学习瑞士教育家裴斯泰洛齐和苏格兰教育家乔治·贾丁（George Jardine）的心智形塑观，以及苏格兰颅相学。

贾丁是苏格兰格拉斯哥大学（University of Glasgow）的逻辑学与雄辩术教授，曾在1818年出版专著《教育哲学大纲》（*Outline of Philosophical Education*）。《教育哲学大纲》提出教师不仅仅要促进学生心智的发展，更重要的是聚焦形塑的进程，思考该教育方式是否适合学生的性情（disposition）与条件。贾丁提出了促进苏格兰的大学哲学教学方法的变革建议：第一，教师与学生应通过表情与感觉进行交流，深入讨论哲学。第二，应让学生练习回顾和思考教授研究的问题，这种方法能够训练学生形成两种心智习惯——集中注意力与反思。第

① Henry A. Pochmann, *German Culture in America: Philosophical and Literary Influences, 1600-1900* (Madison: the University of Wisconsin Press, 1957), pp. 62-63.

② Henry A. Pochmann, *German Culture in America: Philosophical and Literary Influences, 1600-1900* (Madison: the University of Wisconsin Press, 1957), pp. 67-69.

三，在课堂上，学生应在毫无准备的情况下随时对课余读物进行口头概述，练习抽象的能力，并且学生需在毫无准备的情况下对教授提出的主题进行完整和准确的定义。贾丁认为上述这些方法不仅可以让学生锻炼临时演说能力，还能促进写作的准确性。他希望哲学教学的变革能进一步影响大学在其他知识领域的教育。这本著作被美国人定义为新一代亚里士多德学说。①

另一个备受美国中学青睐的是苏格兰颅相学。苏格兰颅相学最初源自德国颅相学，由医学家弗朗兹·约瑟夫·加尔（Franz Joseph Gall）创立。他从学生时代就对人的性格与颅骨的表面风格、构造之间的关系问题倍感兴趣。加尔耗费数年创立了大脑理论，1802 年与学生约翰·普尔茨海姆（Johann Spurzheim）前往欧洲各地传播已有的发现。随后，加尔与普尔茨海姆，以及其他追随者共同撰写了大量有关神经系统与大脑的著作。普尔茨海姆将这些学说统称为颅相学，并且声称颅相学是一种完善人类的途径。② 19 世纪 20 年代，颅相学在德国普鲁士邦、法国、英格兰逐步传开。

在 19 世纪 20 年代之前，除了蒂克纳、爱德华·埃弗里特、乔治·班克罗夫特（George Bancroft）与一小撮学医的美国人在欧洲听过以颅相学为基础的心智哲学外，几乎没有美国人知道这门科学。直至 1822 年，费城的一些著名医生共同创建了一个“颅相学中心协会”（Central Phrenological Society），它是个偏安一隅的小型医学研究协会。其协会主席做了两场演讲，演讲内容在 1822 年 5 月的《费城医学与生理学杂

① George Jardline,“Reviews: Outlines of Philosophical Education,” *American Journal of Education* 1,(Oct. 1826):609; George Jardline,“Reviews: Outlines of Philosophical Education,” *American Journal of Education* 1,(Sept. 1826):547.

② Ronald G. Walters, *American Reformers , 1815-1860* (New York: Hill and Wang, 1978), pp. 157-158.

志》上发表。[①] 1824 年，一个名叫查尔斯·考德威尔（Charles Caldwell）的人出版了第一本由美国人撰写的颅相学著作——《颅相学要义》（*Elements of Phrenology*）。[②] 苏格兰著名颅相学家乔治·康布（George Combe）是当时享誉欧洲的颅相学大师。他出生于苏格兰爱丁堡，在 1816 年结识了颅相学创始人加尔的得意门生普尔茨海姆，对其讲座产生兴趣。康布从 1822 年开始在爱丁堡大学开设颅相学讲座。他的《人的原理》（*Constitution of Man*）于 1828 年在美国出版，成为当时较为风行的颅相学著作。[③] 在 19 世纪 20 年代，裴斯泰洛齐和贾丁的心智教育观、苏格兰颅相学家康布等人的颅相学，经由美国导生制学校教师和《美国教育杂志》主编威廉·罗素（William Russell）的引介进入美国中等教育的视野。[④]

德国心智哲学传入美国后，它们在美国本土的高等教育机构的教育政策、德育观念和课程教学组织设置中有相对显著的体现。与之不同的是，苏格兰心智哲学与心智教育观念则对美国中等教育界的心智形塑观念造成了一定的冲击，尤其是颅相学为美国中等教育界心智形塑观念提供了大脑官能理论和神经系统理论基础，成为美国教育家变革本土心智形塑观念与实践的理论依据。

---

① Orson Squire Fewler and Lorenzo Niles Fowler(eds.)*The American Phrenological Journal & Miscellany*, Vol. 3(Philadecphia: Foulers and Wells, 1841), pp. 380-381.

② Ronald G. Walters, *American Reformers , 1815-1860* (New York: Hill and Wang, 1978), pp. 157-158.

③ C. W. Bardeen, *A Dictionary of Educational Biography* (New York: C. W. Bradeen), p. 131.

④ William B. Fowle, "Boston: Monitorial School, Report of the Trustees," *American Journal of Educational* 1, (Feb. 1826): 72.

第二节　美国传统心智形塑观念及其主要承载机构

美国传统心智形塑观的主要承载机构为精英高等学院。

一、殖民地大学人员构成的非世俗色彩

精英大学与教会之间的联结关系可以追溯至殖民地时期。在殖民地时期，精英大学的领袖群体有着错综复杂的身份现象。新泽西学院（1746，后更名为普林斯顿学院）、布朗学院（1764）、女王学院（1766）及达特茅斯学院（Dartmouth College）的创建者大都是支持第一次宗教大觉醒的“新光派”神职人员。他们分别来自长老会、浸信会、荷兰归正会和公理会。18 世纪的精英大学的教学与管理体系一般由教师团体和董事会这两个团体组成。董事会又下设监管委员会（overseers）与巡视会（visitors）。教派创建一所学院后，往往设法令本派神职人士占据学院董事会大多数职位，如耶鲁学院是在新教公理会的支持下创建起来的，在建校之初，耶鲁学院仅仅设立单一董事会体系管理学院，成员全部由公理会教徒担任。自 18 世纪末以来，哈佛学院董事会成员大多也是公理会教徒。在不同的大学，校长与董事会的关系是不同的。耶鲁在创立之初，并未将校长列入董事会，但在其他的学院机构中，如哈佛大学，校长本身就是董事会成员。总的来说，校长的社会观念和教育思想对学院的教育方向有重要影响力。高等学院校长常常兼任神职。塞缪尔·洛克（Samuel Locke）是公理会牧师，于 1770—1773 年担任哈佛校长。塞缪尔·兰登（Samuel Langdon）也是美国公理会成员，于 1774—1780 年担任哈佛校长。约瑟夫·威拉德（Joseph Willard）同样是美国公理会神职人员，于 1781—1804 年担任哈佛校长。埃兹拉·斯尔泰斯（Ezra Stiles）是公理会牧师，1770

1771 年担任布朗大学校长，随后在 1778—1795 年担任耶鲁学院的校长。这些学院校长的学校演说、教学与训导的修辞和范式呈现强烈的加尔文主义话语色彩。[①] 哈佛校长查尔斯·W. 埃利奥特曾斥责美国学院的校长选聘传统："美国学院几乎一直只从牧师中选择他们的校长……他们忍受着这种太过专门的牧师式管理。"[②]

独立战争前夕，新教教会加强了对美国高等学院教学和管理的干预。在纽约郊区，国王学院管理体系以圣公会（又译英国国教会）牧师为主要成员。在费城，长老会与圣公会都试图将自己的势力渗透进费城学院。费城学院的威廉·史密斯（William Smith）谋划着让学院加入圣公会阵营，他的努力却遭到担任学院副教务长的长老会牧师弗朗西斯·埃里森（Francis Alison）的阻挠。[③]

殖民地时期的精英大学的大学毕业生的出身与去向也有浓厚的非世俗色彩。譬如，哈佛学院在创立之初，每届大学毕业生 4—10 人，学生大部分是牧师或军队将领的后代。学生毕业后，第一份职业一般是去教会服务，一旦被正式任命为教区牧师，大多数人会终身从事牧师职业。1675 年从哈佛毕业的学生，其出身与毕业去向有典型的特征。这一年共有 8 位毕业生，他们分别来自马萨诸塞州、康涅狄格州、新罕布什尔州（New Hampshire）。他们父亲的职业是各地的牧师（3 人）、

---

① George M. Marsden, *The Soul of the American University* (New York: Oxford University Press, 1994), p. 61; 林玉体：《美国高等教育之发展》，台北高等教育文化事业有限公司，2002，第 40 页；Samuel A. Eliot, *A Sketch of the History of Harvard College and of its Present State* (Boston: Charles C. Little and James Brown, 1848), p. 112; Margaret Cain McCarthy, *History of American Higher Education* (New York: Peter Lang, 2011), p. 13.

② William Charles Eliot, *Educational Reform : Assays and Address* (New York: The Century Co., 1901), p. 188.

③ David C. Humphrey, *From King's College to Columbia, 1746-1800* (New York: Columbia University Press, 1976), p. 77; Geolge M. Marsden, *The Soul of the American University* (New York: Oxford University Press, 1994), pp. 61, 71-72.

陆军军官（3 人）与商人（1 人）（还有一位资料不详）。他们的母亲也分别来自各州有影响力的家庭，如蒂莫西·伍德布里奇（Timothy Woodbridge）的母亲是州长的女儿。这 8 位毕业生最终全部成了牧师，其中有两位毕业生担任牧师后，也分别兼任教师和医生。此外，一些毕业生在教会服务一段时间后，在未被正式任命为牧师前，他们会跟随陆军军官进行学习，或者加入对抗印第安人的队伍，直至被正式任命为牧师为止，乔纳森·罗素（Jonathan Russell）便是如此。塞缪尔·安德鲁（Samuel Andrew）在 1679 年毕业后留校成为哈佛学术委员会成员，在 1685 年被康涅狄格州任命为牧师；后来，他被牧师与公众提名担任董事去创建与管理一所学院；1716 年，这所学院搬去纽黑文市，更名为耶鲁学院，安德鲁仍担任院长一职。随后，他成为殖民地时期康涅狄格州十大主要牧师之一。① 哈佛学院的毕业生出身与去向只是殖民地学院精英大学与教会联结关系的一个缩影。即使在殖民地末期，精英大学部分毕业生也逐步选择成为律师、政客，作为社会中上阶层的律师和政客与教会及教会事务的联结仍旧是紧密的，精英大学与非世俗势力的联结关系始终未断绝过。②

总的来说，精英大学的人员构成和毕业生去向皆呈现浓厚的非世俗色彩。在非世俗势力的干预下，精英大学的教育宗旨和指导哲学观念亦以思想和道德教育为主。

二、殖民地大学的心智形塑：虔敬教育

殖民地时期，在精英高等学院的教育目标中，美德的塑造是最主

① John Langdon Sibley, *Biographical Sketches Graduates of Harvard University*, Vol. 2(1659-1677)(Cambridge: Charles William Sever, 1881), pp. 447-474.

② David C. Humphrey, *From King's College to Columbia , 1746-1800* (New York: Columbia University Press, 1976), p. 85.

要的。传统心智形塑主要指涉的是美德的塑造。各所学院对美德的内涵各有不同的指向。在圣公会势力较强的学院中，教育家们强调的“美德”与英国国教会的精神趋于一致，它包含两层重要含义——爱国主义和新教虔敬主义。爱国主义是对英国及英属殖民地的忠诚与舍身精神，虔敬主义是对神的尊敬。塞缪尔·约翰逊（Samuel Johnson）是纽约国王学院的第一任校长，他的著作《法律哲学》（*Elementa Philosophica*）将“美德”分为“人的美德”“神的美德”“社会美德”三类。在人的美德方面，应保持审慎、谦逊、温和、冷静、纯洁、耐心、刚毅、节俭、勤勉的品质与习惯；在神的美德方面，要感激、爱、信任、服从与有意地模仿；在社会美德方面，对同伴要谨守无害他人、慈善、宽宏、友好、谅解、公正的准则，在任何情状下须举止得体。《法律哲学》这部著作随后也成为国王学院大四学生必须学习的教材。塞缪尔将非教派主义的虔敬当作“美德”的首要品质，他曾在1754年将这种美德的含义表达得淋漓尽致：“公众将他们的孩子送到这所学院，兴许会更加满意，……这所学院……会将所有真正的……公认的道德教给学生。”①

为了训练学生的虔敬美德，每日黎明破晓之时，学生就聚集在校长塞缪尔的身边吟诵《十诫》、赞美诗等。每逢星期日，学生必须为纽约市教会服务。在重复的仪式中，学生从情感与认知上逐步接纳虔敬的美德。此外，学生必须发誓将克制自身的激情、欲望与所有的诱惑。在“美德”的要求下，须遵守秩序、尊重财产与生命的安全、尊敬法律与权威、敬畏最高意志和英国国王。国王学院的学生还会被灌输诸

---

① David C. Humphrey, *From King's College to Columbia, 1746-1800* (New York: Columbia University Press, 1976), pp. 157, 159-160; J. David Hoeveler, *Creating the American Mind* (New York: Rowman & Littlefield Publishers, 2006), p. 137; S. Alexander Rippa, *Educational Ideals in America: A Documentary History* (New York: David Mckay Company, 1969), pp. 1-6, 42-45.

如此类的思想，他们比纽约州其他人更优秀、更特殊，社会对他们有着更高的期望，他们通过学院课程与教育获得了美德与能力，因而得与大众男性区别开来，学院教育比起出身或财富更能帮助他们在专业或政治领导行业中获得声誉。① 他们试图让精英阶层子弟内化这种美德观，并且运用这种精神领导社会公共事务。在殖民地时期，高等学院教育几乎（费城学院较为独特）是某一个宗派精神的缩影。这一时期，心智形塑观念的形态是以精神的形塑为内涵的。

三、法国社会思想和自然哲学的流入

1727 年，本杰明·富兰克林（Benjamin Franklin）组建了一个共读会（Junto），又于 1743 年创建了"美国哲学会"。后来，这两个组织合并成为新的美国哲学会（American Philosophical Society）。这个协会以富兰克林为首，专注于政治辩论和探讨欧洲科学知识。美国哲学会将欧洲启蒙思想源源不断地传入美国。②

1789 年 7 月，欧洲发生了法国大革命。美国《独立宣言》思想的先驱人物托马斯·潘恩（Thomas Paine）相继撰写《人的权利》和《理性时代》两本著作，阐述法国革命的意义。他攻击神权国家制度，宣传自然神论。潘恩的《理性时代》批判教会制度，宣扬了一种近似于一位论的观点。潘恩指责教会和政府存在利益勾结。他批评道，教会总是以上帝的名义"霸占权力与利益"，教会与政治"两者狼狈为奸"。潘恩对《圣经》及其阐释权的抨击也毫不留情。他说，基督教的

---

① David C. Humphrey, *From King's College to Columbia , 1746-1800* (New York: Columbia University Press, 1976), pp. 86, 160; Leslie Stepher, *Samuel Johnson* (New york: Harper & Brothers Publishers, 1901), p. 103.

② S. 亚力山大·里帕：《自由社会中的教育：美国历程》，於荣译，安徽教育出版社，2010，第 63 页。

《圣经》、伊斯兰教的《古兰经》、与印度教教义都是不可信的，因为它们是用地方语言写成的。潘恩呼吁人们相信自己的理性与创造，因为“创造力”或“理性”是最高意志呈现的唯一渠道。潘恩相信，那些需要人运用理性去创造和寻求真理的知识才是“真正的神学”，唯有天文学等科学知识（潘恩称之为自然哲学）才是“真正的神学”，人们在探究它们的时候，将会在理性思考、创造的过程中觅得真理。① 在1803年，塞缪尔·米勒（Samuel Miller）的《18世纪简史回顾》（*Brief Retrospect of the Eighteenth Century*）一书的出版引起广泛关注。它引介了大量德国哲学，尤其是自然哲学。还有许多德国书商也不断往美国传输欧洲的哲学思想。②

在18世纪末19世纪初，随着潘恩、大卫·休谟（David Hume）、让·雅克·卢梭（Jean Jacques Rousseau）的启蒙思想与法国大革命消息的涌入，美国的加尔文主义信念的持有者们感到了一种深刻的外源性危机。

四、精英学院的危机感与传统心智形塑观的兴盛

1789年法国大革命之后，欧洲自然哲学类书册流入新英格兰地区的高等学府之中。在哈佛，不少男孩被这些书册的新颖观念所吸引，自然哲学在大学生中一时风行起来。③ 这种现象引起了与学院、大学关系密切的一些非世俗组织的警惕。在新英格兰，公理会决定在哈佛学

---

① 托马斯·潘恩：《常识：理性时代》，支顺福注释，上海外语教育出版社，2006，第94、97—98页。

② Henry A. Pochmann. *German Culture in American Philosophical and Literary Influences：1600-1900*(Madison：The University of Wisconsin Press，1957)，pp. 60-61.

③ See Holmes，"Memoirs of the Life，Character，and Writings of David Tappan，" in *Sermons on Important Subjects*，ed. David Tappan (Cambridge：Hilliard and Lincoln & Edmands，1807).

院复兴以加尔文主义思想为中心的德育与智育。

1792 年 6 月，哈佛大学董事会与监管委员会邀请大卫·塔潘（David Tappan）来到哈佛神学院。同年 12 月 26 日，塔潘被任命为哈佛神学院霍利斯神学教授。① 霍利斯教授席位，即 Hollis Professor，是哈佛神学院在 1723 年成立的教席。塔潘担任教授后，展开了心智教育工作。一方面，须依凭传统学说义理的演绎，重视传统经书解读在教学和研究中的地位，并且采取传统的话语、修辞和范式进行；另一方面，用生活语言、日常经验劝诫学生远离欧洲新传入的学说，注重情感的激发和认同教育。对塔潘而言，对学生进行心智形塑或心灵规训只是第一步，第二步则是令学生掌握布道术，能对信念殊异和相同的人进行心灵的规训。塔潘向学院学生宣扬了一种心智观，其核心观点是人生来是罪恶的，罪恶的等级由人的心灵构造决定。塔潘将人的心灵构造界定为知（understanding）、意志力与情感这 3 种力量，并且称他们为官能，这些官能在每个人的心灵中以不同比例分布，它们平时按照一定的秩序左右人的行动。知代表理性的力量，在塔潘看来，世人天生就有丢弃知、任凭理性被颠覆的倾向。塔潘进一步向学生推论大学和其他组织在世人的心智形塑中的重要性。塔潘使用“我们”“我们国家”等用语构造一种神权与文化、国家共同体相互重合的印象。② 塔潘的教学与布道只是哈佛心智教育的一部分，哈佛在学生个人行为操守方面制定的规章制度也指向既定的美德信念的形塑。

与哈佛的传统人士一样，康涅狄格州公理会牧师德怀特觉察到自然哲学论在思想界引发的震动。德怀特出生于马萨诸塞州北汉普顿，于 1769 年毕业于耶鲁学院，是著名基督教新光派神学家、第一次宗教

---

① David Tappan, *Sermons on Important Subjects* (Cambridge: Hilliard and Lincoln & Edmands, 1807), pp. 12, 20.

② David Tappan, *Sermons on Important Subjects* (Cambridge: Hilliard and Lincoln & Edmands, 1807), pp. 34, 39.

大觉醒运动的发起者乔纳森·爱德华兹的外孙。德怀特既是神学家，也是教育家，即后来的耶鲁学院校长。他将心智形塑理解为两项工作：一是人的自我教育，人如何规束自身的肉体灵魂的问题。二是在高等学院受过系统教育的人，如何在思想上影响潜在的信念殊异者。第一步是私人劝诫（remonstrance）；第二步是警告（admonition），需要借助"庄严的语调"警告他的问题；第三步，同时也是最严厉的手段，那就是从精神共同体中摒除（excommunication）。①

1795 年，德怀特被选为耶鲁学院校长。按照惯例，在毕业典礼上，耶鲁校长或神学教授会为学士学位候选人发表一番演讲。在 1797 年 9 月 9 日，德怀特校长对毕业生发表了一番演说。德怀特运用劝诫、警告和日常生活实例举证等方式展开演说：

> 为了让你们的心智烙上正当的印记，谨记劝诫的重要性，我将做出以下几点努力：一是向你们证明这类哲学是空虚的，并且具有欺骗性质。二是为你们指出，你们面临着沦为它的牺牲品的危险。三是用数个论点证明你是一个殊异学说的牺牲者，以此劝阻你们。②

首先，德怀特阐述了启示的思想方法的合理性。接着，德怀特用否定法说明了欧洲传入的"哲学"的不合理之处。德怀特认为，自然哲学研究方法分为三类，其一是证实法，即从已知推论未知。对于这一点，德怀特反驳道，人类对自然界知识知之甚少，无法从已知中推论出最高意志的轮廓。其二是证伪法，即否定所有无证据支持的论断。

---

① Timothy Dwight, *Theology Explained and Defended in Series of Sermons*, Vol. 5 (London: W. Baynes and Son, 1822), p. 367.

② Timothy Dwight, *The Nature and Danger of Infidel Philosophy* (Bristol: R. Edwards, 1799), p. 10.

其三是先验假设法，从公认的先验或物假定某种意志，进而推论出其他意志。对于这类研究方法，德怀特说，无法从先验决断最高意志的特质。

其后，德怀特采用了警告方式劝诫学生。警告方式不集中于说理，而是用充满感情的语调和经验语言渲染学生面临的严重后果：

> 你们，就如同其他人一样，很自然地拥有一种来自原罪的愉悦。当你们的激情与欲望没有法则束缚的时候，你们很自然地感到高兴。①

德怀特将生活中流行的自然哲学家及学说当作反例予以批判。德怀特称，自然哲学家常常攻击神秘主义，用环境与风俗反驳经典的真实性，学生应当明白传统经典的神秘本质还未获得解释，一些记载的事情关系到年代久远的国家与现实，无法用人类现在已知的风俗、环境做出解释。德怀特列举了苏格兰启蒙思想家休谟和法国启蒙思想家伏尔泰（Voltaire）作为"自然哲学家"的典型人物。他反对休谟及其支持的新学园派、皮洛怀疑论者（pyrrhonists）的理论，批判怀疑论（skepticism）甚至托马斯·霍布斯（Thomas Hobbes）的学说，并且贬斥休谟的道德学说为"道德的动物系统"。在德怀特看来，这些自然哲学家把人的激情、自私的欲望看成人最真实、最自然的东西，毁坏了道德义务，腐蚀了人们对原罪的内省，仅仅诉诸世俗法律、法官作为人类行为的底线。在德怀特看来，世俗法律、法官判决决非人的行为的底线，人有规束自身的道德义务。

德怀特告诫道，经验证明，人的天性倾向于原罪……激情"不忠

① Timothy Dwight, *The Nature and Danger of Infidel Philosophy* (Bristol: R. Edwards, 1799), p. 61.

诚”于理性，身体“不忠诚”于灵魂。随后，德怀特以法国大革命的例子说明了原罪所产生的恶果：“当下欧洲极大的震动在‘不忠诚’这个话题上产生了最恶毒的影响力。”[①] 德怀特说：从欧洲这场大震动发生以来，欧洲人道德无底线的状况是人类心智史上前所未有的。他们丢弃了责任，对抗道德与宗教。德怀特说：美国存在着这种危险。[②] 德怀特认为欧洲的自然哲学已经入侵公共教育领域。为了证明这一点，他朗诵了法国公共教学委员会的报告：

> 除了自然，最高存在与永恒存在都不是被创造出来的，也是不可造的；唯一的天意就是人在自由与平等中联结起来。当人自由的时候，除了他自己，不需要其他的神。理性既可以废黜地球上的国王，也可以废黜天堂的国王。如果我们期望在人世间保存我们的共和政体，天上就不能有君主政体……我坚持认为，其他类型的共和国都是幻想之物（Chimera）[③]。在你们认可天堂里有一个帝王的时候，你们也将木马引入了自己的围墙之内。你们白天所崇拜的将会成为你们夜间的绝望。[④]

最后，德怀特指出，公民政府、法律和哲学都无法改变人的原罪本性，唯有形成一种新的品性——虔敬，对最高意志的虔敬情感包含公正、

---

① Timothy Dwight, *The Nature and Danger of Infidel Philosophy* (Bristol: R. Edwards, 1799), p. 59.

② Timothy Dwight, *The Nature and Danger of Infidel Philosophy* (Bristol: R. Edwards, 1799), pp. 42-62.

③ Chimera，古希腊神话中的怪物，由多种动物特征构成，一般用来表示不存在的一种幻想或不可实现的妄想。此处的意思是，如果既要承认上帝的专制权，又要建立一个世俗共和制国家，那是不可能的。

④ Timothy Dwight, *The Nature and Danger of Infidel Philosophy* (Bristol: R. Edwards, 1799), p. 64.

真理、善待同伴及自我管理等所有的美德。人获得指引，养成虔敬的美德后，就会理解上天对自己的要求，实践自己应该承担的职责。同年，德怀特被选为美国科学与艺术学院成员（the American Academy of Arts and Sciences）。

1801 年，第二次大觉醒运动在肯塔基州宣告开始。[①] 传福音运动漫延至精英大学，一些大学甚至停课。1823 年担任阿姆赫斯特学院校长的希曼·汉弗莱（Heman Humphrey）此时还是一名耶鲁学院的大一新生，他在耶鲁见证了这场复兴运动。在随后的数十年间，耶鲁学院师生、康涅狄格州公理会牧师与其他改良主义者共同推动着美国这场传福音运动。[②] 正是这场浩浩荡荡的传福音运动推动了加尔文式心智形塑观念的复兴。

1817 年，德怀特校长去世后，戴被任命为耶鲁新校长。他与牧师埃萨克等人将心智形塑理解为理智训练。在戴看来，精英学院教育的本质就是“锻造明智的理性者”。埃萨克则在戴的校长就职典礼上说：“你即将成为大学校长，将投入许多虔敬青年的预备教育之中。”[③] 他们认为，合格的毕业生首先须在心智和性情上合格。因此，他们将学院自由教育的目标定义为“操练、训练和活跃心智力量”。

学院教育的心智形塑包含课堂教学、仪式训练与学生的自我规训。根据戴和埃萨克的主张，在课程方面，几何知识是最佳的心智形塑课程，因为它包含的逻辑关系寓意了宇宙的必然法则。物理学、化学、天文学与自然哲学亦是与心智形塑目标相匹配的课程，学生可获得判

---

① See Zachary Hutchins, *Great Awakening (s)* (New York: Oxford University Press, 2012).

② William Speer, *Great Revival of 1800* (Philadelphia: Presbyterian Board of Publication, 1872), p. 56; Geoge M. Marsden, *The Soul of the American University* (New York: Oxford University Press, 1994), pp. 74, 80, 83.

③ Lewis Issac, *A Sermon at the Ordination of the Rev. Jeremiah Day* (New Haven: The Journal Office, 1817), p. 26.

断力的训练。他们认为，应设法使课程编排体现宇宙万物运行法则之间的联系。在教学方法方面，须令学生持续练习思考，使他们的理性力量保持强大；同时，还须清晰展示数学逻辑原则，显示各种原则之间相互依赖的关系。[①] 学院心智形塑包括仪式训练，学生应在日常仪式练习中保持优雅。心智形塑还包括日常的内省，无论是否获得牧师资历，须日常反省心灵中的自私情感或其他错误，同时还须勤奋学习，使心智官能保持活跃状态，因为“不使用的心智（mind），就像不适用的金属一样，容易生锈，它的官能会因此变得衰弱，它的能量会因此被破坏”[②]。内省需要广泛涉猎科学知识。在传福音运动中，加尔文主义式的心智形塑观念在精英学院迅速扩展。

第三节 传统心智形塑观念遭遇的挑战与应对

18 世纪末，美国传统心智形塑观不仅遭遇来自欧洲的新教育哲学的挑战，亦面临本土的经验主义者与激进的一位论主义者的批评。

一、来自经验主义者的批判

从 18 世纪末起，一批经验主义者开始批判殖民地以来的传统高等教育观念与实验。经验主义者主要是一些活跃于新英格兰地区乡村之中的演说者。他们在市集等空旷之地发表演说，用生活经验解释信念，宣称不识字的平民皆可布道，试图割断大学教育与洞悉真理之间的必然联系。此后，经验主义者涌入城市，发表演说讽刺精英学院和大学

---

① Jeremiah Day, *An Introduction to Algebra* (New Haven: Steele for Howe & Deforest, 1814), pp. preface 3-4.

② Lewis Issac, *A Sermon at the Ordination of the Rev. Jeremiah Day* (New Haven: The Journal Office, 1817), p. 10.

教育。在城市里，这些布道者的听众多为来自爱尔兰和德国的移民，这批移民生活在白人社会的底层，构成庞大的城市贫困工人群体，他们的英文读写水平极低。经验主义布道者宣称在认识真理方面，个人生活经验比学院教育有用得多，他们还吸纳了不识字的人，因此受到了城市平民的欢迎。①

经验主义布道者的代表人物是洛伦佐·道（Lorenzo Dow），他出生于美国康涅狄格州托兰县考文垂镇，是经验主义发起人之一。道在1799年脱离卫理公会。1802年，他在纽约州奥尔巴尼布道，攻击自然哲学、加尔文主义和一位论思想。他撰写了《辩论作品》（*Polemical Works*）、《查尔斯顿的陌生人，或洛伦佐·道的忏悔与轨迹》（*The Stranger in Charleston , or the Trail and Confession of Lorenzo Dew*）等。②

道具有代表性的观点是，未接受大学教育的平民可以依据生活经验进行思考，并且阐发谈论对最高意志的理解。他曾在康涅狄格州里奇菲尔德（Ridgefield）发表演说，攻击以耶鲁为首的学院教育模式和耶鲁毕业生享有的权威，引起了人们的震动。他说："我坚信，教养不能给人精神的力量。圣·彼得③是一个渔民，难道他去过耶鲁学院接受教育？当然没有。亲爱的姐妹们，他没有你们拥有的平稳的、礼貌的、学院的绅士风度，仅有一种朴素，他像我一样拥有自我，就好比公羊天生拥有角。"④ 道同时评判了学院教育对人性的禁锢与扭曲，他的演

---

① Nathan O. Hatch, *The Democratization of American Christianity*(New Haven and London: Yale University Press, 1989), pp. 18-20.

② James Grant Wilson and John Fiske, *Appleton's Cyclopedia of American Biography* (New York: D. Appleton and Company, 1888), p. 218.

③ 彼得（天主教译为伯多禄或伯铎，正教译为裴特若；希腊语：Πετρος。拉丁语：Petrus）。

④ Nathan O. Hatch, *The Democratization of American Christianity*(New Haven and London: Yale University Press, 1989), p. 20.

讲打动了城市移民与劳工阶层的心。至 1811 年，道的作品《警醒大众》（*A Hint to the Public*）已经印至第三版。[①]

受到经验主义布道者的鼓舞，许多平民开始发表各种演说。这种全民热潮令耶鲁学院的师生无所适从。[②] 与此同时，一位论主义者也将势力渗透到大学当中，开始了对精英大学话语权的争夺战。

二、一位论主义在精英大学的兴盛

1803 年 8 月 23 日，哈佛神学院霍利斯神学教授大卫·塔潘去世。他去世后，一位论主义者亨利·韦尔（Henry Ware）被提名为候选人。随后，部分哈佛大学董事会成员与监管委员会委员结盟，支持韦尔的继任。韦尔被提名后，哈佛大学最高权力机构监管委员会委员耶底底亚·莫尔斯（Jedidiah Morse）带领一批支持加尔文主义传统思想的人公开反对韦尔的继任。[③] 莫尔斯本是公理会传统人士，他于 1789 年在爱丁堡大学获得神学博士学位，担任哈佛监管委员会委员的同时，还担任哈佛几何学教授。由于两方僵持不下，教授人选迟迟未定。1804 年 9 月，哈佛校长威拉德去世了。[④] 威拉德也是新教公理宗教会的神职人员，属于传统人士，他从 1781 年到去世之前一直担任哈佛大学校长。威拉德的去世使传统人士的危机感更加强烈，不久，马萨诸塞州的《哥伦比亚边哨》报纸开始刊登一系列批判哈佛大学董事会的信。这些

---

① Dow Lolenzo, *A Hint to the Public* (Salisbery: Coupee & Crider, 1811), pp. 2-3.

② Nathan O. Hatch, *The Democratization of American Christianity* (New Haven and London: Yale University Press, 1989), p. 22.

③ William B. Sprague, *The Life of Jedidiah Morse* (New York: Anson D. F. Randolph & Company, 1874), pp. 91-111.

④ James Walker, *Memoir of Hon. Daniel Appleton White: Prepared Agreeably to a Resolution of the Massachusetts Historical Society* (Boston: John Wilson and Son, 1863), pp. 6-7.

信函指责哈佛大学董事会对霍利斯神学教授选聘的拖沓，称那些居住在郊区的父母们把孩子送到神圣的课桌上，可是孩子们的教育正在被耽误，父母们应通过报纸来调查、了解整件事情的来龙去脉。其中，一个署名为“E”的信函暗讽哈佛大学董事会一再拖延校长人选的确立，简直是“合法化的独裁统治”：

> 绅士们是为公众服务的。他们是代理，但他们不是代理那些仅仅选取他们成为代理的人，他们代理的是我们的州、我们的国家。使得这个董事会合法存在的原则正是关于公共利益的思想；否则，每一个董事会体系将仅仅是一种合法化的独裁统治。①

1805 年 1 月 3 日，15 位哈佛大学监管委员会委员（监管委员会共有 47 人）举行了会晤，其中包括 3 个不愿意放弃投票资格的哈佛大学校董会成员。会议一致提议，监管委员会应召开例会敦促校董会尽快提名校长与霍利斯神学教授的继任者。在 2 月 1 日的最后投票中，韦尔以 4 比 2 获胜，被选为新一届霍利斯神学教授。两周后，监管委员会正式批准了韦尔的任职。1805 年 5 月 14 日，担任哈佛大学代理校长的传统人士伊利法莱特·皮尔森（Eliphalet Pearson）主持了韦尔的授职典礼。②

约一年后，在哈佛大学校长席位选举中，传统人士皮尔森落选，支持一位论的萨缪尔·韦伯（Samuel Weber）被选举为哈佛大学校长。随着韦伯的当选，一位论主义思想在哈佛大学逐渐兴盛起来。1810 年，

---

① Neil Brody Miller, “Proper Subjects for Republic Inquiry: The First Unitarian Controversy and the Transformation of Federalist Print Culture,” *Early American Literature*, No. 3 (2008): 102, 108-109.

② Neil Brody Miller, “Proper Subjects for Republic Inquiry: The First Unitarian Controversy and the Transformation of Federalist Print Culture,” *Early American Literature*, No. 3 (2008): 116-117.

校长韦伯去世，约翰·桑顿·柯克兰（John Thornton Kirkland）继任校长一职。柯克兰同样也是一位论主义者，政治上属于联邦主义者。①于是，传统人士开始采取一些应对措施。

三、传统人士的应对：创办保守刊物

1805年2月14日，传统派莫尔斯发表《选举哈佛神学院霍利斯教席的真正原因》一文，指责1805年的霍利斯神学教席的选举违背了哈佛大学创校先父的教育初衷。莫尔斯说："哈佛大学的教育宗旨就如同大学的座右铭所说的，是'CHRISTO ET ECCLESIE'……每一个人应该考虑他的生活与学习的主要目的……这是这所机构的由来。"② 莫尔斯进一步指出，最初霍利斯是为了扩大正统加尔文主义影响才创建哈佛大学霍利斯神学教授席位。他在文中说：

> 1723年2月5日，即霍利斯教授席位成立之时，哈佛校董会在对国王的演讲中承诺："我们的父辈们，是那个年代的清教徒。"……这所大学的支持者们、历届校长与神学教授，几乎无一例外在宗教原则方面与这所大学的先父们是和谐一致的。③

同时，莫尔斯罗列了哈佛大学先父们订立的霍利斯神学教席人选资历的规定：

---

① 参见林玉体《哈佛大学史》，台北高等教育文化事业有限公司，2002.

② Jedidiah Morse, *True Reasons on Which the Election of a Hollis Professor of Divinity in Harvard College* (Charlestown: Printed for the author, 1805), p. 3.

③ Jedidiah Morse, *True Reasons on Which the Election of a Hollis Professor of Divinity in Harvard College* (Charlestown: Printed for the author, 1805), p. 4.

霍利斯在《规则、秩序与章程》（“Rules，Orders and Statutes”）中的第1条与第11条对这个神学席位的选聘资历与原则进行了澄清：

1. 神学教授人选必须是技艺方面的导师（Master of Arts），必须与公理会、长老会或浸信会这三个分支教会之一有交流。

……

11. 教授人选必须在神学方面有稳固的知识，精通严格意义上的正统加尔文主义原则，善于教授。①

在莫尔斯看来，霍利斯支持的正统加尔文主义原则与阿米尼乌斯教义、阿里乌斯教义、索西尼教义②在根本上是相抵触的。③ 莫尔斯甚至发起呼吁，要求重新审查韦尔的思想，但他的呼吁并未受到回应。

一位论主义者不仅在大学中争夺教席，还在其他非世俗组织中迎来了一些中立人士的关注。中立人士包括中庸加尔文主义者与霍普金斯派。在波士顿，霍普金斯派的部分成员开始受到一位论的影响，逐步向一位论派的阵营倾斜。④ 为了遏制一位论的蔓延，莫尔斯着手创建《观察者》（*The Panoplist*）杂志。1805年6月1日，《观察者》的第一本期刊出版。创刊号的前言声称，创刊目标是“对抗新英格兰地区的危险与堕落的道德观念”。前言称赞了哈佛大学上一位霍利斯教授大

---

① Jedidiah Morse, *True Reasons on Which the Election of a Hollis Professor of Divinity in Harvard College* (Charlestown: Printed for the author, 1805), p. 10.

② 阿米尼乌斯教义、阿里乌斯教义、索西尼教义的原文分别是 Arminian、Arian、Socinian，这三种派系的共同点是反对三位一体说。

③ Jedidiah Morse, *True Reasons on Which the Election of a Hollis Professor of Divinity in Harvard College* (Charlestown: Printed for the author, 1805), pp. 3-5.

④ William B. Sprague, *The Life of Jedidiah Morse* (New York: Anson D. F. Randolph & Company, 1874), pp. 66-67.

卫·塔潘是一个“虔诚”的人，却对新上任的霍利斯教授韦尔只字不提。[①] 耶鲁学院校长德怀特是莫尔斯的盟友，7 月 6 日，德怀特给莫尔斯写信支持他的杂志，并且表达了对一位论的警惕：“在最近的争议中，霍普金斯派从原来的加尔文主义阵营中分离出去了……我支持你的计划。”[②]

四、坚固堡垒：创建传统型高等学院

一位论派、中立派、经验主义者在大学和社会非世俗组织中的声誉与日俱增，对此，德怀特等传统人士决心予以回击。他们在创办传统派报纸之后，开始筹划建立一所新的高等教育机构。

正当德怀特等人急需办学经费之时，他们找到了一份由传统人士遗留下的教育基金。这笔经费包括萨缪尔·菲利普（Samuel Philips）与约翰·菲利普（John Philips）两兄弟生前的捐赠与遗产，以及波士顿人士威廉·菲利普（William Philips）捐赠的 4000 美元。根据他们的意愿，这笔经费必须用于正统加尔文主义的教育。1808 年，皮尔森、德怀特与莫尔斯等人凭借这笔经费成功创办了一所新的大学——安多佛神学院。[③]

1808 年，在安多佛神学院的开幕式上，耶鲁学院校长德怀特与曾在哈佛大学担任代理校长的皮尔森都在开幕式上进行发言。德怀特指明了这所机构的办学宗旨与教学方式，其办学宗旨之一就是对抗经验主义者。在他看来，经验主义布道者过分高估了经验的力量，应重视

---

① Jedidiah Morse(ed.),“Preface,”*The Panoplist* 1,No. 1(Jun. 1805):1.

② William B. Sprague,*The Life of Jedidiah Morse*(New York:Anson D. F. Randolph & Company,1874),pp. 66-67.

③ Eliphalet Pearson,*Andover Theological Seminary*. The Constitution and Associate Statutes(Boston:Belcher & Armstrong for Farrand & Mallory,1808),p. 6.

系统的学院教育。

根据德怀特的演讲，教育可以分为心智的充实与心智形塑两个方面。一方面，必须用正统加尔文主义思想来充实心智。为了理解思想观念，学生必须学习古希腊语和拉丁语。这些古典语言是阅读和理解古代经书的工具。另一方面，学生的心智必须拥有多方面的能力，心智力量也需要不断增长。为了形塑学生的心智，学生应同时学习自然神学、圣经和历史，以便培养良好的判断力。① 皮尔森，这所学校的创建者之一，也阐述了学校的办学宗旨。他说，这个机构起源于一种信念，即相信人应接受学院教育。因此，这所机构的主要办学宗旨就是打下学问的基础，以便为真理提供最佳支持与保障。②

这所学院建立了两幢独立建筑，其中一幢建筑提供寄宿房间，内可容纳 50 名学生；另一幢楼房有 3 个公用房间，一间是餐厅，另一间则用于做讲座与做礼拜，它们都能容纳 60 名学生，最后一间房是图书馆。根据学校章程，在招生方面，具备基本资格的年轻男士皆可入学。招收已经完成自由教育课程的学生。在教授授予资格上，章程要求候选者须精通各种技术与艺术，同时属于新教且与公理会或长老会的某一个教会有关联；最重要的是必须笃信正统学说。在就职典礼上，教授必须在学校监管委员会面前宣誓自己将致力于向学生展示和解释传统经书，宣誓批判自然哲学，反对犹太人、穆罕默德信徒、亚流派、伯拉纠主义者、反律法主义者、阿米念主义者、苏西尼派、一神论者及普救派。教授在 5 年任职期满后，必须在监管委员面前重复以上的誓词。他们认为，教师的职责是让学生掌握传统经书中原始语言中的深刻知识；改进学生的阅读艺术，让他们在公众面前演说；在学生的心

---

① Timothy Dwight, *A Sermon Preached at the Opening* (Boston: Belcher & Armstrong for Farrand & Mallory, 1808), pp. 8-20.

② Eliphalet Peason, *Andover Theological Seminary. The Constitution and Associate Statutes* (Boston: Belcher & Armstrong for Farrand & Mallory, 1808), p. 7.

灵中培育虔敬精神。

为了达成充实心灵与形塑心智的教育目标，章程对课程教学、仪式训练做了详尽的规定。章程规定，在课程方面，学校开展公共教学讲座来探讨教会史、自然神学、神圣文学、神学与雄辩术。这些讲座在学校所有系别的课程中都应在 3 年内完成。在教学方面，每年每个学生至少考核 1 次，主要由教授考查学生每年学习与阅读的书籍，须考查传统经书的原始语言、其主要作者的首要论断及作者的目的、风格与特点。

任何学生只要在教授的指导下顺利结课，都将获得一个由教授们签名的证书，证明学生在这个方向的学习年限、参加过教授讲座、学习勤奋和品行端正。学生必须在这所机构接受 3 年的学习，这所机构不会为未满 3 年学习期限的学生颁发证书，学生也无法光荣离开，除非获得监管委员的允许。

安多佛神学院的整个教学管理体系包括 3 个部分。一是最高管理层——学院理事，包括校长皮尔森，副校长奥利弗·温德尔（Oliver Wendell），书记马克·纽曼（Mark Newman），财政部长塞缪尔·法劳（Samuel Farrar）、莫尔斯及波士顿的约翰·菲利普等人。二是管理团体——访问委员会，包括作为访问团主席威廉·巴特利特（William Bartlet）和秘书的塞缪尔·斯普林（Samuel Spring）、德怀特、摩西·布朗（Moses Brown）、乔治·布里斯（George Bliss）。三是负责主要教育工作的教授团体。

在 1809 年，安多佛神学院只招收到 4 名学生，他们分别毕业于布朗大学、哈佛学院、拿萨楼（Nassau Hall，现为普林斯顿大学最古老的校舍）与耶鲁学院。1810 年，学校从哈佛学院（4 人）、耶鲁学院（10 人）、拿萨楼（2 人）、威廉学院（William College）（10 人）、米德伯理学院（Middlebury College）（2 人）、布朗大学（1 人）、达特茅斯学院（2 人）、联合学院（Union College）（1 人）的毕业生中招收到 32

名学生。1811—1815 年，安多佛神学院招生人数维持在 13—25 人。1810—1815 年，学生在校就读时间逐步递增，从 1—2 年增至 2—3 年。学生从这所学校毕业后，一般的出路是神职或去耶鲁学院、达特茅斯学院、威廉学院、米德伯理学院等担任导师（tutor）。从地域上来看，毕业生去向广泛，既有去往东北部马萨诸塞州、康涅狄格州、纽约州、宾夕法尼亚州的，也有去往西部俄亥俄州的。① 一些学生也成为推动加尔文式训育观念的重要力量。②

五、扩张生源：创办儿童与妇女慈善教育机构

建设安多佛神学院之后，耶鲁校长德怀特在纽黑文市投身于慈善社团的创建活动。1810 年 8 月 8 日，纽黑文市的两个女性慈善社团邀请德怀特去发表演说。纽黑文市共有 3 个女性慈善社团，由公理会的成员自发组成，主要目的是救助受苦的妇女与儿童。德怀特在演讲中阐释了“什么是慈善的本质”，共包括以下 6 项主要内容：

1. 解救他人的生活必需品，包括衣、食、住、煤、房屋。
2. 除去疾病的恶源，改变他们的生存环境。
3. 解除绝望。平息他们的愤怒，教给他们耐心，激励他们的希望，指引他们正确地运用感情。
4. 帮扶他人走出困境。比如，教会贫穷的人自力更生；给创业失败的年轻人以鼓励和友谊。
5. 慈善还包括避免无知。这种无知既包括对营生技巧的无

① Andover Theological Seminary Alumni Catalogue, *Catalogue of Those, Who was Educated at the Theological Seminary*(Andover, Mass.: Flagg & Could, 1815), pp. 5-10.

② Eliphalet Pearson, *Andover Theological Seminary. The Constitution and Associate Statutes*(Boston: Belcher & Armstrong for Farrand & Mallory, 1808), p. 7.

知，也包括对信念的无知。外部的现实生活与内心的精神生活都需要教育。

6. 避免堕落。[①]

德怀特将慈善性社团看成训诫心灵的渠道之一，同时他还倡导为黑人女性创建学校，改变她们的生活状况。

1814 年，在德怀特的呼吁下，耶鲁毕业生利用学位典礼这一契机在纽黑文市发表演说，倡议耶鲁师生创建一个慈善社团，为家庭贫穷但有意进入耶鲁接受训练的青少年提供奖学金。莱曼・比彻（Lyman Beecher）提出，其一，没受过系统教育的人的虔敬是无用的，他们无法吸引那些在受教育水平、心智文化水平上优于他们的共同体阶层的注意。其二，演说者的无知会导致优越阶层的人蔑视所演说的内容本身。其三，当优越阶层的人在公共事务上具备影响力之时，他们会用其影响力对抗传统。此外，比彻认为，学院教育能影响社会道德，“那些没受过教育的演说者常常会忽视教育、宗教与读写，削弱文明，以致伤风败俗的行为会越来越多”[②]。

比彻提出，“在罗得岛州的西部，有这个州的近一半人口，仅仅只有一个受过教育的日常牧师，教会完全消失殆尽了”[③]。除了西部，新英格兰地区其他区域的人口增长速度也远远超过过去，导致师生比出现了失衡的状况。“在我们土地的正中心，纽约州有超过 100 万的人口，

---

① Timothy Dwight, *The Charitable Blessed* (New Haven: Sidney's press, 1810), pp. 2-15.

② Lyman Beecher, *An Address of the Charitable Society for the Education of Indigent Pious Young Men* (New Haven, 1814), p. 6.

③ Lyman Beecher, *An Address of the Charitable Society for the Education of Indigent Pious Young Men* (New Haven, 1814), p. 8.

由于移民，它的人口增长率在过去 15 年间翻了个倍。”① 比彻还认为，美国学院极度稀缺。“自 1753 年以来，新英格兰地区的人口增长了 10 倍，超过了这个国家整个西部的人口，虽然有各式各样的学院，但耶鲁和哈佛仍旧承担着整个美国三分之一的学院教育职责。”因此，比彻向师生们呼吁：“让每个地区都拥有一所学校。”② 比彻注意到社会中产阶层的职业已经发生变化，他表示相信社会底层人士同样拥有虔敬与天分，故而成立一个慈善团体专门资助底层人士中的人才。

在比彻看来，（基础教育类）学校与大学的作用绝不仅仅是为了提供文字读写教育，这些机构的本质是不同种族、不同文化的美国人之间的“脉络”，其根本目标是同化各个种族的“质”。为了达到这个目标，须通过学校与大学在幼童、青少年、成人的心中建立相同的感情、观点与利益，同时建构相同的习惯、风俗。比彻承认婚姻与利益可以联结社会群体，但是它们也存在着缺陷。他认为，只有精神教育可以弥补婚姻等制度的缺陷，从而让人形成一种民族认同，成为一个充满福音的民族。③

---

① Lyman Beecher, *An Address of the Charitable Society for the Education of Indigent Pious Young Men* (New Haven, 1814), pp. 8-9.

② Lyman Beecher, *An Address of the Charitable Society for the Education of Indigent Pious Young Men* (New Haven, 1814), p. 13.

③ Lyman Beecher, *An Address of the Charitable Society for the Education of Indigent Pious Young Men* (New Haven, 1814), pp. 12-13, 15, 20.

第二章　欧洲新教育哲学的引介与本土化实践

哈佛霍利斯神学教授选举事件发生之后，一位论主义的思想逐渐流行于高等教育机构。由于一位论与传统派人士在人性观和教育观上存在重大分歧，二者之间的学术争议层出不穷。纷争的学术争鸣预示着心智形塑传统观念内涵的裂变。

第一节　心智形塑传统内涵的裂变

1808—1815 年，高等教育机构之中的一位论者与传统派人士进行了公开辩论。传统的加尔文主义者曾在莫尔斯创建的《观察者》杂志上撰文批判一位论者。1815 年，塞缪尔·沃塞斯特（Samuel Worcester）与哈佛学院的威廉·E. 钱宁（William E. Channing）展开了争辩①，这场争论并没有解决两方的分歧。1821 年，一位论者率先开启了一场争辩。作为一位论派代表的哈佛教师韦尔与作为传统派代表的安多佛神学院教授伦纳德·伍德（Leonard Woods）通过撰写并发表《致一位论者，同时回应韦尔博士》《回复伍德的再回复，致三位一体

---

① See William Ellery Channing, *Remarks on the Rev. Dr. Worcester's Letter* (Boston: Wells & Lilly, 1815); William Ellery Channing, *Remarks on the Rev. Dr. Worcester's second Letter* (Boston: Wells & Lilly, 1815); Samuel Worcester, *A Second Letter to the Rev. William E. Channing* (Boston: Armstrong, 1815).

论者与加尔文主义者》《评论韦尔博士的“答复”》等一系列文章展开了这场著名的争论。

这场争论的主题不再以批判为主，而是就两派学说分歧中最根本的人性问题进行辩论，并且进一步争论了人性问题中的婴儿本性问题，同时辩论了人性问题中的“原罪”（sin）、“美德”（virtue）、“圣洁”（holiness）等关键概念的含义。这场争论揭示了两派人士在教育观上的巨大差异。

一、婴儿的本性是倾向于罪恶还是美德

在“人的最初本性是善还是恶”的问题上，双方都试图从“婴儿本性”方面提出理据。

传统人士伍德认为，人是有“原罪”的，刚出世的婴儿就显示了以自己为中心的情感，这种自私的情感体现了恶的本性。

一位论者韦尔对婴儿本性问题的见解是，所有人生来都是纯洁的。人最终为善还是为恶，是由后天教育或环境决定的。若要论刚出生的婴儿的本性，既不能说是神圣的，也不能说是罪恶的，因为婴儿只拥有一些简单的官能、情感与原则。只有当婴儿发展出道德的自主性、能够自主练习各种官能之时，才开始形成自己的品性。从而，他们身上的理性、欲望、激情会以不同的方式组合起来，逐步变得自私或变得具有社会同理心，举止变得绅士或粗鲁。因此，婴孩的官能、情感与原则的演变方向决定了人性的善恶。韦尔根据一位论的婴儿观推论道，人并非完全受到最高意志的主宰，人可以自由练习特定的官能与力量，发展出良善的本性。①

---

① Henry Ware, *Answer to Dr. Woods' Reply in a Second Series of Letters. Addressed to Trinitarians and Calvinists* (Cambridge: Hilliard and Metcalf, 1822), pp. 27, 29-31.

对于传统派人士的原罪论，一位论者韦尔反驳道，传统派根本拿不出“证据”证明人一出生就有“原罪”。伍德则予以反驳道，经书上记载的是天启的真理，经书上记载着使徒的“世人都有原罪”（all have sinner）的信息，还记载了其他类似的使徒话语。因此，“人都有原罪”是真理。此外，人们从生活经验中也可以观察到，人天生就倾向于罪恶，倾向于堕落的道德。①

二、如何界定罪恶与美德

对于伍德提出的“世人都有原罪”的典籍，争辩双方的焦点转移至罪恶与美德的界定问题。

韦尔说，我们不可以因为一个罪行就否定一个人的本性，也不可以因为一个美德行为就断定一个人具备美德品质，因此即使每个人都有原罪，也不能凭此断定这个人的本性是恶的。在他看来，每个孩童的品性中都有善的部分，如果孩童能够做出一些符合道德的行动，这个孩童的品性就有善的潜能。韦尔反对传统派的全盘否定法，也反对他们用静止的眼光去判断人性的善恶。他认为，官能、原则和感情等心理元素如果能按合适的比例进行调和，人的品性就可以被美德所主导，美德的形成必须是一个长期的积累过程，需要坚持进行官能的训练。②

对于韦尔的美德与罪恶观，伍德认为他没能从字面上、人的道德或心理上、精神层面上分别理解经典文集关于人性的论述意义。伍德提出，必须区分道德意义上的“罪恶”“纯洁（innocent）”与精神或

---

① Leonard Woods, *Letters to Unitarians and Reply to Dr. Ware* (Andover: Mark Newman, 1822), pp. 125-126.

② Henry Ware, *Answer to Dr. Woods' Reply in a Second Series of Letters. Addressed to Trinitarians and Calvinists* (Cambridge: Hilliard and Metcalf, 1822), pp. 27, 29-31.

灵性意义上的“原罪”“圣洁”。世俗道德意义上的罪恶是指违背公民道德或国家法律，而精神意义上或灵性意义上的原罪是指人违背了神律。因此，在非世俗语境下定义一个人品性的堕落与美德，必须将这个人看成最高意志的道德统治下的一个客体，而非看成一个公民社会的成员或一个国民。在他看来，“只有完全遵守神的法则的人才是圣洁的人”。伍德认为，人的“理性”并不是美德，儿童的本性是罪恶的这一观点是不可否认的。①

虽然，这场著名的争论并未使传统人士与一位论者的学术观点达成和解，但深刻揭示了两方在善恶和德性上的语境基础和语源的区别。在传统人士的学说中，人在通往圣洁的道路上是被动的，由最高意志主宰。可以说，圣洁的意义遮蔽、超越道德性的意义。与之不同的是，一位论者的德性观已经开始世俗化，其对人性的评判主要依赖于对其德性的评判，对德性的评判来自对个人具体的道德伦理实践的观察。更为重要的是，一位论者认为，人在向善的道路上拥有自主性。人在生长、明理乃至精神救赎的路途上，能够发挥自身的力量。这种人性观使人可以从压抑本我的修道之路中解脱出来。在这种观念中，人具有了合法的主体性，能够平衡自身的欲念与理智，个体有可能发展出更为高级的心智力量，进而发现真理。

总的来说，一位论人性观的出现对 19 世纪 20 年代以后美国儿童教育观的演变具有直接的启示意义。在 19 世纪 20 年代以后的美国，一位论主义儿童观逐步流入一些高等学院、大学、中等学校和学园等教育机构之中。

---

① Leonard Woods, *Remarks on Dr. Ware's Answer* (Andover: Mark Newman, 1822), pp. 4-6.

第二节 在哈佛大学推行欧式心智形塑实践形态的尝试

在18世纪末19世纪初，美国青年学者陆续踏上前往英国、苏格兰、瑞士等国的船只，游学于欧洲诸大学。受一位论主义人性观的影响，他们能以更开放、更理解的态度看待欧洲的心智形塑哲学观念。回国以后，他们将欧洲的共和思想与欧式心智形塑哲学观念引介到美国。

一、乔治·蒂克纳与爱德华·埃弗里特的心智形塑观

在19世纪10年代末，一些一位论者将欧洲的共和思想与一位论人性观结合起来，产生了一种新的心智形塑观念。其中，蒂克纳与爱德华·埃弗里特是高等教育机构之中既有相关观念又付诸改革实践的典型人士。

蒂克纳与埃弗里特提出，美德是国家与个人的最高目标，民族的美德就是民族的理性精神。① 蒂克纳和埃弗里特的这种共和主义教育思想是在欧洲形成的。蒂克纳于1807年从达特茅斯学院毕业，1813年进入法律界，1815年前往欧洲哥廷根大学学习古典文学与语言。埃弗里特则生于马萨诸塞州多尔切斯特（Dorchester）的一个显赫家族，13岁进入哈佛，17岁毕业，之后成为一位论派的神职人员，1814年成为哈佛大学希腊语教授，后游学欧洲。蒂克纳与埃弗里特在德国结伴游学，他们常常听取康德哲学、费希特哲学讲座，还参观了动物与人类颅骨博物馆。他们在欧洲感受到法国大革命带来的震动，从而意识到民族-

---

① David B. Track, *George Ticknor and the Boston Brahmins* (Cambridge. Mass.: Harvard University Press, 1967), pp. 85-86.

国家理性教育的重要性。

1817 年，他们在欧洲收到哈佛大学校长柯克兰的来信，柯克兰邀请他们借鉴欧洲教育思想，针对哈佛大学撰写一篇教育改革规划论文。于是，爱德华·埃弗里特将他们的共和主义教育思想写成了一篇文章——《文字机构，大学，图书馆》。文章将大学教育目标定义为"理性的塑造"，将图书馆称为"大学的灵魂"，建议大学图书馆引入爱德华·吉朋（Edward Gibbon）的《罗马帝国衰亡史》（*The History of the Decline and Fall of the Roman Empire*）这类阐述共和政体兴衰史的书籍，并且声称："七种科学领域（七艺）的天赋与优雅也无法给予这本书所包含的力量。"《罗马帝国衰亡史》暗示了理性精神对共和政体的重要性。

《文字机构，大学，图书馆》一文对哈佛大学提出了改革规划。第一，大学应扩充图书馆藏书类别，尤其应当引入德语与拉丁语的科学神学理论。第二，大学教育的目标应是"激发学生的理性"。大学教授的主要教学任务是激发学生的理性，而非控制学生的心智。第三，心智形塑的具体教学方法包括为学生提供研究主题、为学生指出信息的来源、让学生通过自己的探究满足自己的心智。[①] 1818 年 12 月，哈佛校长柯克兰编辑与修改了这篇文章之后，将它刊登在《北美评论》上。[②]《北美评论》是一份声誉极高的月刊，一位论者柯克兰、埃弗里特与蒂克纳通过《北美评论》将他们的新式心智形塑观念在北美地区传播开来。

1819 年，蒂克纳与爱德华·埃弗里特从欧洲游学归国，回到哈佛任教，并且打算将他们的教育改革构想付诸实践。

---

① Edward Everett, "Literary Institution, University, Library," *The North American Review and Miscellaneous Journal* 8, No. XXII (Dec. 1818): 191-199.

② David B. Track, *George Ticknor and the Boston Brahmins* (Cambridge, Mass: Harvard University Press, 1967), p. 86.

二、蒂克纳首次主导的哈佛大学教学改革

在 19 世纪 20 年代，蒂克纳先后两次倡议并推动了哈佛大学的教育与教学改革。其陈述的改革宗旨：完善哈佛大学的高等专业教育预备训练，促进哈佛大学发展成为一所能够塑造学生青年共和精神的教育机构，进而为哈佛大学向德国式现代大学的转型奠定基础。这两次教育改革历程充满了波折和阻力。

蒂克纳在第一次正式向哈佛大学董事会发起教育改革倡议之前，曾尝试在普通教师中掀起自发的教学改革运动。自 1819 年入职哈佛大学以来，蒂克纳花费了约一年半的时间向部分教职工游说其拟定的教学改良计划，然而几乎无人响应这份计划。

由于蒂克纳的教学改革计划未引起哈佛大学教职工群体的足够注意，他开始考虑一种自上而下的教学改革路径。在 1821 年春，蒂克纳找到哈佛校长柯克兰商谈教学改革计划，实则期望借助柯克兰校长的权威引起哈佛大学教职工对新教学计划的注意乃至接纳。至 1821 年 6 月，蒂克纳和柯克兰校长的若干次商谈并未产生实质性的结果。在蒂克纳与校长商议之际，他的改革计划赢得了三位哈佛教授的认可，他们分别是安德鲁斯·诺顿（Andrews Norton）、弗里斯比（Frisbie）和韦尔。在蒂克纳的教学改革计划无法推行之际，三位教授一致劝说蒂克纳采取自上而下的路径在哈佛大学发动教育改革。其中，诺顿和弗里斯比建议蒂克纳向哈佛大学董事会申请实施改革规划，韦尔则提议蒂克纳利用公众舆论力量吸引哈佛大学教职工的注意力。在内外因相互交织下，蒂克纳向他的一位担任哈佛大学董事的友人威廉·普雷斯科特（Hon William Prescott）阐述了改革主张。在 1821 年 7 月，普雷斯科特决定支持蒂克纳的改革计划。在普雷斯科特的要求下，蒂克纳将改革计划写成一封请愿信，信件长达 20 页，并且将该信递交哈佛大

学董事会。①

蒂克纳的教学改良请愿信对哈佛大学的改革诉求是，哈佛大学应首先完善高等专业教育的预备教育，预备教育主要是新式心智形塑观念实践系统。蒂克纳将改革宗旨定义为，将哈佛大学建成一所“能实现最佳的心智形塑目标的高中”（a well-disciplined high school）。此外，蒂克纳期望，若此次改革能够顺利进行，则有望进一步完善哈佛大学的高等专业教育，将哈佛大学建设成为一所现代大学。为了将哈佛大学建设成为“心智形塑”制度完善的高等预备教育机构，蒂克纳提出了具体的改革目标，包括三个方面：第一，将各个专业课程的基础知识传授给学生。第二，针对学生未来的专业，教师须对学生进行心智习惯的塑造。第三，针对学生未来的专业，教师须对学生进行相应道德的规训。②

1821 年 7 月 31 日，蒂克纳采纳普雷斯科特的建议，将这封信的副本呈递柯克兰校长、贾奇·戴维斯（Judge Davis）、查尔斯·洛厄尔（Charles Lowell）等哈佛大学董事会成员。1821 年 9 月 12 日，哈佛大学董事会向全体教职工颁发通告，该通告反映了蒂克纳指出的哈佛大学的教学和管理问题，并且附上了蒂克纳的教育改革建议，要求教职工对蒂克纳的改革建议予以回应。自此，这场自上而下推行的教育改革导致哈佛大学董事会和教职工之间开始了漫长的博弈。

从哈佛大学董事会下发通告后至秋季，大部分教师做出了回复，意见达到近 300 页。董事会整理回复意见后发现，大部分教职工表示反对实施蒂克纳提议的“重要变革”。不仅如此，校长柯克兰对蒂克纳的“回复”也颇有微词，指责蒂克纳在新英格兰激起了太多人对哈佛大学

---

① George Ticknor,“To N. A. Haven, Oct 26, 1825,”in *Life, Letter and Journal of George Ticknor*, Vol. 1, ed. George S. Hillard(London: Gilbert and Rivington. 1876), pp. 354-367.

② David B. Track, *George Ticknor and the Boston Brahmins* (Cambridge, Mass.: Harvard University Press. 1967), p. 97.

的反感。最后，哈佛大学董事会不愿意触犯众怒，所以决定不再推行蒂克纳的改革规划。事情发展至此，蒂克纳的改革盟友安德鲁斯·诺顿教授提议，将蒂克纳、弗里斯比与他本人的回复意见打印出来，寄给哈佛大学最高权力机构——监管委员会，以呼吁他们发动改革。蒂克纳却拒绝了这项提议，他表示“不想走到如此极端的地步”①。随着时间的流逝，蒂克纳在 1821 年提出的教学改革计划逐渐被哈佛人遗忘了。②

三、蒂克纳与哈佛大学的第二次教育改革

1823 年春天，哈佛大四学生发起了一场大规模的学生暴动，这部分学生因为长期沉溺于秘密结党、斗殴、烦扰导师和教授，早已声名狼藉。暴动发生后，学校开除了 43 名大四学生（大四年级总人数 70 人）。在学生暴动及其严重后果的刺激下，蒂克纳、诺顿与韦尔的改革热情复燃了。其中，蒂克纳及其改革支持者诺顿和韦尔同是哈佛一位论派俱乐部成员，他们在俱乐部沙龙中就教育改革问题进行了 3 次连续讨论，最终决定自上而下再次发起教育改革，并且期冀哈佛最高权力机构成为发起教育改革的起点。

蒂克纳及其支持者发动改革的第一步是召开一个极为关键的改革动员大会，经过商榷，蒂克纳、韦尔和诺顿决定，在教师方面，除了乔治·B. 艾默生（George B. Emerson）和约翰·戈勒姆·帕尔弗里（John

---

① George Ticknor,“To N. A. Haven Oct 26,1825,”in *Life ,Letter and Journal of George Ticknor*, Vol. 1, ed. George S. Hillard(London:Gilbert and Rivington. 1876), p. 356.

② David B. Track, *George Ticknor and the Boston Brahmins*(Cambridge, Mass. : Harvard University Press. 1967), p. 99.

Gorham Palfrey)，不邀请其他教师参加会议。①

1823 年 7 月 23 日上午，9 人在蒂克纳家中参加了这场关键会议。会议人员名单如下：

现任监管委员会委员：查尔斯·洛厄尔、贾奇·斯托雷（Judge Story）、理查德·苏利文（Richard Sullivan）与约翰·皮克林（John Pickering）。

非住校教师：詹姆斯·杰克逊（James Jackson）、蒂克纳。

前教职工：艾默生、帕尔弗里。

前监管委员会成员：威廉·苏利文（William Sullivan）。

除了上述 9 位人士，校董会成员普雷斯科特和国会议员哈里森·格雷·奥蒂斯（Harris Gray Otis）也收到了邀请，只不过他们在同一天须参加哈佛大学董事会例会，因而缺席了这次改革动员会议。

会上，蒂克纳再次强调了教育改革的宗旨不是将哈佛大学改革成为一所现代大学，而是完善高等专业教育的预备教育。他是这样陈述这番改革宗旨的：

> 非常不幸的是，我们哈佛学院长期以来仅仅是一个获得技艺学士的地方，仅仅是学生为了未来生活获得证书的地方。在我们的学院发展的早期阶段，这种状态是无法避免的……如今，学院状态已经改变……对于学院的这种情况，我相信，没有人能否认必须对学院的规训与教学进行彻底的大变革……如人们所见，我们并非一个大学——虽然我们这样称呼自己，我们也不是一个值得尊敬的高中——我们原本应该成为这样的教育机构……当务之急是将这所学院建成一所彻底的、规训良好（well-disciplined）的

① David B. Track, *George Ticknor and the Boston Brahmins* (Cambridge, Mass.: Harvard University Press. 196), pp. 99, 109.

高中……①

蒂克纳提出，完善大学教育的预备教育制度的具体改革措施：第一，完全依照学生的能力与效率进行分班教学。能力是分班的唯一标准，废除大一至大四的年级制。第二，将学院分成不同的学术系，每个系独立考查学生的能力。第三，学生在最低必修课基础上可以选择某些课程，每个系制定并管理自己的课程选修制度。第四，改革跳级制度。以前，大二至大四的学生若想学习更高年级的内容，必须通过高年级之前的所有课程的考试，而且须支付额外学费。蒂克纳建议，学生只要在某一个学习科目上合格了，就可以晋级，无须修够所有科目的课程，改革跳级制度可以为学生提供一个健康的竞争环境。第五，招收不攻读学位的学生。②

与会人士极为认真和细致地对蒂克纳的改革规划进行了讨论。会议从上午 9 点一直持续到傍晚 6 点。最终，会议得出决议，由与会人士斯托雷在第二日的哈佛监事会例会中提出教育改革倡议。7 月 24 日，斯托雷及其改革同盟在监事会例会倡议，哈佛应展开对教学和管理状况的调查。7 月 25 日，监事会经过投票任命了一个调查委员会，斯托雷、查尔斯·洛厄尔、理查德·苏利文和韦尔被选为调查委员，他们都是支持蒂克纳发动教育改革的人士。此外，会议决定，由哈佛董事柯克兰校长、普雷斯科特和奥蒂斯负责与调查委员会就改革事宜进行沟通和探讨。随后，教育改革引发了哈佛教职工、董事会和监事会三个群体之间的斗争。

就在调查委员展开调查行动的同时，哈佛教师以安德鲁斯·诺顿

① George Ticknor, "Curriculum Reform at Harvard," in *The Annals of America*, Vol. 5(1821-1832), ed. Encyclopaedia Britannica(Chicago: William Benton, 1968), pp. 77-78.

② George Ticknor, "To N. A. Haven," in *Life, Letter and Journal of George Ticknor*, Vol. 1, ed. George S. Hillard(London: Gilbert and Rivington, 1876), pp. 358-359.

为核心形成了一个抵抗改革的团体。1824 年春，9 位住校教师与诺顿、爱德华·埃弗里特向校董会递交了一份自治权陈情书，声称“他们极度担忧自身的威望”，他们的自治权正在不断受到“侵蚀”。在教师们的抵抗浪潮下，调查委员仍旧完成了对改革必要性的调查工作。1824 年 5 月 4 日，监事会调查委员斯托雷在咨询了董事会之后，根据调查结果起草了一份报告来推崇蒂克纳的全部改革计划。此外，该报告赋予哈佛校长在教育改革上的绝对个人权威。报告称，校长是哈佛大学真正的领导，他有完全的权威巡视教授们，校长可以独立肯定或否定所有系与其他委员会的报告与行动。[①] 斯托雷将这份报告寄给了校长柯克兰，这份报告在校长柯克兰手里停留了近两个月，最终只字未改地又回到斯托雷的手中。实际上，校长柯克兰并不满意这份报告的措辞，他担忧这份报告会引起哈佛教师的不满。[②]

四、改革运动的式微

斯托雷起草的调查报告并未引起董事会与监管委员会成员的任何公开异议，于是哈佛监管委员会将它寄给了全体教师，并且通知他们于 6 月 1 日讨论这个报告。报告寄出后，立刻引来众多教师的不满。哈佛大学德克斯特神圣文学教授安德鲁斯·诺顿愤慨地写下《对“监事会的报告”之评论》一文。一方面，他批判此次改革的路径，尤其指出“这份改革规划将学院教师们置于监事会、校董会、校长的权威之

① David B. Track, *George Ticknor and the Boston Brahmins* (Cambridge, Mass.: Harvard University Press, 1967), pp. 110-116.

② George Ticknor, “To N. A. Haven,” in *Life, Letter and Journal of George Ticknor*, Vol. 1, ed. George S. Hillard (London: Gilbert and Rivington, 1876), pp. 354-367.

下”[①]，认为这条改革路径创造了一丝“专制主义”，“教职员工成了被统治的对象”；[②] 另一方面，诺顿对改革的宗旨发出了质疑之声，他质问道：“难道要将哈佛降低到高中水平……人们相信，需要做许多事情来改进哈佛目前的状况……但是，并非要去做一个不确定的实验。”[③] 在某种程度上，诺顿的一系列反问代表了哈佛部分住校教师的疑虑。1824 年 6 月 1 日，哈佛教师们与高层管理者们聚集在一起讨论了斯托雷的哈佛改革调查报告。教师们并不赞同这份报告的改革主张，他们称监管委员会没有足够的证据证明他们了解哈佛状况，所以问题再次被抛回到监管委员会手里。对此，监管委员会依然不屈不挠，1824 年 6 月 1 日，它任命了一个新的以 J. 洛厄尔（J. Lowell）为主席的调查委员会，赋予他们重新调查哈佛状况的权利，并且让他们重新撰写一份关于改革必要性的报告。

不久，哈佛监管委员会任命的新调查委员完成了调查工作。J. 洛厄尔负责撰写了一份新的调查报告，并且将它呈给了哈佛监管委员会。报告显示，哈佛大部分教职工反对大规模变革，只想要一些细微的改变。直到 1825 年 1 月 6 日，监管委员会宣布了结果：监管委员会决定接纳斯托雷之前的那份调查报告。

1825 年 6 月，校董会与监管委员会一致赞同改革，决定建立一系列新的政策推动改革。[④] 新政策随后出台，它们体现了蒂克纳的基本改

---

① Andrews Norton,*Remarks on a Report of a Committee of the Overseers of Harvard College*(Cambridge:Hillard and Metcalf,1824),p. 4.

② Andrews Norton,*Remarks on a Report of a Committee of the Overseers of Harvard College*(Cambridge:Hillard and Metcalf,1824),p. 5.

③ Andrews Norton,*Remarks on a Report of a Committee of the Overseers of Harvard College*(Cambridge:Hillard and Metcalf,1824),p. 10.

④ George Ticknor,“To N. A. Haven,Oct 26,1825,”in *Life ,Letter and Journal of George Ticknor*,Vol. 1,ed. George S. Hillard(London:Gilbert and Rivington,1876),pp. 354-367.

革思想：按照效率重新分班教学；将大学治理体系拆分为独立的学术系；招收不攻读学位的学生；启动初步选修制度。① 哈佛的教育改革政策出台后，蒂克纳思忖，改革行动既然获得校董会与监管委员会的认可，是时候对更广泛的公众解释此次改革的目标与内容了。1825 年 9 月，蒂克纳的小册子《评论哈佛大学最近提出的或采取的一些变化》出版，到年底的时候，第二版小册子出版之后就被迅速一抢而空。蒂克纳在文章中说："我们所生活的时代被尊称为进步的时代，在时代精神产生的需求之中，没有什么比改进教育的需求更加永恒、更加广泛、更加热切。"② 蒂克纳称，哈佛的一切教学管理政策信息越来越公开化、透明化，大众无须担忧改革会模糊不明，哈佛的改革能够为美国其他学院敲响警钟。他指出，哈佛的高等专业教育在预备教育方面存在着诸多需要改进的问题：

第一，学生的心智形塑强度不够。学生学习时间太少，假期太多。③ 蒂克纳说："在人生的这个时候，时光是无价的，这是塑造性格的关键时期，可以进行最真实的和最安全的道德形塑。"④

第二，应按照学生的天赋与性格进行分班。

第三，哈佛教育目标亟待改革，应以激活心智活动和创造心智习

---

① David B. Track, *George Ticknor and the Boston Brahmins* (Cambridge, Mass. : Harvard University Press, 1967), p. 117.

② George Ticknor, "To N. A. Haven, Oct 26, 1825," in *Life, Letter and Journal of George Ticknor*, Vol. 1, ed. George S. Hillard (London: Gilbert and Rivington, 1876), p. 3.

③ 哈佛大学假期的细节如下：毕业典礼，4 周 2 天；寒假 7 周，5 月份 2 周假期。学生毕业之前，平均有一周或 5 天假；每个学期开学有 2 天假，一个学年总共 6 天假；感恩节 4 天；斋戒日；展览 3 天；考试 4 天；部队选举；7 月第四周，每天有三分之二的时间是没有操练的，共 6 天；32 周的星期六下午是休息，总共是 2 周 2 天。See George Tichnor, *Remarks on Changes Lately Proposed or Adopted in Harvard University* (Boston: Cummings, Hilliard & Co., 1825), pp. 3-4.

④ George Ticknor, "To N. A. Haven, Oct 26, 1825," in *Life, Letter and Journal of George Ticknor*, Vol. 1, ed. George S. Hillard (London: Gilbert and Rivington, 1876), p. 5.

惯为最佳教育目标。朗诵与背诵作为哈佛主要教学内容，只教会了学生死记硬背，学生以书本为学习的中心，而非以“主题”研究为主。

第四，讲座制度不严谨。讲座前的预备工作、讲座笔记和师生交流深度亟待改进。

第五，财政支出效率有待改进。教职员工的薪资高低与其为学生付出劳动的多寡并不相符。

第六，规训系统不完善。暂时除名制度常常没有发挥其效果。

第七，改革的权力问题。捐赠者占据着董事会的这一历史现象应该改变。董事会的成员应从常居教授与导师队伍中选举出来。①

1826 年秋，哈佛监管委员会的一位委员在对哈佛例行巡视时发现，除了现代语系外，其他系的改革举措的实施并不成功。监管委员会立刻向董事会汇报改革状况，希望董事会能稍稍修改之前的新政策。1827 年初，哈佛董事会出台了新的政策，规定除了已经同意实施新分班制度的现代语系外，其他系或教师在没有得到全系教职员工的同意时，不得采取新分班制度。这条新政策深受教职员工的欢迎，从而在哈佛大学范围内，教职工基本上不再执行先前颁布的教育改革规划。

至 1827 年，哈佛校内仅剩下蒂克纳所在的现代语系仍在依据改革规划实施教育。在当年 4 月份，蒂克纳向哈佛校董会汇报了他的改革模式与进展。他再次强调了改革的合理性，并且表示现代语系的改革是成功的：第一，改革法则是用专题引领教学，而非书本。现代语系正在尝试着用专题教学代替书本吟诵，这种教学已经产生相当大的价值。若其他课程也运用这种教学体系，必然会产生更大的价值。第二，选修制的实施。赋予了 240 名学生选择课程的权利，有 227 名学生接纳了这项权利。学生学习自己所选的课程是十分敏捷和认真的，这足以证

① George Ticknor, *Remarks on Changes Lately Proposed or Adopted in Harvard University* (Boston: Cummings, Hilliard & Co., 1825), pp. 3-4.

明选修制的益处。第三，在改革的各项政策之中，“用效率分班”的规则常常遭人非议，它只在一个班级里实施了一年。蒂克纳声称，从这条教育法规的实践效果来看，它是“有效、公正且有益的”[①]。

1828 年，柯克兰校长辞职，约西亚·昆西（Josiah Quincy）继任哈佛校长，带来了一股新的治校精神，展开了新的教育改革。

蒂克纳在哈佛倡导的教育改革逐步式微。究其根源，并非蒂克纳的改革理念不合理，而是其改革理念在较大程度上受到哈佛大学制度因素的阻碍。其后，哈佛大学另外两位教师另起炉灶，效仿德国高中创建了一所新的学校，得以将他们的心智形塑哲学付诸实践。

第三节　欧式心智形塑哲学的本土化产物：环山学校

1825 年末，蒂克纳在哈佛大学推行的依照德国心智形塑观念和实践形态的教育改革运动逐渐衰微，但是他在现代语系践行的改革培育了亨利·戴维·梭罗（Henry David Thoreau）和拉尔夫·沃尔多·爱默生（Ralph Waldo Emerson）等杰出人才。除蒂克纳外，另有两位年轻学者在旅欧期间被德国的心智形塑哲学观念所吸引。他们在游学后回到哈佛大学任教，引领了另一番教育改革新天地。

一、约瑟夫·格瑞·考格斯韦尔的心智形塑哲学观念

约瑟夫·格瑞·考格斯韦尔（Joseph Green Cogswell）于 1786 年 9 月 27 日生于马萨诸塞州的伊普斯威奇。他与友人班克罗夫特也在欧陆接触到心智哲学思想。相比蒂克纳与爱德华·埃弗里特，考格斯韦尔

① George Ticknor, "To N. A. Haven, Oct 26, 1825," in *Life, Letter and Journal of George Ticknor*, Vol. 1, ed. George S. Hillard (London: Gilbert and Rivington, 1876), p. 367.

对德国心智形塑哲学的官能心理学，以及德国具体的教学管理制度更感兴趣。

考格斯韦尔从德国心智形塑哲学汲取并内化的观念：其一，应在儿童早期进行系统和彻底的心智教育，包括智力训练与道德形塑这两个方面。其二，智力训练与道德形塑应该以官能心理学为理论基础。其三，智力训练与道德形塑的具体操作方法是教师应从学生当前的心智结构出发，采取能够提升心智结构和活力的方法，整个教育过程要考虑到教育引导与儿童心智结构之间的关联性。①

考格斯韦尔的心智形塑观念的形成经历了两个阶段。在第一个阶段中，他放弃用法律维护社会正义的理想而成了一名大学教师。考格斯韦尔于 1806 年毕业于哈佛，1812 年正式进入法律界工作并与新罕布什尔州长约翰·泰勒·吉尔曼（John Taylor Gilman）的女儿玛丽·吉尔曼（Mary Gilman）结婚，定居在缅因州的贝尔法斯特。随后，他妻子的身体状况忽然恶化，这为考格斯韦尔在贝尔法斯特的生活蒙上了一层阴影。在生活中，他发现法律并不能维护社会正义："当听到我们的首席律师甚至是法官坦率地承认'在这个城市，男人们是不可能因为正直与可敬的行为获得成功'的时候，我为法律这个专业的特质感到羞愧……人们完全不把道德法律放在心上。"② 1813 年，考格斯韦尔放弃了他的律师梦，在接下来的两年时间里，他担任哈佛的拉丁语导师。③ 期间，他常常被曾经的律师梦想所困扰，自己的身体也每况愈

① Joseph Green Cogswell, *Outline of the System of Education at the Round Hill School with a List of the Present Instructors and of the Pupils from its Commencement until this Time, June, 1831* (Boston: N. Hale's Steam Power Press, 1831), pp. 3-4.

② Anna E. Ticknor (ed.), *Life of Joseph Green Cogswell as Sketched in His Letters* (Cambridge, Mass.: Riverside Press, 1874), p. 18.

③ John Spencer Bassett, "the Round Hill School," in *American Proceedings of Antiquarian Society*, Vol. 27, ed. American Antiquarian Society (Worcester, Mass.: American Antiquarian Society, 1917), pp. 18-62.

下。1815 年，考格斯韦尔辞去哈佛的工作。之后，他作为波士顿商人威廉·格雷（William Grey）的代理人去了欧洲。从欧洲回到波士顿后，考格斯韦尔收到伊莎贝拉·桑代克（Israel Thorndike）的邀请，请考格斯韦尔陪同他的儿子奥古斯都·伊莎贝拉（Augustus Thorndike）赴欧至少两年以上。

考格斯韦尔的心智形塑观念形成的第二个阶段，就是在此次欧洲旅途期间。1816 年，考格斯韦尔来到哥廷根大学。随后，他遇到正在游学的蒂克纳与爱德华·埃弗里特。在哥廷根大学，考格斯韦尔对矿物学等自然科学产生了极大的兴趣，甚至还结识了著名的诗人约翰·沃尔夫冈·冯·歌德（Johann Wolfgang Von Goethe）。哥廷根图书馆的分类系统也吸引了考格斯韦尔的目光。为了研究这些数目庞大的图书是如何分类与排放的，他常常在图书馆学习且流连忘返。他还游览了罗马、巴黎和伦敦。1818 年，考格斯韦尔在瑞士参观了裴斯泰洛齐学院（academy）与德·菲林斯堡先生（Mr. DeFellesberg）创办的学校，被这些学校的心智形塑观念和相应的教育实践制度所吸引。

菲林斯堡学校由慈善家菲林斯堡所创，是一所教授农业知识的学校。这所学校的心智教育基本观念是让学生的心智在愉悦中接受教育、享受教育。根据这个观念，教学与管理的基本原则是“爱”，师生之间是平等的关系。在教学方面，菲林斯堡学校主张在儿童早期进行美德基本元素的教育。此外，在生源方面，菲林斯堡学校并不限制学生出身的社会阶层，同时招收富裕与贫穷家庭的孩子。考格斯韦尔参观了这所学校后，惊喜地说：“他们的导师并不像所谓的导师，而更近似于一个父亲的角色……这里有着最大的平等、最高的尊敬，是从内心衍生的敬重，绝非因为害怕而产生的敬畏。教师和学生挽着胳膊一同散步，一起玩耍，同桌吃饭……在这里，服从的根本原则是爱，管理这所学校是多么开心的事情！”[①] 考格斯韦尔还参观了裴斯泰洛齐在瑞士伊芙顿（Yverdun）的学校。裴斯泰洛齐学校采取理性教育制度，仅以训练理性为主，较为忽视对学生记忆力的培育。考格斯韦尔对裴斯泰洛齐的理性训练制度并不太认同，他说："我觉得裴斯泰洛齐所实践的教学系统并不能真正将知识储存进心智……我们必须在理性中充实一些材料。"[②] 在考格斯韦尔看来，心智形塑制度在形塑理性的同时，也需要训练记忆力，让学生在心智中充实知识。

1819 年，蒂克纳与爱德华·埃弗里特即将回到哈佛任教，考格斯韦尔对他们的回国满怀期望，他相信蒂克纳之于美国犹如柏拉图之于雅典，柏拉图在雅典学园讲授知识、探索真理，而蒂克纳也将如柏拉图一样将真理传播给美国国民。1820 年 10 月，考格斯韦尔在欧洲旅程即将结束之际，收到了来自哈佛的教授聘请。他虽有些犹豫，最终还是接受了聘请，成为哈佛图书馆管理员，兼任矿物与化学教授，年薪为 1960 美元。

二、乔治·班克罗夫特的心智形塑哲学观念

班克罗夫特于 1817 年毕业于哈佛大学，之后前往德国游学并成为德国史学家利奥波德·冯·兰克（Leopold Von Ranke）的弟子。在游学期间，他亲身体验了柏林大学教育中的心智形塑观念与相应制度。

班克罗夫特认为，教育的终极目标是民族共同体的善。国民具备明智的心智，才能保证民族共同体的善。在他看来，在当下的美国，国民的心智力量被遮蔽了。其主要原因在于，青少年接受的是教条主

---

① Anna E. Ticknor(ed.), *Life of Joseph Green Cogswell as Sketched in His Letters* (Cambridge, Mass.: Riverside Press, 1874), p. 88.

② Anna E. Ticknor(ed.), *Life of Joseph Green Cogswell as Sketched in His Letters* (Cambridge, Mass.: Riverside Press, 1874), p. 115.

义的教育，这种教育缺乏理性的培育。由此，班克罗夫特构想了一套以启发、形塑学生的心智能力为主的教育制度，其主要内容：一方面，选择课程的标准在于能否训练学生的心智力量，因而应最先教授希腊语课程，其次要重视自然史课程，自然史课程有助于创造一种能准确观察的心智官能。另一方面，在教学与管理制度方面，必须让学生的心智在一种自由的环境下成长，不仅要抵制竞争与效仿方法的采用，还须废除体罚，因为体罚容易引起害怕，养成欺瞒的品性。在分班方面，应以男孩的性格与能力为分班准则。班克罗夫特还认为，校长是这种制度的重要支持元素。乡村校长应该接受一种专门的校长培训。此外，他建议学校应该有配套的硬件设施，尤其要设立附属的印刷业。①

班克罗夫特的教育哲学观念主要在欧洲游学期间形成。最初，哈佛大学校长柯克兰支持他前往德国哥廷根大学学习神学，而他却对历史产生了浓厚的兴趣。随后，班克罗夫特在学习历史的过程中对美国加尔文主义思想产生了新的批判视角。他写信告诉柯克兰，自己立志做一个“圣经批判者”与语言学家。虽然遭到了柯克兰的反对，但在1819 年 1 月 17 日，班克罗夫特仍旧给柯克兰回信说：“如果努力创建一所彻底的批判学校能有助于提升我们那些堕落的且被忽略的知识分支，那将是极好的。这是能有效影响美国人心智的唯一方法……”②

---

① M. A. Dewolfe Howe, *The Life and Letters of George Bancroft*, Vol. 1 (London: Hodder & Stoughton, 1908), pp. 128-129.

② Edward R. Beauchamp, "An American Gymnasium: The Round Hill School, 1823-34," *The Educational Forum* 37, (1973): 2, 159-167; George Bancroft, "To President Kirkland, Göttingen, January 17, 1819," in *The Life and Letters of George Bancroft*, Vol. 1, ed. M. A. Dewolfe Howe (London: Hodder & Stoughton, 1908), p. 54.

1819年8月，班克罗夫特开始构想创建一所德国式高中[①]，他写信给爱德华·埃弗里特询问意见[②]。1820年9月，班克罗夫特在柏林发现了柏林教育家的心智形塑实践形态，激动不已。11月5日，班克罗夫特写信给柯克兰校长，兴奋地描述柏林的教育："这里的教导者们完全颠覆了哥廷根教授们的特质……在哥廷根大学之时，课程的总体趋势就是让学生变得有学识，让他们的脑袋记忆所有的事实，而柏林的教育的基本目的是让学生去思考。哥廷根大学倾向于经验主义教育，在柏林，思辨才是真理的源泉……"[③] 班克罗夫特还赞叹普鲁士的国家教育制度，在他看来，由于政府的支持，普鲁士的高中与学院已经具有旧式大学水平。

此外，费希特的教育模式与裴斯泰洛齐的教育原则启发了班克罗夫特。他从中发现，体操、音乐与科学是可以联结起来的。他感叹地说："这不就是柏拉图称颂为'完美技艺'的教育模式吗?"[④] 回国后，班克罗夫特进入哈佛，成为希腊语导师。

---

① 18、19世纪，德国学校分为高阶学校（höheren schulwesen）与初阶学校（niederen schulwesen)，各有不同的教育对象与教育目标，两者相互平行，也缺乏互通。参见黄文三等《中等教育》，台北高等教育，2012，第138页。

② George Bancroft,"To Edward Everett,Göttingen,August 1,1819,"in *The Life and Letters of George Bancroft*,Vol. 1,ed. M. A. Dewolfe Howe(London: Hodder & Stoughton, 1908),p. 65.

③ George Bancroft,"To President Kirkland,Berlin,November 5,1820,"in *The Life and Letters of George Bancroft*,Vol. 1,ed. M. A. Dewolfe Howe(London: Hodder & Stoughton, 1908),p. 89.

④ George Bancroft,"To Edward Everett,Göttingen,August 1,1819,"in *The Life and Letters of George Bancroft*,Vol. 1,ed. M. A. Dewolfe Howe(London: Hodder & Stoughton, 1908),pp. 89-92.

三、效仿德国教育，创建环山学校

考格斯韦尔回国后，在哈佛图书馆艰辛地推行改革，希望哈佛图书馆运用他在德国所学到的分类系统。考格斯韦尔发现，不仅哈佛校董会极其保守、不愿意接纳新的信息，整个哈佛都弥漫着一股轻视讲座的风气。他说："剑桥[①]流行着一个十分奇怪的观点——反对讲座。如果哈佛这个机构只想成为一所教授语言元素和科学首要原则的学校，那么这种观点当然没有错。但是，如果他们有更高的目标，要吸引那些追求人生志业的人，或者想在教育界声名鹊起，那么演讲者与讲座则是必不可少的。讲座能确确实实地启发、警醒听众。"[②] 班克罗夫特则认为，高等教育的基础就是品格与理智的形塑，历史知识最能形塑学生的理智与道德。他向哈佛管理层申请开设历史课程，结果被董事会否定。改革提议失败后，班克罗夫特与赴欧归来的其他三个人——蒂克纳、爱德华·埃弗里特、考格斯韦尔——就他们的教育理想进行商议，逐步产生了一个共同的规划。

1822 年 12 月 3 日，班克罗夫特给他的好友塞缪儿·A. 埃利奥特（Samuel A. Eliot，蒂克纳的表哥，哈佛校长查尔斯·W. 埃利奥特的父亲）写信，倾诉了他的办学计划："我是否应该告诉你我的一个计划？这还是一个秘密呢。除了埃弗里特先生、蒂克纳先生和柯克兰博士之外，国内几乎没有人知道，柯克兰可能告诉了洛厄尔先生。我研究过高中、语法学校、文理高级中学、古典学校这种类型的学校本质，同时对它们的教育方法与教育目标进行了思考。现在，我打算成为一个

---

① 美国人常常用"剑桥的大学"或"剑桥"指称哈佛。

② John Spencer Bassett, "the Round Hill School, 1823-1824," in *American Proceedings of Antiquarian Society*, Vol. 27, ed. American Antiquarian Society (Worcester, Mass.: American Antiquarian Society, 1917), p. 25.

学校的校长。我一直想做一个独立的人，一个靠自己的劳动而生活的人……考格斯韦尔将会参与我的计划。我们将共同创建一个学校。而创建这个学校的目的是让我们教育过的每一个男孩心灵中的智力与道德都能成熟起来。在这所学校中，古典教学将是首要的，也是最重要的。"① 1823年5月10日，他给塞缪尔·A.埃利奥特写信抱怨道："我发现学院是一个令人恶心、厌烦的地方……我十分高兴的是，这一年马上就要到头了……美国缺少的是好教师，而非好牧师。"②

考格斯韦尔与班克罗夫特决定离开哈佛大学。1823年6月20日，班克罗夫特与考格斯韦尔起草了一个建校《规划》。他们在《规划》中表示，将在北汉普顿建立一所教育机构，因此有必要向公众解释这所学校的教育目标与今后学校工作所依从的原则。

《规划》强调这所学校——环山学校（Round Hill School，又译朗德希尔学校）是与众不同的。其一，"环山学校的特质是为现实世界服务。我们不仅要培养工作能力强的学生，更要培养诚信与有用的公民"③。其二，它属于寄宿制。既要塑造学生的品性，又要教化学生的心智，教师必须掌控学生生活的各个方面，负责他们的礼节、习惯与道德教育。其三，班克罗夫特与考格斯韦尔强调，"环山学校"的心智形塑与旧教育有本质区别。旧教育是以严厉（severity）为主要特征的心智形塑，主要手段是惩罚，师生关系淡薄；相比之下，环山学校的教育是以严谨（strictness）为主要特征的心智形塑，主要手段是"和

① George Bancroft, "To S. A. Eliot, Cambridge, December 3, 1822," in *The Life and Letters of George Bancroft*, Vol. 1, ed. M. A. Dewolfe Howe (London: Hodder & Stoughton, 1908), pp. 161-162.

② George Bancroft, "To S. A. Eliot, Cambridge, December 3, 1822," in *The Life and Letters of George Bancroft*, Vol. 1, ed. M. A. Dewolfe Howe (London: Hodder & Stoughton, 1908), p. 163.

③ Edward R. Beauchamp, "An American Gymnasium: The Round Hill School, 1823-34," *The Educational Forum* 37, No. 2 (1973): 162.

善地劝导”和“榜样法”，采用“家长式”（parental）管理，学校不会为勤奋和遵守规则而颁发奖励，不提倡竞争手段，师生关系亲密。在环山学校，“家长式”管理将是心智形塑的重要手段，其主要特征是学校管理人员如“父母”一般对待孩子，不采取惩罚措施，如果男孩在品格上犯了严重的错误，将采取开除的措施。《规划》进一步介绍了环山学校心智形塑所采取的课程材料及教学方法：

第一，环山中学的“第一要务”将是让学生学会准确的英语阅读、书写与交谈。

第二，注重古希腊语与拉丁语课程，“这是品味与学习的基本条件”。语言课是教育的基石，语言的学习既能为心智提供最有益的用途，训练诸如发明、判断，甚至是对照、记忆的（心灵）力量，同时又可充当知识的钥匙，因为任何知识的使用都必须借助语言这把钥匙。

第三，历史课与地理课。规划认为，向学生展示清晰的历史文学、解释古代文化与现代文化的区别，能极佳地塑造学生的心智，使心智力量习惯于聚焦外国与遥远的事物，这能为学生在哲学学习和语法学习方面奠定一定的基础。

第四，数学课。将为喜欢数学的孩子们提供更高程度的教学，同时不强迫那些心智不适宜学习数学的孩子去学习这门课程。

第五，新教伦理。《规划》称，这所学校的使命如同“法国的学院”与“德国的文理高级中学”。《规划》告诉公众，9 岁是最容易形成良好习惯的年龄，因而是最佳入学年龄，超过 12 岁的男孩，环山学校不予接收。此外，还有一种情况也会影响男孩的录取，如果男孩已在别的学校接受了一种完全不同于环山学校的心智形塑的教育，则不予录取。为了确保心智形塑的质量，环山学校第一年的入学人数不得超过 20 人，最适宜的人数是 15 人。每年将只有两个假期，每个假期是 3 个礼拜。每个男孩每年须支付学费 300 美元，比哈佛学生每年的最少花费还要多 125 美元。①

1823 年春，班克罗夫特与考格斯韦尔出发去寻找一个合适的地方来实现他们的教育理想。他们考察了马萨诸塞州的伍斯特（worcester），那是班克罗夫特父亲居住的地方。他们似乎对伍斯特周遭的环境与邻居不太满意，于是又前往北汉普顿。至 6 月份，考格斯韦尔给家人写信说："这是距离北汉普顿村庄 1.5 千米之外的地方，站在这个美丽的山坡上可以俯瞰整个康涅狄格州……我们发现这里有两栋屋子短期出租。这里所有的环境就是我们梦寐以求的。我们决定立刻在这里展开我们的实验……我们希望在 10 月份能够开始履行这份新的责任。"② 环山坐落于前程街（prospect street），比北汉普顿镇中心的海拔要高出 100 多英尺③。山的东边有一个大约 50 英尺的缓慢下降的山坡，接着就是一个十分陡峭的崖壁几乎直入地面。除了班克罗夫特与考格斯韦尔，哈佛大学教师尼古拉斯·马塞勒斯·赫兹（Nicholas Marcellus Hentz）也跟随他们来了环山学校从教。④

班克罗夫特等人要创建高等教育预备学校的消息传开了。安妮·简·莱曼夫人（Mrs. Anne Jean Lyman）是这个镇上的名流，她在 1823 年 6 月 20 日寄给艾玛·福布斯（Emma Forbes）的信上以一种十

---

① George Bancroft and Joseph Green Cogswell, "Extracts from the Prospectus Issued by Messrs. Cogswell and Bacroft," in *Life of Joseph Green Cogswell as Sketched in His Letters*, ed. Anna Eliot Ticknor (Cambridge, Mass.: Riverside Press, 1874), pp. 349-352; Edward R. Beauchamp, "An American Gymnasium: The Round Hill School, 1823-34," *The Educational Forum* 37, No. 2(1973): 161-162.

② Joseph Green Cogswell, "To Miss E. Cogswell, Ipswish, June 9, 1823," in *Life of Joseph Green Cogswell as Sketched in His Letters*, ed. Anna Eliot Ticknor(Cambridge, Mass.: Riverside Press, 1874), p. 135.

③ 1 英尺＝0.304 8 米。

④ Mrs Anne Jean Lyman, "To Mrs Greene, Sept. 10, 1823," in *Recollections of My Mother*, ed. Susan I. Lesley (Boston and New York: Houghton Mifflin Company, 1899), p. 195.

分赞许和乐观的口吻讲述了环山学校："环山上的绅士们确实做了诸多努力。他们也收获了许多伟大的成就，这不仅仅是他们的幸运，更是我们这个镇的幸运……我认为，这些教师所采用的方法将在很大程度上提升我们国家的教育水平。"① 莱曼夫人在 1823 年 9 月 10 日给阿比·莱曼（Abby Lyman，嫁给 William Greene 后被称为 Mrs Greene）的信上却表示对环山学校发展并不乐观："在上一封信，我有没有告诉你，班克罗夫特先生与考格斯韦尔先生——这两位来自剑桥的教授即将在 10 月 1 号开办学校，他们是依照德国文理高级中学来规划这所学校的……我并不像许多人那样对他们的成功抱有那么大的热情。但是，不管怎么说，他们将为我们这个社会注入巨大的力量。因为他们有杰出的学识、虔敬与明智。"② 莱曼夫人在两封信中看似迥异的态度是当时人们对办学热潮态度的真实写照，许多教育机构仅仅存活几年就销声匿迹了。

四、环山学校学生的阶层属性与地域分布

建校《规划》规定了环山学校的学费，每个男孩每年的学费是 300 美元，这笔学费是相当昂贵的，这也注定了这所学校的生源将是那些有学识的专业人士、牧师、议员、商人等白人社会上层阶级的儿子们。莱曼夫人的女儿回忆起环山学校建校的事情，曾说这所学校吸引了"富人的儿子们"，"考格斯韦尔先生与班克罗夫特先生是这所学校的第

① Mrs Anne Jean Lyman, "To Miss Forbes, June 20, 1823," in *Recollections of My Mother*, ed. Susan I. Lesley (Boston and New York: Houghton Mifflin Company, 1899), p. 193.

② Mrs Anne Jean Lyman, "To Mrs Greene, Sept. 10, 1823," in *Recollections of My Mother*, ed. Susan I. Lesley (Boston and New York: Houghton Mifflin Company, 1899), p. 195.

一批教师，也是这个国家首次阐释德国文理高级中学系统的人。他们所有的规划在那些年产生了一定范围内的影响，很快就吸引了这个国家各个地方的富人的儿子们”。①

在环山学校建校后的早期，学校的注册人数平稳增长。1827 年，这所高中迎来了办学以来注册人数的最高峰——135 名学生注册入学。从 1823 年 10 月正式开学一直到 1831 年春天，共有 291 名学生入学，有的是入学几个月，有的是入学 5—6 年。② 以下是考格斯韦尔在 1831 年总结的环山学校 1823—1831 年的入学生源分布状况：

表 2-3-1 环山学校 1823—1831 年入学生源分布状况表

地区	所在州	数量（人）	合计（人）
新英格兰	马萨诸塞州	99	118
	罗得岛州	12	
	缅因州	3	
	新罕布什尔	2	
	康涅狄格州	2	
南方	南卡罗来纳州	34	
	马里兰州	32	
	佐治亚州	18	
	密西西比州	4	
	弗吉尼亚州	3	
	北卡罗来纳州	3	

① Susan I. Lesley(ed.), *Recollections of My Mother* (Boston and New York: Houghton Mifflin Company, 1899), pp. 190-191.

② Edward R. Beauchamp, "An American Gymnasium: The Round Hill School, 1823-34," *The Educational Forum* 37, No. 2(1973): 161-162.

续表

地区	所在州	数量（人）	合计（人）
	路易斯安那州	3	98
	田纳西州	1	
中部大西洋	纽约州	46	55
	宾夕法尼亚州	7	
	特拉华州	2	
西部	俄亥俄州	2	3
	密歇根州	1	
国外	西印度群岛	5	16
	墨西哥	4	
	加拿大低地	3	
	巴西	2	
	大洋彼岸	2	

资料来源：Joseph Green Cogswell, *Outline of the System of Education at the Round Hill School with a List of the Present Instructors and of the Pupils from its Commencement until this Time, June, 1831* (Boston: N. Hale's Steam Power Press, 1831), pp. 19-24.

注：1831 年出版的入学人数及分布数据经 1874 年安娜·艾利奥特·蒂克纳的调整，有所变化。入学总人数调为 193 人，来自马萨诸塞州的人数由 99 人调为 101 人。（考虑了亡故学生）

五、心智形塑实践形态

1823 年 10 月 1 日，环山学校开学了。学校有 15 个寄宿生与 10 个白天上课的走读生，这些孩子来自纽约、波士顿及附近地区的最有名望的家庭。在入学手续上，每位男孩必须参加入学考试，合格后方可入校就读。开学不到两个礼拜，考格斯韦尔写信给哈佛的蒂克纳描述环山学校的入学考试与教学系统，并且在信中说，入学考试有助于教师制定心智形塑的目标，“迟钝的，让他变得敏锐；粗暴的，令其温和；无礼的，冷却处理；怠惰的习惯则需要更正，灌输以新的课程观点。最糟糕的情况可能是，他们的心智还未开发，需要教师去塑造”①。

通过入学考试之后，考格斯韦尔发现，孩子们在考试中显示了他们曾经接受的心智形塑水平仅仅是“能够忍受的”。从而，他更确信环山学校的心智形塑水平远远超过旧式教育，必然会在孩子们的礼节、习惯、学习与兴趣方面产生显著的效果。他说：“我真的相信，人们将来一定会满意我们在这个领域的成就。”②

与19世纪20年代的其他中学，甚至是学院、大学相比，环山学校最与众不同的地方就是它采取的德国式心智形塑体系。根据考格斯韦尔的总结，环山学校的心智形塑系统建立于一种新的心智官能学说之上，心智形塑不要求极其勤奋的脑力劳动，其基本方法是“始终如一的监督，有效的约束力，有效力的教学和指引，还有充满感情的交流”③。环山学校所采取的心智形塑系统可以分为以下四个部分：

第一，神学教育。将伦理与道德原则注入学生的心灵。

（1）敬畏安息日。

（2）清晨与夜间的祷告仪式。

---

① Joseph Green Cogswell, "To G. Ticknor," in *Life of Joseph Green Cogswell as Sketched in His Letters*, ed. Anna Eliot Ticknor (Cambridge, Mass.: Riverside Press, 1874), p. 140.

② Joseph Green Cogswell, "To G. Ticknor," in *Life of Joseph Green Cogswell as Sketched in His Letters*, ed. Anna Eliot Ticknor (Cambridge, Mass.: Riverside Press, 1874), pp. 140-141.

③ Joseph Green Cogswell, *Outline of the System of Education at the Round Hill School with a List of the Present Instructors and of the Pupils from its Commencement until this Time, June, 1831* (Boston: N. Hale's Steam Power Press, 1831), p. 4.

（3）开展经典教学。

（4）周六夜间举办讲座。

（5）时常开展全校演讲。

（6）摒除派系主义。

考格斯韦尔称，环山学校所有的导师们都坚信，这些教育原则是“可贵性格的唯一根基”。

第二，关注道德习惯与礼节。

（1）不间断地监督、管理学生。

（2）禁止学生在未得允许的情况下离开学校。

（3）让学生的时间全部被课程与练习填满。

（4）不提倡学生将金钱用于消遣或做出轻率行为。

（5）确认孩子们是否有恶习的苗头。

（6）若这些预防措施都失败了，一个年轻人变得不道德了，则不可再让其留下，做出影响他人的“罪恶”行为。

第三，关注身体健康。

（1）首要是保证极佳的卫生环境。

（2）要求学生早起，做充足的锻炼。

（3）简单、有规律、充足且营养丰富的日常饮食。

（4）洁净的居所。

（5）预防灾害性的天气和天气变化。

1826 年，学校开始重视体操教学，这得益于弗里德里希·路德维希·雅恩（Friedrich Ludwig Jahn）的一名学生的体操理念——用体操教学联结身体教育与道德教育。学生在锻炼身体的同时，促进心灵力量的增进。

第四，智力训练与文化素养的塑造。

（1）由最富有才华的教师来领导不同的系。这些教师来自公共教育机构，是最优秀的教育者，学校给予了这些人领导各系的权威。

（2）教师数量与学生持平。“在我们国家，还没有哪个机构提供与学生数量同等的教导者。”①

（3）依据哲学原则训练学生的心智。

（4）依据哲学原则引导心智时，必须有助于形塑（discipline）与发展心智的主要官能。尤其是感知力（perception）、注意力、记忆力、想象力、判断力、推理能力及创造力，这些官能都是依据一定的方式形成的，也要依据它们各自的途径来完成（运作）。

（5）环山学校提供的所有课程没有遗漏上述任何一种官能的训练。早期的心智形塑主要依赖古希腊语、古拉丁语与数学的教学，人们相信当采取适宜的方法研习这些课程的时候，学生的所有官能都会直接或间接地被唤醒进行运作。环山学校的心智形塑的课程范围包括古代语言、现代语言、自然科学课程、纯机械学、混合机械学、道德哲学、智力哲学、雄辩术、历史、统计学与政治经济学。

（6）教师在单独的房间听学生吟诵（recitation）。最初，环山学校的吟诵环节是不分组也不分班的，教师单独检查个人的吟诵。这种教学方法从 1831 年开始发生了一些变化。学生分成小组进行上课，总共不超过 6 组，这样能够保证学生按照最适宜自己的课程进度进行学习，也让每一组的学生在吟诵的时候能够有良好的秩序和注意力。每次吟诵时间为 50 分钟。吟诵过程包括教师提问与学生回答两个环节。教师提出问题，若一名学生无法作答，则轮到下一名同学，直至小组的同学都完成了本次吟诵，教师再对这名没有作答的学生进行提问。即使分组吟诵代替了个人吟诵，但教师对学生的了解与所承担的职责仍近似于私人导师。

（7）课程时间是上午 8 点 30 分至 12 点，下午 2 点至 5 点。在夏

---

① Joseph Green Cogswell, *Outline of the System of Education at the Round Hill School with a List of the Present Instructors and of the Pupils from its Commencement until this Time , June , 1831* (Boston: N. Hale's Steam Power Press, 1831), p. 8.

天，傍晚 8 点至 9 点也是上课时间。在冬天，学校将随着日出日落时间调整上课时间。

第五，心智形塑课程材料。

（1）英语课程。教习英语的基本元素、全部的英语语法，以及其熟练的读写能力。

（2）法语、西班牙语与德语。提供全部程度的教学。

（3）古希腊语与拉丁语。囊括全部的古拉丁与希腊文学。

（4）依据法语课程的进度，教授同等程度的纯数学。运用定点测量、土地测量、水平测量工具在实践中教授三角学运用方法，大部分操作将在土木工程中完成。

（5）古代史与现代史。依从阿诺尔德·赫尔曼·路德维希·赫伦（Arnold Hermann Ludwig Heeren）的纲要教授古代史。依据克里斯朵夫·科赫（Christophe Koch）的《现代欧洲革命史》（*Revolution of Modern Europe*）一书教授现代史。

（6）地理与统计学。教授康拉德·马尔特·布戎（Conrad Malte Brun）的地理学说。

（7）化学与自然哲学按照需求展开有限的课程。

（8）雄辩术与演说术。根据英国文学史与品味力量的文化进行教学。

（9）会计、商业性质的数学课程、房屋形式教学。

（10）当学生年龄与学习进度适宜时，即可教授他们神学、基督伦理学与智力哲学。

（11）音乐与舞蹈（一般在夏天授课）。

（12）若能保障上述教学，学生还可以凭个人爱好或条件来学习自然史，包括植物学、矿物学，甚至园艺学。

第六，“家长式”管理体系。

（1）校长与大部分教导人员和学生同桌吃饭。夏天，早餐时间是 7 点，中餐是下午 1 点，晚餐是傍晚 6 点 30 分；冬季用餐时间有相应调整。课间休息进行适宜的锻炼，规定的消遣项目包括骑马、体操、泡澡与跳舞。此外，也允许学生开展其他纯洁与积极的活动，但是学校不赞成久坐不动的课间活动。除了在有限的学校场地中学习园艺与耕种技术外，并不要求学生参加任何手工劳动或机械技艺。学生的自然资质、品味与倾向可以单独养成。

（2）让学生保持有规律的和健康的生活习惯。学生在早起之后应当进行斋戒沐浴；用过晚膳后，学生应该再洗身。学生应勤换衣物。教师应护理学生的牙齿与头发，每天刷干净他们的鞋子，让他们的衣物保持整洁干净。此外，不强制规定学生穿任何制服。夏天，学生 5 点 30 分起床，冬天则是 6 点，全年的睡觉时间都是晚上 9 点 30 分。若有学生不遵守这些规则，则会被通报给校长知晓。

（3）学校管理系统的基本原则在于预防，阻止学生发生不端行为。一般的处罚方式就是取消学生的某些权利。譬如，若用餐秩序混乱或在宿舍、楼房中不守秩序，学生将会在餐桌旁受到斥责，或者被取消一顿午餐。若犯了更严重的错误，学生会被单独监禁。学校保留了鞭笞，如果学生有严重的恶习，则会使用。然而，学校的管理原则并不在于惩罚，而是在于预防。因此，自 1823 年建校至今（1831 年），体罚案例只有五六起。奖励一般是公开的褒扬，给予荣誉或鼓励。

（4）学生入学年龄没有绝对的限制。优先考虑适合离开父母与家庭，个性温顺、品格纯洁的孩子。学校的入学时间并不固定，一般每个学年的课程规划会在每年夏天的学期开始之前决定。每年有一个长假期，假期从 4 月 1 日开始，共 6 个礼拜。秋天的时候有 1 个礼拜的休息时间，开始放假的时间为 10 月 1 日。① 学生每年的费用为 275 美元，其中包括床褥、服装与书本的费用。若学生在春季假期期间留在学校，

① 假期的安排发生过变化，建校《规划》最初对假期的规定是每年有长达 3 个礼拜的 2 个长假期。

需额外上交25美元。费用须提早半年上交，如有变动，学校将按照比例退款。学生的数量将保持在一定范围内，以保证规训与教学系统的正常运行。①

第七，师生关系。

在班克罗夫特与考格斯韦尔的计划中，"家长式"的规训与管理的核心原则是"爱"，师生关系应该如同父子关系，尽量用劝导而非惩罚。实质上，这种做法常常遇到阻碍。

男孩在少年时期的淘气天性就是阻碍之一。有的学生表现出对班克罗夫特的不尊敬。由于深度近视，班克罗夫特比较依赖他的眼镜，而且喜欢用一种特殊的方式摇头，因此男孩子们给他取了一个外号，叫作"带毛的小动物"。男孩们常常跟班克罗夫特开一些温和的玩笑。甚至有一个男孩用木头雕了一个带尾巴的普鲁士军人小魔鬼，说是班克罗夫特。虽然教师们尽量避免严厉地惩罚学生，但有时候也不得不使用隔离室来惩罚这些调皮的学生，学生则称隔离室为"土牢"（dungeon）。

一个名为山姆·华德（Sam Ward）的学生经常给他的父亲塞缪尔·华德（Samuel Ward）写信。塞缪儿·华德后来成了考格斯韦尔的挚友，并且一直关注着学校的运行状况。山姆·华德的信向他的父亲描述了环山学校师生关系的多重面貌。1826年，山姆·华德在韵律课上不听教师的劝导，教师按照惯例取消他的晚餐资格，他却拒绝接受这项处理，继而与教师产生了冲突。随后，他给父亲写信描绘了这件

① Joseph Green Cogswell, *Outline of the System of Education at the Round Hill School with a List of the Present Instructors and of the Pupils from its Commencement until this Time, June, 1831* (Boston: N. Hale's Steam Power Press, 1831), pp. 8-15; Joseph Green Cogswell, "To G. Ticknor," in *Life of Joseph Green Cogswell as Sketched in His Letters*, ed. Anna Eliot Ticknor (Cambridge, Mass.: Riverside Press, 1874), p. 141; John Spencer Bassett, "the Round Hill School," in *American Proceedings of Antiquarian Society*, Vol. 27, ed. American Antiquarian Society (Worcester, Mass.: American Antiquarian Society, 1917), pp. 56-57.

事情。塞缪儿·华德收到信后，立刻写信给班克罗夫特。班克罗夫特回信解释了这件事情："山姆在韵律学课上犯了错（不听劝导），他的拉丁语教师取消他当天的晚餐。山姆说他要把这件事情告诉我，他认为我不会让他接受这个惩罚，但是，我了解这个事情之后，觉得教师的做法是正确的。尽管如此，山姆在晚餐时间还是坐在了餐桌旁边，我对此很不满意并告诫他，他在下一个礼拜之内都不可以吃晚餐。同时，我告诉他，如果我每天都能从拉丁语教师那里拿到一个报告表示他行为优良，那么他可以免于上述责罚。现在，我拿到了山姆的报告，这些报告肯定了他的信用，没有包含任何针对他的内容。如今，只有一件事情令我疑惑，我已经和山姆分析了他在这件事情中的责任，并且尽力向他表示，我们期待他拥有男子气概和自尊品格。韵律课上的冲突事件令我们失望，他必须通过尊重他人来获得他人的尊重……这件事情过去了，并没有对山姆产生任何伤害，还令他为人处事谨慎了许多。"①

1827 年 6 月 28 日，同样是山姆·华德给父亲的信，他用极其喜悦的语气描述了考格斯韦尔带领全班 135 个男孩前往北汉普顿 8 千米外参加草莓节的事情。"男孩们分成 2 批，在往返学校的路上，学生们轮流徒步行走和乘坐马车。我们到达目的地后，发现草地上已经有许多长桌子，桌子上有大碗的牛奶，每个男孩都有 1 碗，桌子上堆满了面包、新鲜的黄油、芝士、冷盘火腿和糖等。我捧着 1 个 1 品脱②的碗，碗的四分之三是美味的草莓，剩余的部分盛了牛奶。考格斯韦尔先生拿来了几块面包，我们又要了些方块糖。想象一下这个情景吧。135 个男孩坐在桌子旁，尽情地享受着如此多的美食。吃过晚餐，我们又按照来

---

① John Spencer Bassett,"the Round Hill School,"in *American Proceedings of Antiquarian Society*, Vol. 27, ed. American Antiquarian Society (Worcester, Mass.: American Antiquarian Society), pp. 43-44.

② 1 品脱（英）=5.682 6 分升。

时秩序返回了学校。”①

有的男孩深信这的确是一种“家长式”的心智形塑与管理方式。环山学校的生活甚至成为男孩人生中的宝贵记忆。一个男孩回忆起环山中学的生活，声称考格斯韦尔的角色就如同这个共同体的“父亲”，“从他（考格斯韦尔）与学生的关系来看，他几乎不是一个老师，他是这个共同体的组织者、管理者和父亲。他的搭档班克罗夫特先生不仅仅致力于教学，还做了许多工作。在考格斯韦尔的管理下，那些德语、法语及意大利语的教师也在不懈地努力着……此外，他还是这里最重要的农民、建筑工人、园丁与财政大臣”②。

总的来说，环山中学的“家长式”管理与心智形塑制度有别于以往的主流教育制度，给许多人留下了深刻印象。环山中学的特质吸引了学生与家长，同时需要大量的人力与资本的投入，因此学校一度陷入财政危机之中。

六、环山学校与精英大学之间的衔接制度

蒂克纳、爱德华·埃弗里特、班克罗夫特与考格斯韦尔在欧洲所见的教育模式是，学生一般从学院或文理高级中学毕业后，进入大学或专门学校学习。蒂克纳、班克罗夫特等人在现实中也意识到，美国的大学似乎同时扮演了文理高级中学、学院与大学的角色，但是，每一个角色都不完善。班克罗夫特与考格斯韦尔依从德国的文理高级中

---

① John Spencer Bassett, "the Round Hill School," in *American Proceedings of Antiquarian Society*, Vol. 27, ed. American Antiquarian Society (Worcester, Mass.: American Antiquarian Society), p. 55.

② John Spencer Bassett, "the Round Hill School," in *American Proceedings of Antiquarian Society*, Vol. 27, ed. American Antiquarian Society (Worcester, Mass.: American Antiquarian Society), pp. 39-40.

学模式创建环山学校，自然希望能够促成它与耶鲁学院、哈佛大学等精英大学的衔接制度。

美国哈佛大学、耶鲁学院等高等教育机构规定，若学生在入学之前已经在其他教育场所获得了优先的教学，须直接入读高年级课程，也必须支付缺席年级的学费。在环山学校完成了寻常大一、大二课程的学生进入耶鲁学院之后，仍须支付 4 年学费。对于这一点，班克罗夫特想与耶鲁学院校长戴进行协调。班克罗夫特希望戴相信环山学校的师资力量，称环山学校目前有 4 位优异的教师，“他们有权利在任何正规德国大学进行公开或私人的讲课与讲座”，“我们希望你们秉持自由、公正的精神，和谐一致地认可我们。您在公众中享有盛誉，尤其重要的是，我们从事着类似的工作，我们当然极其真诚地敬重您。我们对贵校一直是很有信心的。我们一次又一次地将我们的学生转入您的管辖内。我们所提出的要求与我们对贵校的信心是一致的”①。

班克罗夫特希望，环山学校的学生转入学院的时候，可以进入一个与他们已有的学识水平相当的年级。他建议以戴为首的耶鲁学院在接受学生时能考虑学生在环山学校获得的学识基础：“在我们的机构中，我们不仅仅教授了这些课本，更多地教授了以下这些主题。例如，在拉丁语这个主题上，我们经常读昆图斯·贺拉斯·弗拉库斯（Quintus Horatius Flaccus）、提图斯·李维（Titus Livius）和马尔库斯·图利乌斯·西塞罗（Marcus Tullius Cicero）的作品，有时候也阅读普布利乌斯·利尔涅利乌斯·塔西陀（Publius Cornelius Tacitus）、普布利乌斯·奥维修斯·纳索（Publius Ovidius Naso）、德奇姆斯·朱尼厄斯·朱文纳尔（Decimus Junius Juvenalis）与奥鲁斯·佩尔西乌斯·弗拉古斯（Aulus Persius Flaccus）的作品。有时候还阅读信件，

① John Spencer Bassett, “the Round Hill School,” in *American Proceedings of Antiquarian Society*, Vol. 27, ed. American Antiquarian Society (Worcester, Mass.: American Antiquarian Society, 1917), p. 58.

不只是西塞罗的，还有盖尤斯·普林尼·采西利尤斯·塞孔都梢（Galus Plinius Caecilius Secundus）的，甚至有时读一个拉丁语悲剧。在希腊语方面，我们仍旧在阅读 'Graeca Majora' ……在数学方面，到目前为止，我们采取法语教授。尽管如此，我们并非在所有倾向上都是强的。"①

对于环山学校的这些诉求，耶鲁学院几乎是充耳不闻。哈佛也采取了与耶鲁近乎等同的一般规定。1825 年，哈佛的大学情况一览表规定了入学新生必须满足的条件："想要成为哈佛的大一新生，申请人必须彻底掌握古希腊语与拉丁语语法，包括韵律学；必须能够适宜地从本质、意义与语法结构上解释以下书目的任何部分。这些书是弗里德里希·威廉·雅各布（Friedrich Wilhelm Jacobs）的《希腊读本》（*Greek Reader*）、希腊语圣经中的福音书、维吉尔和盖乌斯·撒路提乌斯·克里斯普斯（Gaius Sallustius Crispus）的著述，还有西塞罗的《雄辩术选集》（*Select Oration*）。候选人还必须能够将英文正确地翻译成拉丁语。必须精通古代与现代地理、代数、简分数、小数、简单与复合比例、单双合伙人收益、内侧运算和混合交叉法②、简单方程式的代数运用中的基本规则；还须理解这些学说的根源与包含的力量，懂得地理学与代数的进步。"③ 环山学校的学生并不难满足哈佛的这个规定。一般来说，男生在环山学校接受 2—3 年的教育，到 13 岁就已经能

---

① John Spencer Bassett, "the Round Hill School," in *American Proceedings of Antiquarian Society*, Vol. 27, ed. American Antiquarian Society (Worcester, Mass.: American Antiquarian Society, 1917), p. 59.

② 内侧运算和混合交叉法（Alligation medial and Alligation alternate）。Frederick V. Waugh, "Alligation, Forerunner of Linear Programming," *Journal of Farm Economics* 40, No. 1 (Feb. 1958): 89-103.

③ John Spencer Bassett, "the Round Hill School," in *American Proceedings of Antiquarian Society*, Vol. 27, ed. American Antiquarian Society (Worcester, Mass.: American Antiquarian Society, 1917), pp. 60.

满足哈佛对学识的要求了。可是，孩子们的年龄太小，也只能在环山学校待到适龄后再转入学院。

下面列出哈佛在1827—1828年的课程制度，可与前文所述的环山学校的课程安排做对比。

从哈佛学校的课程制度可见，环山学校所承担的课程范围覆盖了大部分哈佛学院的课程。精英学院的学费制度与两类机构相似的课程制度将环山学校与哈佛、耶鲁等精英机构置于一种近似竞争的关系中。男孩的家长可能需要选择是将男孩径直送入美国精英学院，还是先在男孩年幼的时候送入环山学校。

表 2-3-2　1827—1828 学年的教学课程（节选）

（本科生教学课程）

班级	学期	操练	时间	讲座	时间
新生	1	希腊语、拉丁语	周一至周六（早晨）	—	—
		数学	周一至周五（午前）	—	—
		雄辩与古代文明	周六（午前）	—	—
		希腊语、拉丁语	周一至周五（下午）	—	—
三年级	2	自然哲学	周一至周六（早晨）	化学	周一、周三、周五
		希伯来语或其他	周一、周三、周五（午前）		周二、周四
		雄辩	周四（午前）	普遍语法	周六
		议题或法庭辩论	周五（午前）		周二、周四、周六
		希腊语、拉丁语、化学	周一至周五（下午）		

续表

班级	学期	操练	时间	讲座	时间
四年级	1	自然哲学	周一至周六（早晨）	《新约》的批判	周一、周三、周五
		天文学	周一至周三（午前）		
		雄辩	周四（午前）		
		议题或法庭辩论	周五（午前）	天文学	周四
		政治经济学	周一至周四或周一至周五（下午）交替		

资料来源：David B. Potts, *Liberal Education for a Lard of Colleges, Yale Reports of 1828* (New York: Palgrave Macmillan, 2010), pp. 219-221.

尽管哈佛大学、耶鲁学院这些精英机构没有正式出台法规构筑与环山学校的衔接制度，但在实际情况中，环山学校确实扮演了一个高等预备教育机构的角色。有的学生在环山学校学习后进入哥伦比亚大学、耶鲁学院等机构的高年级。[①]

考格斯韦尔在1831年的《大纲》中表示，环山学校能够为那些想从事专业学习的孩子提供优良的预备教育，同时环山学校本身是独立于目前的美国大学的，“人们若想寻求一个充满活力的人生，或者为了获取专业课程，一般都诉诸大学”[②]，环山学校的目的是取代上大学的必要性，环山学校之所以建立，是为了改进教育事业。因此，环山学校必须与其他的机构保持一致，改进类似的教学规划。但是，它本身

① John Spencer Bassett, "the Round Hill School," in *American Proceedings of Antiquarian Society*, Vol. 27, ed. American Antiquarian Society (Worcester, Mass.: American Antiquarian Society, 1917), pp. 59-60.

② Joseph Green Cogswell, *Outline of the System of Education at the Round Hill School with a List of the Present Instructors and of the Pupils from its Commencement until this Time, June, 1831* (Boston: N. Hale's Steam Power Press, 1831), p. 10.

的课程规划是独立于其他机构的，除非学生需要转移到其他的学院学习，而那些学院有不同的准入要求，那么可以单独调整学生的课程。环山学校的目的是让学生做好古典教育的准备，将来可以转入文理学院校继续深造，环山学校的课程包括所有极其博雅的知识，囊括了美国最杰出的文理学院校要求考查的知识。①

在创建者看来，环山学校是一所将德国的心智形塑哲学观念进行本土化实践的孤立机构，为了维持这所学校的生存，他们须不断地独立争取精神上与物质上的资源。类似的学校逐步增多，竞争力亦增大了。环山学校入学人数逐步递减，学校的花费得不到控制，再度陷入债务危机。1831 年末，考格斯韦尔陷入了人生的低谷。1832 年 7 月 7 日，考格斯韦尔写信给他的挚友塞缪儿·华德说："我决定了，我应该放弃了，不应再垂死挣扎来维持环山学校。明年春天，我将关闭它。我会尽快结束这一切，我无法将我的财产丢弃在这里，我的健康状况越来越差。我从未从这份耗尽我心力的劳动中获得任何金钱上的益处。"② 这个决定很快传开了，北汉普顿的 7 位市民在当地的报纸上发起呼吁，号召大家支持这所学校继续开办下去。接下来，身在纽约的环山学校股份持有者塞缪儿·华德发起了一项运动，号召环山财产的股份持有者将股份交给考格斯韦尔，帮助环山学校渡过难关。这场运动确实解除了环山学校暂时的困境，考格斯韦尔将学校又维持了一年。1833 年末，考格斯韦尔发现，一切已经到头了。冬季学期结束后，考格斯韦尔在第二年春天就关闭了环山学校。他接受了北卡罗来纳州罗

---

① Joseph Green Cogswell, *Outline of the System of Education at the Round Hill School with a List of the Present Instructors and of the Pupils from its Commencement until this Time, June, 1831* (Boston: N. Hale's Steam Power Press, 1831), pp. 10-11.

② Joseph Green Cogswell, "To Samuel Ward," in *Life of Joseph Green Cogswell as Sketched in His Letters*, ed. Anna Eliot Ticknor (Cambridge, Mass.: Riverside Press, 1874), p. 174.

利镇（The Town of Raleigh）的学园（academy）的邀请，在那里待了两年，成功带领学校获得了极佳的成果。南方有几所学院邀请考格斯韦尔前去担任教授或校长，他并没有接受，而是去了纽约担任导师。1846 年，他曾来环山住宿了一晚，回忆起过往岁月。考格斯韦尔后来担任了阿斯特图书馆（Astor library）的管理员，这是考格斯韦尔在德国时最感兴趣的事情，他管理这所图书馆直至晚年。①

1871 年，考格斯韦尔在马萨诸塞州的剑桥市去世，这是他从德国归来充满信心朝着教育改革理想启程的地方。虽然环山学校关闭了，但是它实质上践行了欧洲式的心智形塑观念，促使心智形塑被更多大学教育家定义为高等专业预备教育的核心目标。蒂克纳与班克罗夫特是率先将个人的心智形塑观念付诸实践的人物，他们的失败一定程度上源于制度上缺乏支持因素，以及观念引介中的水土不服。

---

① John Spencer Bassett, "the Round Hill School," in *American Proceedings of Antiquarian Society*, Vol. 27, ed. American Antiquarian Society (Worcester, Mass.: American Antiquarian Society, 1917), p. 53.

第三章　大学教育的心智形塑观念形态的新旧整合

19 世纪初，一些教育家将欧洲的心智形塑哲学引入高等专业教育的预备教育之中。与此同时，若干美国大学开始引介欧洲心智形塑的课程材料与哲学理论。

第一节　传统课程材料观的变革

随着欧洲心智形塑观念的传入，以及其对本土传统心智形塑观的冲击，美国传统课程范围呈现变化的迹象。古代经文作为人们洞悉智慧的源泉，与自然科学知识材料之间形成了强烈的对比关系。以植物、矿物、生物等大自然现象，或者以人类经验为研究对象，实验或归纳为研究方法的自然科学知识被纳入心智形塑的课程材料范围之中。

一、新教材的涌现

19 世纪初，美国一些学院教师撰写了自然哲学、数学类的反映新式心智形塑观念的课本，亦不断引入欧洲的心智形塑课程材料。1814 年，耶鲁教授在美国出版了第一本专门的代数教材，立志用这本教材革新美国学院的心智形塑课程编排模式。戴的《代数概论》（*Introduction to Algebra*）一书认为，数学不应该期望“通过雄辩术的优雅刺激激情来唤起兴趣，或者通过想象给予想象力”，“是数学中的逻辑构成了它们主要的价值”。

戴认为，数学课程中的逻辑法则能最有效地完成大学的心智形塑任务。他指出，人们只将数学作为丈量土地、商业交易知识的做法降低了数学的价值，“如今，对那些正在接受自由教育的人来说，急需一种更崇高的教育目的。数学教育的主要目的应该是去训练（exercise）、形塑、激活（invigorate）心智力量”①。

戴认为，学院教育的目的就是造就“完全的理性者”，这种完全的理性者能够理解宇宙万物运行的必然法则，学院须对学生进行心智形塑，最适合形塑学生心智的知识就是代数，尤其是“欧几里得的几何元素”，它“拥有最清晰和准确的逻辑”。② 戴的代数教材被许多学院所接受，在一些学院，戴的这本教材甚至被使用了 20 年以上。

1820 年，哈佛的入学要求中增添了对代数知识的考核。渐渐的，一场数学革命悄无声息的开始了，一些美国人通过杂志宣传法国数学知识和教材，同时，一些法国人也在美国对其进行传播。1818—1836 年，在法国人与美国人的翻译下，法国数学知识和教材进入美国的学院，第一个美国翻译者是哈佛的约翰·法劳（John Farrar，反对蒂克纳哈佛改革计划的教师之一），他于 1818 年翻译了法国 S. F. 拉克洛瓦（S. F. Lacroix）的《数学》，以便在学院中使用，随后在 1819 年翻译了阿德利昂·玛利·埃·勒让德（Andrien Marie Legendre）的《几何学基础》（*Elements de Geometrie*）。在 1824 年，法劳出版了自己的作品，这也是一部首次展示法国数学系统的作品。在接下来的 10 年内，他翻译了一系列的数学与科学著作，这些著作以麻省剑桥数学著称。自法

---

① Jeremiah Day, *An Introduction to Algebra* (New Haven: Steele for Howe & Deforest, 1814), pp. preface 3-4.

② Jeremiah Day, *An Introduction to Algebra* (New Haven: Steele for Howe & Deforest, 1814), pp. preface 3-4.

劳后，其他的教授也开始翻译法国的数学教材。1834 年，查尔斯·戴维斯（Charles Davies）翻译的著作成为那一代大学生的重要教材。[①]

自然哲学课程是主要的新式心智形塑课程。詹姆斯·伦威克（James Renwick）在哥伦比亚大学、约翰·法劳在哈佛大学、丹尼逊·奥姆斯特德（Densiou Olmsted）在耶鲁学院都致力于推行法国自然哲学书本。伦威克从哥伦比亚学院毕业后，又去往欧洲学习。他怀揣着德国与法国的自然哲学知识和教授这些科学的决心回国，从 1814 年开始，在哥伦比亚开办相关讲座，并且在 1820 年被任命为哥伦比亚大学自然哲学教授。他是这所高校第一位专门从事这个教职的人。1823—1826 年，伦威克出版了机械、天文方面的著作，如《自然哲学大纲》（*Outlines of Natural Philosophy*）。1825 年，哈佛教授法劳的机械学小册子也出版了。奥姆斯特德则在 1831 年首次出版他的两册自然哲学大学教材，如《自然哲学简介》（*An Introduction to Natural Philosophy*）[②]。约翰·格默里（John Gummere）于 1822 年所著的《天文学入门》（*An Elementary Treatise on Astronomy*）是第一部由美国人撰写的涵括欧洲天文学数据的教材。格默里是美国哲学学会的一名成员，曾开办了一所私人寄宿学校，而且有资金购买自己的观察设备。1833 年，格默里被任命为哈佛学院第一位数学教授，还发动过一场小规模的观察运动。1827 年，哈佛学院的法劳教授也撰写了天文学作品《天文学要素》（*An Elementary on Astronomy*）。1836 年，约翰·赫歇尔（John Herschel）1833 年伦敦版本的著作《天文学》（*A Treatise on Astronomy*）被西尔斯·沃克（Sears Walker）引介到美国。1839 年，耶鲁的奥姆斯特德与威廉·诺顿（William Norton）也先后出版了天文

---

① Stanley M. Guralnick, *Science and the Anti-bellum American College* (Philadelphia: The American Philosophical Society, 1975), pp. 49-51.

② Stanley M. Guralnick, *Science and the Anti-bellum American College* (Philadelphia: The American Philosophical Society, 1975), pp. 65-66.

学作品。①

令人眼花缭乱的欧式与本土的自然科学教材为高等教育机构实践欧式心智形塑哲学提供了材料基础。此外，大学设立自然知识讲席的举措进一步增强了新式心智形塑观念的流通。

二、自然知识讲席在精英大学中的设立

1802 年，德怀特校长任命本杰明·西利曼（Benjamin Silliman）为耶鲁首位化学教授。西利曼出生于康涅狄格州，在耶鲁获得文学学士与硕士学位，后研习法律。继 20 多年前拉什在宾夕法尼亚学院（宾夕法尼亚大学前身）担任化学教授后，西利曼在 1802 年成为美国高校届第一任专职科学教授。②

1805 年 3 月 27 日星期三中午 11 点，一个慈善捐款协会（Society of Subscribers）在波士顿市联合银行大厅召开了一个会议，专门商讨在哈佛成立自然史教授席位的事宜。会议就以下几个方面达成了协议：一致认为哈佛学院应设立自然史教授席位。在哈佛自然史教授选举程序方面，会议提议：第一，除了捐赠者之外，校长与学术成员有权提名自然史教授人选。第二，应由学院捐赠团体的多数人召开专门会议选举第一位教授，由校长与学术成员选举第二位教授，选举应被哈佛监管委员会认可。在教授候选人的资格方面，“每一位被选举的教授都应该拥有精湛的技艺，并且拥有良善的品性”③。在自然史教授的专业

---

① Stanley M. Guralnick, *Science and the Anti-bellum American College* (Philadelphia: The American Philosophical Society, 1975), p. 83.

② George P. Fisher, *Life of Benjamin Silliman* (New York: Charles Scribner and Company, 1866), pp. 87-120.

③ Harvard University (ed.), *The Foundation of the Massachusetts Professorship of Natural History* (Boston: Russell & Cutler, 1805), p. 4.

知识方面，会议规定，教授应精通国内外的植物学及矿物学。

在哈佛校长与学术委员会、访问委员会的努力下，赞助者们同意了以上规条，愿意拨付2万美元用于设立自然史教席与建立一所植物园和一座博物馆，并且决定但凡捐赠金额超过100美元的赞助人，他们的儿子享有免费参与自然史教授讲座的权利，以及参观该植物园和博物馆的权利。[①]

除了自然科学讲座的设立之外，一些教育界人士通过杂志宣传欧式心智形塑的自然科学课程材料。1818年，耶鲁的西利曼创建了自己的《科学艺术杂志》。[②] 1826年，威廉·罗素开始编撰一本教育期刊——《美国教育杂志》。这本期刊不同于现代的期刊形式，它初期刊载的内容主要源自转载和公共教育讲座摘录。转载的对象包括欧洲教育学家已经发表的教育学论文或著作的部分内容，记录欧洲或美国的公共教育类讲座手稿的部分内容。从主题来看，这本期刊用较大篇幅宣扬了欧式心智形塑观念蕴含的教育哲学内涵、课程材料观念、教育方法等。如1826年12月编撰、转载的讲座内容“学校和教材的改进”里面谈到新式的心智形塑观念：“形塑良好的心智（a well disciplined mind）指的是各个心智官能之间的均衡，以及诸种心智力量（the power of mind）之间的适宜比例。”[③] 又如1827年2月从《威斯敏斯特》杂志转载的《自由教育系统的缺陷》谈到的当下心智形塑课程范围的偏狭问题：“目前，人们只把古希腊语、拉丁语视为学问，仅把它们当作科学……只有当政治、法律、经济、道德、数学、机械、化学

---

① Harvard University(ed.), *The Foundation of the Massachusetts Professorship of Natural History*(Boston: Russell & Cutler, 1805), pp. 3-7.

② See Benjamin Silliman, *The American Journal of Science*, Vol. Ⅰ (New York: J. Eastburn and Co. Literary Rooms, Broadway, 1818), p. 1.

③ William Russell(ed.), "Improvement of School and Text Books," *American Journal of Education (1826-1830)* 1, No. 12(Dec. 1826): 718.

都被重视、被人视为学问的时候，欧洲的教育才能发生变革。”[①] 还有诸如 1826 年 11 月从贾丁教授的《教育哲学大纲》转载编撰而成的《论大学的教育系统及其改进》，聚焦如何以新的心智形塑观念改进当下的大学教育。[②]

第二节　大学教育政策的坚守与革新

19 世纪 20 年代末，随着旅欧学者日渐回归美国的精英学院与大学，这些学院与大学开始在转型与维持传统定位之间摇摆不定。各个精英学院陆续推出相关政策，重申心智形塑对于社会的价值。在这种情势下，出现了《阿姆赫斯特学院教职员工呈送监管委员会的两份报告的本质》（“The Substance of the Two Reports of the Faculty of Amherst College to the Board of Trustees，with the Doings of the Board Thereon”，简称阿姆赫斯特学院报告）与《耶鲁报告》（*Yale Report*）。

一、阿姆赫斯特学院对心智形塑教育目标的坚守

阿姆赫斯特学院在 1827 年出版了一份《阿姆赫斯特学院报告》，公开表示该校愿意接纳欧洲心智哲学观念及其所依赖的自然科学课程材料，同时也维护传统式心智形塑观念主要倚重的古典课程材料在大学的地位。这份报告之所以出台，一方面是因为自然科学支持者质疑美国大学传统心智形塑的古典课程材料的功能，另一方面是因为学院面

---

① William Russell(ed.),“Defects in the System of Liberal Education,”*American Journal of Education (1826-1830)* 2,No. 2(Feb. 1827):718.

② William Russell(ed.),“On the Systems of Education Established in Universities and on the Means of Improvement Them,”*American Journal of Education (1826-1830)* 1,No. 11(Nov. 1826):641.

临财政危机，急需公众的支持。于是，阿姆赫斯特学院教师想凭借这份报告表达顺应时代步伐、实施新教育的意愿。

1826 年 8 月 21 日，阿姆赫斯特学院监管委员会召开年会。在年会上，自然哲学与数学教授雅各布·阿博特（Jacob Abbott）向监管委员会指出，美国的古典教育脱离了社会。随后，监管委员会命李维斯·斯特朗（Lewis Strong）与塞缪尔·何奥（Samuel Howe）组成一个委员会，斯特朗任主席，要求斯特朗等人负责从学院雅各布的这份报告中提取最有益于改进学院教育的部分并将之出版。在会上，监管委员们通过了一个决议，即要求教职员工们基于雅各布的报告起草一个具体的教育改进计划，这份计划须在监管委员会的下一次会议上进行汇报。

随后，斯特朗与何奥对雅各布的报告进行了提炼总结，于 1827 年将之以“阿姆赫斯特学院报告”为题出版。这份报告倡导阿姆赫斯特学院追随“时代的进步精神”进行教育改革。报告表示，十分惋惜教育界人士对“教育的科学”“心智文化”的轻视，呼吁阿姆赫斯特学院跟上教育科学发展的步伐，建议学院成为“大西洋沿岸首个设置教育学教授”的高等教育机构。在课程与教学方面，报告希望学院为更广泛行业的子弟服务，既重视自然科学、商业等课程对学生的熏陶，又坚信古典教育对学生的浸润。报告肯定古希腊语言、古拉丁语言为代表的古典教育在心智教育上的功用。阿姆赫斯特学院的教职员工表达了他们的时代危机感：“我们相信，如果学院不能修改自己的体制或改变顽固不化，那么我们的学院将无法满足公共需求，其他的同等级别或更流行的机构则会将我们取而代之。”①

1826 年 12 月 5 日，校长汉弗莱与学院教师完成了他们的教学改革

---

① Lewis Strong and Samuel Howe(eds.), *The Substance of Two Reports of the Faculty of Amherst College to the Board of Trustees*(Amherst: Carter and Adams, 1827), p. 7.

计划。12月6日，学院监管委员会召开会议，对阿姆赫斯特学院教师提交的教学改革计划进行讨论。大纲计划在学院教学制度的5个方面进行了改革与扩充：第一，预备课程改革。第二，扩充现存的四年制古典与科学课程。第三，搭建更现代化、全民化的新课程体系，提供有用的自由教育。第四，设置一个教授科学与艺术研究专业。这个专业主要从事导师（school-master）教育。第五，设置机械理论与实践专业。

在预备教育方面，计划建议保留当前入学准则对预备教育内容的规定，即无论学生打算就读古典系还是科学系，都必须预先学习古希腊语与拉丁语课程，直至通过入学考试。学生被学校录取后方可选择古典系或科学系，不再强制修习古典课程。

在古典课程与科学课程的权衡上，教师们在计划中表示已经注意到公众对自然科学、实践课程的呼声，但也表示家长只需多付一点费用，学生就能在一个完整的博雅课程结束后拿到一个文凭。家长怎么会愿意送儿子来学院学习2年或3年的科学与英文，仅仅为拿一个证书呢？① 阿姆赫斯特学院当前的课程包括古希腊语、拉丁语和希伯来语课程；古典与现代历史、地理课程；语法、雄辩术与演说术课程；数学与天文课程；实验物理学与自然史课程；解剖学课程；智力与道德哲学课程；政治经济学与神学课程。计划表示，这些课程在其他优秀的教育机构中都有一席之地，阿姆赫斯特学院最好保持这种课程设置不变。计划建议，若要改革学院的课程体系，建设新课程体系，学院也应该将当前的古典课程囊括入内，“无论冠以此种（新）课程何种名称，它都应该与我们现行的课程（古典课程）完全相当。它应该是长时段的课程——应由有能力的教师去上课，应有知识范围广博、内容

---

① Lewis Strong and Samuel Howe(eds.), *The Substance of Two Reports of the Faculty of Amherst College to the Board of Trustees*(Amherst:Carter and Adams,1827),p. 13.

程度艰深的课程或实现心智形塑，还应回报以相当的学术荣誉”①。

教师们在维护旧的博雅课程规模的同时，也展示了其设计的新课程与原有课程之间的区别：

第一，重视英语文学课程。

第二，将法语、西班牙语课程与吟诵等练习联结起来。

第三，将《尼科尔森操作机械学与技工》这本教材引入机械哲学课程，促进实验多样化。

第四，在化学与其他类物理科学课程中，将展示这类知识在更有用的技艺与贸易、土壤培育、国内经济学中的应用。

第五，基于节约劳工的机器、桥梁和建筑秩序开展讲座课程。

第六，在自然史课程方面，既关注现有课程分支，同时引入其他分支。

第七，在现代史课程方面，尤其是清教徒史课程，将之与公民史等其他历史联结。

第八，在公民与政治法律的元素方面，设立关于美国宪法的具体课程。

计划决定“建设一个新的学术系，该系以系统教授教育科学为主要任务”②，以改善目前教师们心智知识缺乏的现状。关于这个从事教育科学研究的学术系，教职工们列出了五点要求：

第一，花费大量时间与精力去选择、修改与编辑学校所需的基础教材。

第二，由此系专门管理一所儿童实验学校，此系学生可以在这所实验学校中观摩教学案例，试验新的教学方法，记录结果。

---

① Lewis Strong and Samuel Howe(eds.),*The Substance of Two Reports of the Faculty of Amherst College to the Board of Trustees*(Amherst:Carter and Adams,1827),p. 13.

② Lewis Strong and Samuel Howe(eds.),*The Substance of Two Reports of the Faculty of Amherst College to the Board of Trustees*(Amherst:Carter and Adams,1827),p. 11.

第三，实施学校导师系统教学，囊括所有可能在基础学校或学区学校的教学知识，以及教授治理的理论。

第四，评论国内现存大众教育系统与学院教材。

第五，教授每年为学院在读学生举办一系列关于教育科学的讲座，并且允许校外那些渴望增加教学资历的年轻人参加讲座。[①]

监管委员会成员一致通过了该计划，1827 年 4 月，《北美评论》杂志刊登了阿姆赫斯特学院教师的这份教学改革计划。1827 年的《阿姆赫斯特学院报告》标志着大学界对欧洲心智形塑基本理论的思考，1828 年的《耶鲁报告》则期望改造欧洲心智形塑的材料、手段和目的，用于培育美国本土政治精英。

二、耶鲁学院对“心智形塑与充实”目标的重释

与阿姆赫斯特学院一样，耶鲁学院同样面临着自然科学者的质疑和财政危机。1817 年 4 月，戴被任命为耶鲁校长。1818 年，詹姆斯·卢斯·金斯利（James Luce Kingsley）撰写了一份报告——《评论耶鲁大学的现状，考虑它的校友与赞助人》，声称耶鲁学院与哈佛大学是这个国家最古老的学院，它们所提供的文字读写教育水平是相当的，但两者在各自州内收到的公众与私人捐赠数量相差悬殊。

报告指出，“马萨诸塞州的宪法非常明智，他们的立法委员会担负起维护剑桥这所大学的职责”，“他们的人民更为慷慨”；“纽约州同样为它的大学捐赠了许多资金。在数年内，纽约市的哥伦比亚学院、斯克内克塔迪市（Schenectady）的联合大学（Union College）、克林顿市的汉密尔顿大学（Hamilton college）总共收到 75 万美元的公共资助”。

---

① Lewis Strong and Samuel Howe(eds.), *The Substance of Two Reports of the Faculty of Amherst College to the Board of Trustees*(Amherst:Carter and Adams,1827),pp. 9-20.

“与此相对照，耶鲁学院仅仅能维持自身的存续。虽然这所学院存在了一个多世纪，但是它并未从公共与私人赞助中累积什么财产……如今，这所大学每年从永久基金中获得的款项还不到4000美元。”[①] 报告认为，康涅狄格州的公共财政与私人之所以不愿意慷慨赞助耶鲁，有几个方面的原因：第一，许多人以亚当·史密斯（Adam Smith）对欧洲大学的评论为依据，要求耶鲁完全依赖学生学费来支付教师的薪水。第二，本州一些人士认为，向耶鲁捐赠资金仅仅造福了耶鲁所处的地区，整个州未必能受益。对于这一点，报告发出质问：“本州的牧师在耶鲁接受了常规学术课程教育，因而获得了最佳的知识基础，也因此在道德教化上发挥了影响力，受人尊敬，这难道不是这所学院产生的公共利益?”[②] 第三，还有一种意见认为，接受公共教育的人太多了，已经超过了公众的支持能力。报告说，“这所学院显然是公共性质的，它绝不是只为富人服务的教育机构”[③]，并且号召康涅狄格州的众人摒弃偏见，为耶鲁的存续与扩张贡献一份力量。

公众不愿资助耶鲁的同时，对耶鲁入学要求中的古典课程规定提出了质疑。几乎同时，好几所高等学院的古典课程受到攻击，尤其是古希腊语与拉丁语课程，它们被称为不符合时代潮流的“僵死语言”。随后，阿姆赫斯特学院、哈佛大学与弗吉尼亚大学纷纷发起教学改革。一些学院不仅考虑更改入学要求中对古典课程的规定，还废除了学院的常规古典课程。在财政危机与改革浪潮的压力下，耶鲁董事会决定召开会议讨论学院一直以来的传统教育观念与课程。

---

① James Luce Kingsley, *Remarks on the Present Situation of Yale College for the Consideration of its Friends and Patrons* (New Haven: MWA copy, 1818), p. 6.

② James Luce Kingsley, *Remarks on the Present Situation of Yale College for the Consideration of its Friends and Patrons* (New Haven: MWA copy, 1818), p. 11.

③ James Luce Kingsley, *Remarks on the Present Situation of Yale College for the Consideration of its Friends and Patrons* (New Haven: MWA copy, 1818), p. 15.

1827年9月11日，耶鲁学院校长戴与教师们共同召开了一个会议，专门探讨公众的废除古典课程与“僵死语言”课程的呼声。会议决定，成立一个委员会专门负责调查、权衡学院的常规课程是否需要改革，以及是将这些古典语言课程继续列入入学要求，还是将它们放在入学后的教学中的问题。结果，州长汤姆林森（Tomlinson）、牧师查宾博士（Rev. Dr. Chapin）、诺伊斯·达林（Hon. Noyes Darling）与亚伯·麦克尤恩（Abel McEwen）被选为调查委员，他们必须在耶鲁学院下一次董事会上报告调查结果。1828年4月，古典课程调查委员会召开第一次会议，他们在会议上要求学院教职员工发表自己对课程改革的看法。8月，教职员工们与调查委员会会面，他们递交了一份冗长的报告，这份报告后来被人称为《耶鲁报告》。这份报告分为两个部分，第一部分的内容相对较多，是由校长戴主要负责的；第二部分则是由耶鲁学院的古典课程教授金斯利完成的。

古典课程的最大压力来自新兴的自然科学，以及公众对其的喜爱之情。对此，戴所负责的《阿姆赫斯特学院报告》的第一部分称，有的人指责耶鲁教师们不应该再缓慢地前进，应该采取全新的教学模式，并且发生革命性质的变化。实际上，耶鲁的教学模式并非停滞不前，那些指责是不切实际的。耶鲁教师们是愿意与时俱进的，他们已经注意到当今化学、地理等自然科学的兴盛，将它们纳入入学要求中也是一种时代的趋势。耶鲁自建校至今，教学也发生了巨大的变化。《阿姆赫斯特学院报告》提出应该先确定学院教育的目标是什么，教师们普遍认为，学院教育的基本目标就是“心智的形塑与心智的充实”（discipline and furniture of the mind），一方面扩展、塑造学生各个心智官能的力量，另一方面要在学生心中注入知识。在这两点中，扩展心灵的力量是最重要的，“锻炼官能”是高等专业教育的“必要基础”。在阐述了学院教育的主要目标之后，报告进而描绘了古典课程与这一学院目标的一致性。要为彻底、高深教育奠定基础，则不能偏废学生心灵中任何一种官能的发展。因此，学生应该同时学习各门课程，数学、物理、心智哲学、英语、雄辩术等课程都能够为学生心智的生长提供资源与养分。

在强调了古典课程与学院目标的和谐一致之后，戴与全体教师表达了对学院教育改革的立场：

第一，学院的管理模式。学院教育不仅重视智力教育，还重视教师与学生的情感与信任的培养。考虑到入校学生的年纪，教师应该保持“家长式”的管理方式，与学生保持密切的、家庭式的交流，建立家长子女般的感情联结。

第二，教学模式。耶鲁学院的教学主要由一定比例的讲座与练习构成。当时，吟诵是主要的心智形塑方法，其主要内容是考查学生对一本教材的熟悉和理解程度。而今应改变这种心智形塑方式，除了讲座和吟诵，还应该就一个主题对学生进行心智形塑，主要操作方法是先设定一个主题，继而教师为学生提供与这个主题相关的研究资源，再让学生就此主题进行探究。这种方法对心智的训练程度超过了以考查教材为主的吟诵。

第三，教授与导师。报告承认，学院教学需要改进的地方就是教授与导师的工作。一方面，学院需要一些富有经验且长期住在耶鲁的教职员工，最好是与学生相处融洽，能够熟知学生的特殊感情、偏见、思维习惯的教师；另一方面，在科学分支方面，耶鲁应该在每个系安排一位负责管理的教授，他须负责安排本系教学计划，调节本系教学模式，还须负责最难和最重要的课程教学。

第四，学院的入学要求与必修课中的古典语言知识。应坚持让大一学生学习必修课，不能过早分系，耶鲁一般在大二才分系。报告表示，若入学要求对古希腊与古罗马古典语言知识的要求较高，可以考虑让学生在大二之前选择系别，免修这些艰难的课程；如果耶鲁的入学要求不再强调古典语言基础，那么学生必须要在大二分系之前研修古典语言等课程。

第五，对学院教学系统的定位。学院（大学）的教学绝不是提供一种“局部教育”，仅仅教授某些分支科目；学院也不是要给予一种“肤浅教育”，五花八门地囊括所有知识；学院不打算提供一种包括某一个专业或实践教育所有细节的“完整的”（finished）教育；学院教学系统的目标是开启一门彻底深刻的课程。4 年的学院教学是一种预备教育，让学生能够在将来的高级专业或机械、加工业、农业的专门操作上获得更高成就。

第六，关于欧洲大学的模式。耶鲁并不会照搬欧洲大学模式。

第七，德国大学模式在美国的适切性。戴认为，虽然德国拥有一种宽泛和自由的模型，在完整的教育（finished education）上极其富有优势，但其不一定就是美国学院需要完全模仿的典范。

第八，学院课程的扩张问题。戴表示，教师们都知道一种广博且专深的教育不可能在 4 年之内全部完成。

第九，耶鲁学院大众化的问题。报告认为，耶鲁学院应该保持较高的教育水平与声誉。如果耶鲁为了增加学院收入而降低入学标准、扩大招生，这所学院将会变得“徒有其名”，将会沦为一所“学园”水平的机构，或者“半学院半学园”性质的机构。如此一来，耶鲁何来吸引力让父母们放弃邻近的学园千里迢迢送儿子前来求学呢？报告提出，应维持文字读写水平的高（教学）标准。各个学院不应把教育水平较低的学校当成对手，这两类机构是互惠互利的关系。

第十，艰深教育的重要性。报告重申了学院教育对美国共和政体的重要性：美国的跨度如此之宽，大多数民众是没有机会接受高等学院教育的，只有少数将来跻身政治领域特殊位置的人才有机会且有必要接受彻底的教育。这部分人的明智是十分重要的，这种明智只有依靠早期的训练与深刻的思想才能达到，中庸的、蜻蜓点水般的学习是没有用处的，学院教育必须避免降至这种水平。①

金斯利是古典课程教授，他所负责的第二部分则反驳了“僵死语言”的说法，重申古典课程具有跨时代的意义：第一，古典语言课程会教授古典文学。古典文学的作者就是那些受过彻底的心智形塑的古代大师，学生进而能够通过古典语言课程获得良善心智的体验。第二，学院的古典课程包含当今世上所有技艺的最初模型，如今的建筑、诗文等技艺都是根据古代技艺的基本要素改进而来的。学生在古典课程的学习之中能够领会这些技艺的基本要素与形式。第三，古典课程能为学生心智的各种官能提供最有效的训练与塑造，这是最重要的用处。第四，古典教育能为专业课程提供最佳准备。对神学与法律专业来说，语言的阐释与正确使用是最重要的。古典语言的每一步学习过程都令心智进一步熟知语言构造、词汇与表达的含义。在研究历史时，拉丁语言尤其是不可缺少的。总的来说，古典课程的学习能使学生在今后的人生中处处受益。

对于如何运用古典、自然科学课程扩展学生的各个心智官能，报告提出三点建议：第一，需注意心智习惯有赖于长久的、不间断、集中地训练。仅仅通过仓促的、轻松的课程学习，阅读一些书，听一点讲座，在文字机制上花费数月，是不能（对心智）有什么影响的。第二，人的某一官能的发展可能会制约其他官能，就好比记忆官能的发展可能会制约发明官能、展示官能可能会影响判断官能等。据此，学院的课程教学应在自然科学、文学分支之间维持一定的比例，确保学生品性的平衡。第三，考试制度是必要的。耶鲁建立了会考制度，每

① Jeremiah Day and James Kingsley, "Reports on the Course of Instruction in Yale College by a Committee of the Corporation and the Academical Faculty," in *Liberal Education for a Land of Colleges, Yale Reports of 1828*, ed. David B. Potts (New York: Palgrave Macmillan, 2010), pp. 85-115; Jeremiah Day and James Kingsley, "Curriculum Changes at Yale," in *The Annals of America*, Vol. 5 (1821-1832) (Chicago: William Benton, 1968), pp. 266-267.

年7月，三年级学生需要经过一场12—14天的考试，每个班级分成两个部分，在不同的教室同时参加考试，每天考7个或8个小时，这有助于敦促学生持续地操练心灵力量，防止松懈。报告认为，古典训练为专业课程形成了最佳预备。

根据教职员工们的意见，调查委员会就耶鲁学院入学要求与常规课程中的古典课程存废问题草拟了一份报告。在1828年9月的耶鲁董事会例会中，调查委员会表示反对废除入学要求与常规课程中的古典内容，并且陈述了古典课程对整个共同体的价值，更声称古典课程具有高等专业教育的预备教育价值。

报告提出，调查委员会之所以反对改革计划，是考虑到入学前与入学后艰深的古代语言课程，尤其是古希腊语与拉丁语课程在少年的心智形塑方面的重要性不容置疑。这些课程将青年带回到人类心智史的早期阶段，将最简单、最原始的心智活动历史展现给他们，他们因此得以继承人类早期最辉煌的心灵遗产。学生可以在这些课程中训练心智，培育性情，提升心灵品味。

经过董事会成员的投票，这两份意见书被一致通过。并且，董事会应允将它与相关的论文共同打印出版。这算是对公众废除所谓的"僵死语言"入学要求与古典课程呼声的一个交代。[①]《耶鲁报告》重塑了心智形塑与古典语言课程之间的联结关系。

三、新式教育观念承载形态的涌现：学科体系与教科书

18世纪末19世纪初，在一些德裔的或曾在德国留学的美国大学教

---

① Jeremiah Day and James Kingsley, "Yale Reports of 1828," in *Liberal Education for a Land of Colleges*, ed. David B. Potts (New York: Palgrave Macmillan, 2010), pp. 115-136; Jeremiah Day and James. Kingsley, "Curriculum Changes at Yale," in *The Annals of America*, Vol. 5 (1821-1832) (Chicago: William Benton, 1968), pp. 266-274.

师和学者的努力下，美国大学出现了融汇欧洲心智哲学和美国本土研究成果的心智哲学（mental philosophy）课程和教科书，大学甚至开始设置专门的心智哲学系。王国维曾按研究对象把研究人体组织、代谢、神经的命名为教育身体学，将研究知觉、感觉、思考、欲望和意志的称为教育心理学。从对象来看，本书的心智哲学编向于后者。舒新城曾区分教育哲学和教育科学，教育哲学研究的是人类学习的意义、价值、终极目的。[①] 从这个意义上，心智哲学属于教育哲学。另据蒋径三对"论理主义"与"心理主义"的分类，论理主义教育思想以自我为本位。其所谓自我，非经验的、个人的自我，而是理想的一般化自我。[②] 从"心智的"（mental）内涵来说，本书的心智哲学是"论理主义"的，而非"心理主义"的。尤其是 19 世纪初美国大学所引介的心智哲学，对于"论理主义"教育思潮，如精神科学派、价值哲学派等都有启发意义。

美国大学对欧洲心智哲学的讲授可以追溯到 18 世纪初。早在 1714 年，耶鲁学院就引入洛克的哲学。随后，哈佛学院也开始引入洛克的哲学。但在 18 世纪，美国学院并未真正接受欧洲大陆哲学，多数美国高等学院较为抵触欧洲大陆哲学，它们并不直接设置欧洲大陆哲学课程，只有在德裔美国人集中定居的区域（如宾夕法尼亚州），有一些德裔美国教师用德语教授一些启蒙运动思想和康德的思想。可是德国移民聚居区域的学校学生主要来自附近地域的生源，因此这种设置欧洲大陆哲学课程举措的影响力较为有限。在德裔聚居区之外，只有少数德裔美国教师在学院教授德国哲学。譬如，戈特希尔夫·默兰伯格（Gotthilf Mühlenberg）在德国哈雷大学学习了 7 年，回到美国富兰克林学院担任校长，传播了德国思想和文化。还比如约翰·丹尼尔·格

① 王国维、舒新城、钱亦石：《教育学，教育通论，现代教育原理》，北京联合出版公司，2014，第 23—25、188—189 页。

② 蒋径三：《西洋教育思想史》，福建教育出版社，2010，第 1—4 页。

罗（Johann Daniel Gros）是一位出生于德国的美国学者，他被哥伦比亚学院聘请为讲授道德哲学的教授，因而1789—1795年，他在哥伦比亚大学讲授了德国哲学。托马斯·库柏（Thomas Cooper）则在南卡罗来纳大学和卡莱尔学院（Carlisle College）引用德国学者的批判来驳斥正统加尔文主义思想。这些早期的举措是美国大学开设欧陆心智哲学课程的肇始。

从19世纪起，美国大学开始陆续设置以德国心智哲学为主的心智哲学课程。在19世纪20年代，从德国留学归来的蒂克纳和爱德华·埃弗里特等人进入哈佛，传播德国哲学。[①] 在19世纪中叶，对柏拉图、康德哲学和其他欧陆哲学深感兴趣的学者威廉·格里诺·塞耶·谢德（William Greenough Thayer Shedd）在佛蒙特大学、奥本神学院、安道神学院和联合神学院等高等教育机构讲授德国哲学。此外，德国归正宗（German reformed Church）研讨会的弗雷德里克·奥古斯塔斯·汉诺威（Frederic Augutus Rauch）是格奥尔格·威廉·弗里德里希·黑格尔（Georg Wilhelm Friedrich Hegel）的弟子，他在美国学院讲授黑格尔哲学。1841年，汉诺威基于德国心智哲学撰写了《心理学》（*Psychology*）一书，试图直接基于宗教和神学建立一门关于人的科学，并且期望用这本书“联结德国与美国的心智哲学”[②]。汉诺威的《心理学》受到美国先验主义者和一位论者的关注，这本书也成为美国众多学院的教材。

19世纪中叶，美国大学科学课程增长，大学的哲学系科随之也开始分化。1850—1880年，心智哲学、自然哲学与道德哲学成为美国学院中“哲学”课程的三个分支。其中，心智哲学逐渐分裂成了两个不

---

① Henry A. Pochmann, *German Culture in America : Philosophical and Literary Influences ,1600-1900*(Madison:the University of Wisconsin Press,1957),pp. 67-69.

② Henry A. Pochmann, *German Culture in America : Philosophical and Literary Influences ,1600-1900*(Madison:the University of Wisconsin Press,1957),p. 306.

同的领域，一个是逻辑学，另一个是形而上学和心理学。

一方面，在 19 世纪中叶以来美国学院的逻辑学分支中，常用的教材有莱维·赫奇（Levi Hedge）、惠特黎主教（Archbishop Whately）、约翰·S. 密尔（John S. Mill）、亨利·塔潘（Henry Tappan）、W. D. 威尔逊（W. D. Wilson）、查尔斯·埃弗里特、R. H. 陆宰（R. H. Lotze）等美国本土学者、英国学者和德国学者编撰的“逻辑学”教材，这些教材大多体现了英国或德国哲学。譬如，密尔是英国哲学家，陆宰则是青睐费希特、黑格尔哲学的德国哲学家。另一方面，美国学院设置的形而上学和心理学课程有多种名称，包括智的哲学（Intellectual Philosophy）、心智的哲学（Philosophy of mind）、心智哲学（mental philosophy）。随后，心智哲学课程又进一步分裂为形而上学和心理学课程。这些课程涉及欧洲大陆哲学中的认识论和心智过程哲学，尤其涉及休谟、康德等人的哲学，还有苏格兰的现实主义（realists）。随着专门的心智哲学课程的出现，大量的相关教材也涌现出来。其中，较为典型的教材包括托马斯·厄珀姆（Thomas Uphamde）于 1827 年出版的《心智哲学元素》（*Elements of Mental Philosophy*），在接下来的年月里，这本书不断被修订，在 1831 年增加了关于心智官能的三重分类知识，从而逐步成为美国学院采纳的心智哲学教材。此外，较为著名的教材还有布朗大学校长弗朗西斯·韦兰（Francis Wayland）撰写的《道德科学》（*Moral Sicence*）和《智力哲学》（*Intellectual Philosophy*）；曾于 1830 年留学于哥廷根大学和柏林大学的阿姆赫斯特学院教授约瑟芬·黑文（Joseph Haven）撰写的《心智哲学》（*Mental Philosophy*），其沿用了厄珀姆的心智官能三重分类说；奥柏林学院首任校长阿萨·马汉（Asa Mahan）撰写的《智力哲学系统》（*System of Intellectual*

Philosophy)，这本书涉及欧洲大陆哲学和英国约翰·洛克等人的哲学。[①] 哈佛神学院的教授查尔斯·C. 埃弗里特（Charles C. Everett）也是黑格尔的学生，他撰写《科学思想》（*Science of Thought*）一书来阐释黑格尔主义，尤其是阐释黑格尔的“形式”的概念。他在 1884 年还出版了一本对费希特《知识科学》的批判性阐述著作。[②]

美国大学心智哲学课程的发展对教育实践领域亦有意义，心智哲学课程及知识领域的研究结果不断为美国的心智形塑实践补充和更新理论基础。

四、内战后的心智形塑观念形态

内战后，在部分精英大学，心智形塑一词仍被用于表征大学的教育宗旨。同时，心智形塑观念的内涵有一定演变，并且其所采用的材料呈现新的特质，自然科学课程逐步有取代古典课程成为大学心智形塑实践主要依赖的课程材料的趋势。

与 1825 年蒂克纳在哈佛大学提出的本科教育目标一致，哈佛大学校长查尔斯·W. 埃利奥特于 1869 年的就职典礼上提出，哈佛大学本科教育的目标是“形塑心智力量”，具体目标是“让学生养成敏锐的观察力、健全的推理能力、栩栩如生的想象力和清晰的表达能力”[③]。在心智形塑的材料上，埃利奥特推崇人文课程和自然科学课程并行的选修课程，尤其肯定数学、语言和自然物理科学课程在心智形塑上的功效。

---

① Henry A. Pochmann, *German Culture in America : Philosophical and Literary Influences ,1600-1900*(Madison: the University of Wisconsin Press,1957),pp. 306-307,309.

② Henry A. Pochmann, *German Culture in America : Philosophical and Literary Influences ,1600-1900*(Madison: the University of Wisconsin Press,1957),pp. 306-307.

③ Charles William Eliot, *Educational Reform* (New York: the Century Co. , 1901), pp. 1,5.

埃利奥特依据心智哲学与科学新成果提出，心智形塑的原则之一就是均衡发展，因为不同心智官能的发展并不会导致相互压抑的结果。

总的来说，内战后，虽然内战前的传统教育观念和材料仍留存于某些大学的教育中，但是它们已有所转变。随着自然科学知识在文化教育界的兴盛，以工科、农科、商科为主要专业的高等教育机构逐步增加，从而使一些高等教育机构和资本家之间形成紧密联结，这在一定程度上排挤了古典精英大学、基督教神学院和天主教大学的市场占有率，更多高等教育机构进而开始面临如何平衡古典的心智形塑实践范式与职业素养培育的问题。

第四章　美国中学心智形塑观念的本土与异域冲突

美国中学对欧洲心智形塑的引介过程较为漫长。起初，只有部分中等教育家接纳了欧洲的心智形塑哲学观念的部分理论基础。随后，一些美国本土教育家试图将欧洲心智形塑观念及实践形态向美国中学全面推行。“第七次年报”的出台及其所引发的争议标志着美国中等教育界开启了大范围遭遇、思考与转化欧陆心智形塑制度的艰难历程。

第一节　欧洲心智形塑哲学的引介与传统教育观的裂变

19 世纪 20 年代，由威廉·罗素主编的《美国教育杂志》和美国导生制学校拉开了中等教育界对裴斯泰洛齐的心智形塑哲学和贾丁颅相学的讨论序幕，引发了美国教师们对当前公共学校教育观念的反思与批判。

一、对约翰·亨利赫·裴斯泰洛齐心智形塑思想的接纳

在美国，裴斯泰洛齐的心智形塑观念较早受到美国导生制学校的接纳。威廉·B. 福勒（William B. Fowle）任教的波士顿导生制学校建立于 1823 年。1826 年 1 月 1 日，这所学校的监管委员乔纳森·菲利普斯（Jonathan Philips）等 4 人就裴斯泰洛齐教育方法发表了一份报告，

报告否定了过去在家庭与学校中普遍采取的依赖体罚且以灌输知识为主的旧教育方式。报告尤其指出，“这种教育系统的最大缺点之一就是将孩子们，尤其是男孩们，当成重罪犯来对待，却不认为孩子们是因为判断力不成熟才犯错的”①。报告认为，体罚适用于“未开化”的人与“奴隶”，“未开化的人的行动动力来自对当前痛苦的畏惧，奴隶的灵魂则是被奴役的”。报告呼吁采取裴斯泰洛齐教育方法，一方面，考虑到体罚与奖励会激起儿童的过度激情，建议废除体罚与奖励，让儿童保持理性与温和的情感；另一方面，建议采取导生制，每个教师安排多名教学助手，根据术业有专攻的原则，将教育者进行分类，每位教育者只负责教育 4—5 个学生，这样既保证了教学质量，也能促进教师专业的发展。有了师资保障，学生的心智与手工技术可以依赖大量的实践训练来完成。这种教育方式最终能将快乐与聪慧带给儿童。威廉·B. 福勒是这所波士顿导生制学校的著名教师，他的著作《儿童代数》因为标榜裴斯泰洛齐精神受到教育革新者的追捧。

威廉·罗素主编的杂志《美国教育杂志》颇为关注欧洲的新教育理论和实践动态，刊登了大量关于美国中等教育实践的文章，旨在劝勉美国教育家们借助国外教育经验改良本土教育实践。

1826 年 6 月，由威廉·罗素主编的杂志《美国教育杂志》刊登了一则书籍广告。广告声称：“我们盼望这本无价的小作品迅速到达每一位聪明母亲手里，聪明的母亲尤其关心自己孩子的早期发展。国内还从未有过这种书籍……”② 广告上赫然印着书名——《裴斯泰洛齐方法精神下的儿童代数或计算元素》（*The Child's Arithmetic*, *or the Elements of Calculation in the Spirit of Pestalozzi's Method*, *for the*

① J. Savage et al. “Boston Monitorial School: Report of the Trustees,” *American Journal of Education* 1, No. 1(Jan. 1826): 29.

② William Russell(ed.), “An Outline of Bible History with Notes and Observations,” *American Journal of Education* 1, No. 1(Jun. 1826): 383.

Use of Children Between the Ages of Three and Seven Years)①，作者是威廉・B. 福勒。

在19世纪20年代的新英格兰地区教育界，白人们沉迷于裴斯泰洛齐的教育理论，并且对儿童早期心智教育的充满好奇心。由于重视人的早期心智教育，新英格兰地区的白人们开办了幼儿学校。1826年，一篇来自宾夕法尼亚州的导生撰写的《给父母的建议：早期智力教育》批判了以“机械”阅读拼写课本为主的传统学前儿童教育方式：“成人只不过是一个长大了的孩子，我们在现实生活中的性情与习惯仅仅是由年幼时所汲取吸收的道德原则发展而来。”② 文章提出，“习惯”的塑造是儿童心智教育的中心任务，并且美国白人少年在10—12岁之前、女孩在出嫁前，皆在母亲的监管之下成长。如民间流传的“男人制造法律，而女人制造习惯”所说，母亲必须受过良好的教育，儿童心智教育的关键在于“女子教育”：“对于所有人来说，女人应该受到最好的教育。只有女性受到良好的教育，这个社会才会有道德，种族才是开化的，公民才能拥有美德（virtuous）。”③

在上述观点中，白人女士不仅要掌握英文文字读写的知识，还应该涉猎自然史、地理、自然哲学与道德知识。她们应该在经典文集、自然神学、道德哲学的背景下学习道德知识。在受过完备教育的母亲的教导下，儿童在5岁之前能够学习客观事物，以及事物之间关系的知识，还能够掌握准确的语言能力，为六七岁入学做好准备。④ 可见，虽

---

① William Russell(ed.),“An Outline of Bible History with Notes and Observations,” *American Journal of Education* 1, No. 1(Jun. 1826): 383.

② J. M. Keagy(ed.),“Suggestions to Parents: Early Intellectual Education,” *American Journal of Education*, (Nov. 1826): 672.

③ J. M. Keagy(ed.),“Suggestions to Parents: Early Intellectual Education,” *American Journal of Education*, (Nov. 1826): 672.

④ J. M. Keagy(ed.),“Suggestions to Parents: Early Intellectual Education,” *American Journal of Education*, (Nov. 1826): 672.

然美国人将裴斯泰洛齐的心智教育基础理论和原则用于反思女子教育，但是多数教育家并未将女子看成一个独立的个体来谈论女子教育。他们仅从女子在家庭中的角色来谈论女子教育，后文将更详尽地描绘和讨论内战前后美国的女子心智教育观念。

相对女子的心智教育，男子的心智教育问题受到的讨论与关注更为显著。除了瑞士的裴斯泰洛齐之外，苏格兰的贾丁在新英格兰地区教育界颇有名气。他的心智形塑理论引起了学园教育家、公共学校一线教师、中等教育理论研究者，甚至还有大学教师的高度关注（如哈佛大学的蒂克纳)。1825 年，贾丁的《教育哲学大纲》再版，引起美国教育界的关注。这本著作被美国人定义为新一代亚里士多德学说，被看成重新拾起亚里士多德的逻辑与形而上学的标志。① 此外，有的美国教师将贾丁看成改变错误儿童教育观和倡导顺应儿童天性的教育家。他们认为，目前年轻人的心智形塑课程存在弊病，具体表现是儿童先在中学学习系统的语法课程，演说、写作技艺，进入大学后才学习逻辑学或推理技艺，最后学习形而上学和智力训练。这种做法不符合儿童心智发展的自然顺序。贾丁的《教育哲学大纲》则倡导先培育儿童的思考技艺，再培育表达技艺。因此，美国教师认为，贾丁正在扭转儿童教育中的错误。不少美国教师认为，贾丁的书构建了一种值得称赞的哲学预备训练。②

尽管不少人认可儿童的早期心智教育，但是还有一种观点质疑身心二元对立论，从而反对过早地对儿童进行心智教育。1828 年，《美国教育杂志》刊登的文章——《给父母的建议，早期智力运用对健康有

---

① William Russell(ed.),"Reviews:Outlines of Philosophical Education,"*American Journal of Education*,(Oct. 1826):609; William Russell(ed.),"Reviews:Outlines of Philosophical Education,"*American Journal of Education*,(Sept. 1826):547.

② William Russell(ed.),"Reviews.:Outlines of Philosophical Education,"*American Journal of Education*,(Sept. 1826):547.

害》认为，儿童较早接受智力教育违反儿童自然天性。儿童心智发展的前提是肌肉得到足够的锻炼和身体组织的足够发育。如果过早对儿童心智进行教育，就会损害儿童其他系统的发展。并且，他认为女性教育中的这个问题最为严重。美国社会中上阶层的女孩长期以来接受的教育都忽视了身体肌肉的锻炼，导致女孩在人生早期阶段极易患病。他提出了几个疑问："如今我们所有引以为傲的优越智力都是以身体力量为代价的吗？我们难道必须用自身的一个本质来换取另一个本质吗？知识是一种弱点吗？天才都是体弱多病的吗？"① 此外，培根的教育哲学也被美国人陆续的解释与引介。对比国外的新颖教育理论，美国人不禁产生了一股对本国公共学校教育观念进行批判的冲动。

二、对公共学校传统教育观念的反思与批判

新英格兰地区有不少承担儿童文字读写教育功能的公共学校，许多学校教师将记忆、想象视为抽象的心智力量，并且将记忆力看成儿童时期最重要的且亟待发展的心智力量。进入 19 世纪后，公共学校这种以训练儿童记忆力为核心教育目标的传统教育观念逐渐遭到质疑。

美国公共学校的语言教学，如其核心课程——英语与拉丁语，一般先教授抽象的规则，学生反复背诵这些语法规则后，师生再从语法规则演绎出具体的用法。教师们将这种方法称为"分析式"（analytic）教育方法。在 19 世纪 20 年代，一些美国教育工作者从儿童心智发展的自然规律角度来批判这种"分析式"教学方法。它的谬误之一是不能引起儿童的兴趣，只是强制学生背诵，不适合儿童心智发展的"自然秩序"。他们倡导改革这种以培育记忆力为主的分析式教学方法，呼吁

---

① William Russell(ed.),"Suggestions to Parents: Early Intellectual Application injurious to Health," *American Journal of Education*, (Apr. 1828): 205.

引入英国的教育改革经验，推行“更适应自然秩序”的“综合式”（synthetically）教学方法。它的具体做法是先在学生面前呈现能吸引儿童注意力的客观对象，再分步骤自然地、轻松地、愉快地引导出抽象规则。支持综合式教学方法的人相信，他们的教学方法更适合扩展儿童的心智官能。①

此外，一些教育研究者从促进人类知识增长的角度反对这种以培育记忆力为主的教育观念。在纽约，某些高中承担着培育青年文字读写能力的职责，高中教师用粉笔、黑板、小棍子和细沙教授文字的读写。这类学校以训练儿童记忆力为核心教育内容，引来了部分学者的批判。有人提出，“我们当前公共学校教学方法中最根本的缺陷是，我们的孩子仅仅被当成‘会模仿的动物’（imitative animals），而不是‘理智的存在’（intelligent beings）……记忆力是一个重要的心智官能，它能获得很大程度的改进，应该得到改进”②。同时，公共学校用记忆力强弱衡量学生成就高低的做法是错误的，只有心智习惯才能让学生在知识上获得成就，知识的获取依赖于早期的“习惯”。心智习惯越发受到认可，“让心智套上马鞍奔向课程”（to harness the mind for study）是高级中学的行话。③ 随着文理高级中学在新英格兰地区的兴起，更多人开始相信健康的体魄与心智、情感、思维之间存在逻辑联结。④

---

① William Russell(ed.),“Improvement of Common Education,”*American Journal of Education*,(Nov. 1826):664.

② William Russell(ed.),“Defects of Common Education: Cultivation of Thought,”*American Journal of Education*,(Jun. 1827):336.

③ William Russell(ed.),“Defects of Common Education: Cultivation of Thought,”*American Journal of Education*,(Jun. 1827):336.

④ William Russell(ed.),“Gymnasium Boston,”*American Journal of Education* 1, No. 11(Nov. 1826):701.

三、初遇颅相学

在19世纪20年代末，颅相学逐步被引入美国，美国本土的儿童心智形塑观念吸取了颅相学的大脑官能理论和神经系统理论，从而增加了心理学的色彩。

颅相学传入美国后，市镇各行各业的人们因这个学说汇聚起来，成立了地方上的颅相学协会。有的协会还附带一些图书馆，展出石灰模型与真实颅骨，以供研究。这些组织常常吸引当地的精英成为会员。小型的地方协会虽存在诸多经费问题，却促发了颅相学热潮。① 1832年，颅相学创始人加尔的得意门生普尔茨海姆登陆美国，将颅相学在美国中高等教育界进行推广。他不仅在哈佛大学开展讲座，夜间还到波士顿面向公众举办讲座。他的讲座优雅而神圣，生动的表述征服了听众。台下的听众都相信，颅相学已经开启了心智哲学研究的一个崭新的、功用彰显的时代。令普尔茨海姆的美国弟子们痛惜的是，这一年的11月10号，普尔茨海姆先生因病去世。他的陡然离世增添了一些新的跟随者，他们满怀忧愁地研读他的颅相学。各种报纸相继刊登了普尔茨海姆以往的讲座内容。②

一些教育界的知名人士和学校教师如同发现教育理论中的新大陆一样，纷纷汇聚起来探讨颅相学，波士顿、费城、纽约等城市皆涌现颅相学协会。1839年12月31日，一个地方性质的颅相学协会成立了，随后会员人数迅速发展至120位，其中25%的成员是医学专业者，10%—12%的成员是法律专业者，9%的会员是牧师，其他会员则是由

---

① William Russell and Ronald G. Walters(eds.)*American Reformers ,1815-1860*(New York: Hill and Wang,1978),p. 159.

② Nelson Sizer, *Forty Years in Phrenology* (New York: Fowler & Wells, 1882), pp. 11-12.

教师、零售商与技工组成。导生制学校的教师约翰·皮尔庞特（John Pierpont），威廉·B. 福勒，盲人养护院的院长 S. G. 豪（S. G. Howe）都曾担任这个协会的主席。[①] 纽约颅相学协会也汇聚了不少教育界人士，哈佛大学的改革先锋蒂克纳就是纽约颅相学协会的成员。

在颅相学的支持者中，奥森·斯夸尔·福勒（Orson Squire Fowler）与洛伦佐·奈尔斯·福勒（Lorenzo Niles Fowler）两兄弟计划促进这门学问的大众化与实用化。奥森毕业于颅相学研习氛围相对浓厚的阿姆赫斯特学院。他与美国颅相学理论的早期倡导者亨利·华特·比彻（Henry Ward Beecher）曾是阿姆赫斯特学院的同班同学。在19世纪30年代，福勒兄弟放弃神职，选择做颅相学的布道者。他们四处开展颅相学讲座，邀请听众进行辩论，致力于证明颅相学的合理性。随着印刷文化的蓬勃发展，颅相学的布道者们也意识到，有必要创办一个专门扩大颅相学影响力的期刊，使颅相学可以在北美人们的文化生活中站稳脚跟。1835年，福勒兄弟与友人在纽约创办了一个出版社，名为"福勒与威尔士"（Fowlers and Wells）。[②] 出版社成立之后，福勒兄弟开始筹备《美国颅相学杂志与文集》的创办。颅相学与裴斯泰洛齐学说流行之后，大脑、神经系统、官能、心智形塑一时成为中等教育界的热门话题。

第二节　劳工心智教育问题的热议

在19世纪30年代，得益于之前导生制学校、《美国教育杂志》和其他机构的传播工作，纽约、费城等地的部分中学教师已经熟知心智

---

① Orson Squire Fowler and Lorenzo Niles Fowler(eds.), *The American Phrenological Journal & Miscellany*, Vol. 1(Philadelphia: Fowlers and Wells. 1939), pp. 118-128, 146.

② Ronald G. Walters, *American Reformers, 1815-1860*(New York: Hill and Wang, 1978), p. 160.

形塑、官能训练等术语。只是，大部分美国中学教育领袖人士尚未意识到，心智形塑观念若与一种普遍设立的学校系统相结合就会在启发民众上发挥超越过去教育系统的功效。

一、爱德华·埃弗里特论劳工群体的德性与心智形塑

在19世纪10年代中叶，美国出现了银行机构和资本贸易商人，在银行与资本贸易的刺激下，一个以出卖劳动力为主的劳工阶层逐渐扩大。譬如，在新英格兰地区一些制造业较为发达的城市里，一些青壮年从东海岸迁移而来，成为城市的工匠。除了资本与市场因素，跨国移民也促进了劳工群体的壮大。在19世纪初的二三十年间，一大批爱尔兰人涌入东部的纽约、波士顿等城市，这些爱尔兰移民普遍信奉天主教，并且成为城市劳工群体的重要组成部分。[①] 北方的自由劳工群体与南方的黑奴劳动者群体形成了鲜明的对比。“自由劳工”（free labor）的优势与劣势成为热议的公共话题。移民、黑人是否应给予自然权利、公民权利甚至政治权利的问题在局部各州乃至全国受到广泛关注。人们认为，首先要搞清楚劳工群体的德性问题，才能谈他们的公民与政治权利。

人们对劳工群体的德性问题的论述大致可以分为三类意见。第一类意见是赞同劳工群体的公民权利的扩张。这类意见的持有者主要是劳工群体与中产阶级。此外，还有一些政客也表示支持该主张。如纽约州的民主党派，他们为了增加本派的势力以抵抗辉格党，不惜以赞

① Alan Dawley, *Class and Commnity: The Industrial Revolution in Lynn* (Cambridge, Mass.: Harvard University Press, 1976), pp. 25, 97; Holly Berkley Fletcher, *Gender and the American Temperance Movement of the Nineteenth Century* (New York: Routledge, 2008), p. 8; Timothy L. Smith, *Revivalism and Social Reform: American Protestantism on the Eve of Civil War* (Baltimore: Johns Hopkins University Press, 1980), p. 15.

同立场拉拢爱尔兰裔的天主教移民。第二类意见对劳工群体的德性持有一种质疑态度。他们认可劳工群体甚至黑人也应该有合法的自然权利、财产权利，但反对完全平等的政治权利。北方共和党人较多持有这种观念，这里存在几种不同的担忧：有人认为，普通劳工群体的政治权利只会成为他们谋取富人阶层财产的工具。[①] 有的人则是出于对共同体的担忧。不少精英人士将自我提升和品性塑造视为权利平等诉求的前提条件。比如，游走于政界与教育界的爱德华·埃弗里特与曼。虽然埃弗里特与曼并不信任劳工群体的美德状况，但是他们的联结主义（unionism）思想令他们成为第三派持中立意见的人士。埃弗里特说："在政治方面，能令美国繁荣的最有力保障就是联合（union），能毁坏美国的最大危害就是不联合。"[②] 在这一派人士看来，为了避免共同体不同阶层的分裂，应设法缓和不同意见之间的矛盾，维持共同体的凝聚力。其中，哈佛的一位论教授爱德华·埃弗里特于1825年被选为美国国会议员，在他看来，应设法改进劳工群体的德性，主要方法是诉诸劳工教育，具体教育目标：其一，让青年劳工群体形成公民意识。其二，让他们领悟人与人之间并无太大差别。其三，认可勤奋致富的规律。财产的不均只是源自自律和勤劳。同时，埃弗里特也认为，从宽泛意义上来说，人一生中有三类老师，分别是学校的导师、自己和邻友。学校导师给予的教育只是人一生中所接受的一小部分的教育，从学校毕业后，真正的教育才刚刚开始。一本小册子、一场争论都可能让人获得一次崭新的思想训练。[③]

---

① Eric Foner, *Free Soil, Free Labor, Free Men* (New York: Oxford University Press, 1995), pp. 10, 291, 296, 298.

② James Burns (ed.), *Selections from the Works of Edward Everett* (Boston: Cassady and March, 1839), pp. 145-146.

③ James Burns (ed.), *Selections from the Works of Edward Everett* (Boston: Cassady and March, 1839), pp. 83-85.

在1835年，埃弗里特从国会辞职，不久又被选为马萨诸塞州州长。在这个时期，美国社会各类公共议题逐步增加，各类宗派也不断抢夺信徒，甚至一些州也开始显露要脱离联邦的地方主义态度，城市贫民、酗酒等社会问题则愈发显著。在这一系列问题的刺激下，埃弗里特于1837年任命了一个八人委员会的州教育委员会，并且任命曼为委员会秘书，要求该团体负责调查本州的基础学校数目、校舍状况等。①

二、州教育委员会秘书贺拉斯·曼论劳工德性和心智形塑

1838年1月3日，在马萨诸塞州立法委员会服务了10年的曼最后一次参加州议会的会议。他在当天的日记中写道："今天是我的议员生涯的最后一天。我可以好好地睡一觉，明天醒来，就不再是一个议员了。"②

曼在劳工教育思想上与爱德华·埃弗里特基本一致。在劳工德性问题上，曼感受到，未受过教育的劳工群体极有可能滥用政治权利，他们也无法识别政治场域之中的各类技巧。曼思忖道，民主已经逐步成为难以阻挡的时代趋势，如何避免民主可能对共和政体带来的伤害？曼的答案是，创建能培养共和美德的公共教育机构。

在曼看来，心智形塑可以培育出共和心智。但是，传统的心智形塑观念存在弊病。古代教育的主要目标是培养身体的力量，罗马人的"美德"（virtue）就来自于"valor"这个词语。现代的教育目标是培养心智力量和忘记身体，这两种教育系统都应该改变。

曼论述的心智形塑哲学观念认为，教育应该考虑人的所有力量。心智形塑应包括三个方面的教育：第一，身体教育。曼认为，身体不仅仅是心智运作的工具，更是心智想要操作其他工具时首要的和唯一

---

① "Edward Everett,"*Cosmopolitan Art Journal* 3,No. 1(Dec. 1858):31-32.

② Mrs Mary Mann(ed.),*Life of Horace Mann*(Boston:Walker,Fuller and Company,1865),p. 98.

的途径。身体力量的增加有利于心智力量的增长，同理，身体的孱弱与疾病也会泯灭心智的力量。据此，曼主张，师生应从空气、锻炼、衣着、膳食等方面掌握身体健康知识，同时了解身体疾病的原理。第二，智力教育。智力教育的首要步骤是培养各种感知，包括看、听、说、触摸等。人通过这些感知来领略事物的本质。只有当感知为人的心灵提供思想材料之后，人的理性才可以对这些材料进行加工，产生有用的结果。智力教育的第二步是去观察客观事物之间的关系，以及这些事物是如何被安置在一种从属人类福祉的位置上的。在这个过程中，人心智中的判断力量与感知力量都将得到操练。曼相信，智力教育的最高目的就是让人通过受教育发现造物主是基于什么法则创造了万物。用教育让人们发现，万物都有确切的本质。它拥有令人惊叹的成份与用途，从属于不变的定律，相同条件下产生同样的结果，不同条件下则产生不同的结果。第三，信念、伦理与道德教育。道德教育主要集中于慈爱、公正和责任的教育。曼并不倡导某一个教派的特殊教义，而是支持"爱真理"和"爱世人"的基本观念的培养。总的来说，曼的共和主义教育主要指一种以禁欲（temperance）、训练品德、形塑心智能力为手段，以培育公正、慈爱、虔敬为目标的心智形塑观念。只是，曼认为，目前的心智形塑观念还缺乏对人的心智发展定律的了解，必须去研究心智活动中的定律，依照定律去塑造公民的心智。①

1838 年 11 月，曼创办了《公共学校杂志》(*Common School Journal*)，凭借这份杂志来探讨共和教育观。《公共教育杂志》是半月刊，每半个月出一号，杂志简介声称："本杂志将完全独立于任何政党与宗教教派，只维护和推荐人们去实践公民、社会义务与道德职责中的伟大的、

---

① Horace Mann(ed.),"Man a Being of Various Powers, Adapted to Various Purpose," *Common School Journal* 1, No. 22(1838):10-13.

根本的真理。”[①] 这本杂志的第一号期刊共有 12 篇文章与 1 篇杂志简介，其中就有 4 篇探讨政体的文章。譬如，《智力与道德对自由制度来说都是不可缺少的》一文揭示了马萨诸塞州政府官员的弊病。[②] 此外，《少数受教育的人与拥有心智的民众之间的区别》进一步探索了公共教育问题。《公共教育杂志》的第二号共 8 篇文章，其中《关于政府的讲座》（“Lesson on Government”）一文继续呼应杂志首号刊提出的话题——共和政体本质。文章部分摘录如下：

> 教师：什么是君主政体？
>
> 学者：君主政体是这样的，一个男人或女人有权力为所有的人们制定法律。但是，一般而言，专制政体中的统治者会受到一些限制，因此他们的意志并不能全都成为法律。如果这种权力没有任何限制，统治者就称为绝对帝王。
>
> 教师：这些君主政体有什么类别？
>
> 学者：有。一些君主政体是选举的，有一些则是承袭的……
>
> 教师：在由一个人有权为所有人制定法律的政府中，有没有可能，这个统治者是一个无知的或道德邪恶的人，人们却不会处于悲惨的统治和压迫之下？
>
> 学者：没可能！人们必然会处于悲惨统治与压迫之下。因此，如果大众是聪慧、善良的，我认为共和政体当然比君主政体更优越。但是，如果说，相比由一个无知、堕落的人当统治者的政体，由 10 万个无知、道德邪恶的投票者来施行统治的政体有多大的优

---

① Horace Mann(ed.),“Prospectus,”*Common School Journal* 1,No. 1(1838):1.

② Horace Mann(ed.),“Indispensableness Both of Intelligence and Morality to Free Institution,”*Common School Journal* 1,No. 1(1838):4-6.

越，我真是难以计算出来。①

不久，曼与爱德华·埃弗里特开始设法创办师范学校，培育新型教师。

恰好，德怀特、莱曼·比彻等人发起了针对社会劳工阶层的禁酒（包括禁欲）运动，曼马上参与了禁酒运动。②

三、师范学校提案

马萨诸塞州教育委员会成立后不久，各位委员开始关注如何提高本州的公共学校的师资水平。这个问题的解决，既需要了解基层情况，又需要大量的资金与物质保障。因此，委员们迟迟没有采取行动。在慈善家埃蒙德·德怀特（Edmund Dwight）的催促下，1838 年 3 月上旬，曼与德怀特等人会面，商讨向州立法委员会申请资金资助“教师高等学校”（teachers' seminary）的成立。结果，德怀特与“友”人愿意提供一万美元的现金，用以筹办教师高等学校，如果州立法委员会愿意拨付同等数目的资金，德怀特将愿意继续承担任何比例的资金来完成这个项目。德怀特授权曼向本州立法委员会提出一个议案，以表达众人的意愿。考虑到立法委员会有众议院与参议院两大体系，曼决定依次向两大体系请愿。3 月 12 日，曼向两院与州长演说了提案，部分内容摘录如下：

至众议院话事人与参议院主席

① Horace Mann(ed.), "Lesson on Government," *Common School Journal* 1, No. 22 (1838): 31-32.

② Mrs Mary Mann(ed.), *Life of Horace Mann* (Boston: Walker, Fuller and Company, 1865), p. 105.

各位绅士们：我在这里向各位表示，为了促进马萨诸塞州的大众教育进程，已有1万美元的私人资金被慷慨地奉献出来。现在，马萨诸塞州也将会从尚未分配用途的经费中拨付同样的资金来促进马萨诸塞州的公共教育。这笔款项将会在教育委员会的引领下用于提升并赋予公共学校教师的资历。如同这份提议所期待的，我们州应撇开所有地方的、政党的与宗教派系的观点，要以集体之力做更多的事情，至少要超越这些私人所能做的……

致敬

贺拉斯·曼

教育委员会秘书①

曼的提案被送去了联合委员会（joint committee）。随后，这个联合委员会拟定了一份《报告》（Report）与一份《决议》（Resolve）。3月22日，詹姆斯·萨维奇（James Savage）在众议院中宣读了《报告》和《决议》。《报告》指出，如今，马萨诸塞州大部分人都忽视了普通镇的学校，进而赞许了为各镇区培养合格教师的提案，建议议会与州长考虑它。《报告》向议会与州长推荐了如何执行这个项目的《决议》，《决议》内容：第一，州长应该基于本州财政部向教育委员会担保1万美元的资助，这部分款项与教育委员会及其秘书陈述的私人捐助款项相等。所有的款项都在教育委员会的指引下应用于提升马萨诸塞州公共学校师资水平。第二，教育委员会应该每年提供一份详细的财物支出表，描述这笔款项是如何花费的。

1838年4月18日，马萨诸塞州教育委员会召开会议。会上，德怀特承担了1万美元的捐款。4月19日，州长认可了这份《决议》。马萨

① Mrs Mary Mann(ed.), *Life of Horace Mann* (Boston: Walker, Fuller and Company, 1865), pp. 100-101.

诸塞州为《决议》提案拨付了1万美元。如此一来，教育委员会就拥有了2万美元的教育经费，真是令人欣喜。可是，等待他们帮助的教师数目庞大，马萨诸塞州公立学校有2370名男教师、3591名女教师，如何分配有限的经费成了一个大问题。是资助某一个学校，还是资助州的某一个地区？或者是去建立新的教育机构？如果建立新机构来培养教师，如何选择建校地点？是否要在马萨诸塞州的西部、南部、北部各建立一所？是否有人愿意接受教师教育之后远离家乡去别处教学呢？种种问题困扰着教育委员会的成员们。委员会决定，让马萨诸塞州所有地区的教育界同仁参与探讨，选择合适的地点建立能够培养教师的学校。学校必须有适宜的建筑、维修及家具。并且，学校除了补助资金之外，还有赖以为继的渠道。

号召传开之后，立刻有7个镇邀请马萨诸塞州教育委员会前去考察，接着其他许多镇也纷纷递交提议。马萨诸塞州教育委员会开始对照这些教育计划，考虑不同申请者的论点。最终，委员们决定在马萨诸塞州的东北部、东南部，或者中部、西部选择合适的地点，至少建立三所师范学校。在所有的申请中，莱克星顿镇最为重视捐赠方式的自由，它被选定为马萨诸塞州东北部的师范学校地点。第二所师范学校备选地点是伍斯特郡的巴勒（Barre）镇与兰开斯特镇（Lancaster），以及富兰克林郡的新赛伦（New Salem）镇。最终，巴勒镇获得了委员会的青睐。第三所师范学校将在西部或东南部开办，委员会仍在等待着那个地域的教育界友人的申请计划。

曼知道，师范学校对于美国来说是一件新鲜的事情。师范学校教授的内容是教育领域中所有关于引导、方向的原则（理）及实践规则。曼希望这些师范学校能够真正提升马萨诸塞州民众的教育水平。

为了体现师范学校与其他公立学校的联结，教育委员会制定了师范学校的管理规则：

第一，入学许可。想获准进入师范学校学习，申请人必须声明自己的目的是成为合格的学校教师。男生必须已满 17 岁，女生则是 16 岁。必须没有任何影响教师职业的疾病。须参加一个考试，这个考试能证明他们精通阅读、写作、英语语法与地理。他们必须富有良好的智力，拥有高尚的道德品质与原则。入学考试将在每个学年的开学时进行。

第二，学习期限。至少学习 1 年。如果申请者学习表现良好，完成学习之后，可能会获得资格证书。

第三，学习课程。师范学校的首要课程是阅读、写作、英语语法、地理与代数。精通这些之后，再学习其他内容。课程包括阅读、语法、作文与雄辩术、逻辑；写作、画画；代数、心算与书写，几何、海航、测量；地理，古代与现代，还有编年史、统计、普通史；生理学；心智哲学；音乐；马萨诸塞州史与美国的宪法与历史；自然哲学与天文学；自然史；一般化的虔敬与道德原则；科学与教学艺术；经典阅读。

第四，访问员。每一个师范学校接受访问员的直接监督。一般而言，访问员由教育委员会选举，除非教育委员会秘书本人有能力担当其中一个访问员。

第五，教员。教育委员会将为每一个师范学校任命一名主要教员，这个人将依照教育委员会的规则与访问员的监督，负责全部的管理与教学事务。如果得到教育委员会的授权，访问员们可以任命一个助理教员，助理将负责校长安排的工作。此外，每一所师范学校必须有一个附属实验学校或模范学校，师范学校的学生可以将所学的教育科学在这些学校中进行实践。

委员会决定，首先在马萨诸塞州创立美国第一个师范学校系统。关于上述章程，曼除了对经典教学一事有点微词之外，还是非常满意自己与立法委员会的交流。[①] 师范学校的办学计划形成后不久，曼雀跃不已，马上参与了禁酒运动。1838 年 9 月 20 日，曼去北汉普顿参加禁酒运动会议，回来之后，他在日记中写道："禁酒运动真是鼓舞人心。如果禁酒（禁欲）之风盛行了，教育会随之蓬勃发展。如果禁酒运动失败了，教育必败。"[②]

正当曼沉浸于改造社会大众缺乏理性和节制的品行时，波士顿、纽约、费城等地知识界开始议论爱丁堡大学颅相学学者康布要来美国访问的消息。

第三节　对颅相学的接纳、批判和本土化实践

一、贺拉斯·曼对乔治·康布颅相学说和教育委员会的批判

1838 年，《美国颅相学杂志与文集》的创刊号在费城出版，杂志刊登了《乔治·康布》一文，向读者们宣布："来自爱丁堡的康布先生正准备启程访美。""我们极为欢喜，这位在科学、文学与哲学方面有杰出造诣的学者要访问我们的国家。""我们可不是夸夸其谈，在 1836 年之前，不列颠书商已经销售了超过 4300 多本他的著作，其他的更是不胜枚举。他的著作再版于法、德、瑞士、丹麦。我们无法计算出他的著作在美国出版、印刷的数目，我们只知道在这些年里几乎没有哪位

---

① Mrs Mary Mann(ed.), *Life of Horace Mann* (Boston: Walker, Fuller and Company, 1865), pp. 100-101; Horace Mann(ed.), "Normal School, Mr. Dwight's Donation for; Proceedings of Legislature. Boston Schools," *Common School Journal* 1, No. 2(1838): 33-38.

② Mrs Mary Mann(ed.), *Life of Horace Mann* (Boston: Walker, Fuller and Company, 1865), p. 105.

外国作者的书能够像他的著作那样（在我们国家）流行甚广。”①

1838 年 10 月 8 日，曼在日记里记载：“今天很是喜悦，有人介绍了康布与我认识，他最近来美国访问。他出了一本非同寻常的书——《人的原理》（*Constitution of Man*）。我相信，就如同培根爵士在自然科学方面的作品一样，他的著作也会导致形而上学科学产生同样的变化。”② 10 月 10 日晚上，康布在波士顿开始了第一个系列讲座。或许是因为其他名人讲座早就紧锣密鼓地拉开了帷幕，抢占了讲台与观众，康布的讲座只吸引了 200 名听众。200 个人对这个大城市波士顿而言，并不算多。曼就是这 200 名听众中的一员，他在当天的日记中赞叹道：“今天，我参加了一个盛大的会议……在今天晚上，康布开展了他在这个城市的第一个颅相学讲座，在一个很棒的房子里举行了一个十分伟大的讲座。我非常高兴能有机会结识这位学问深刻的、有价值的男士。”③ 10 月 12 日，曼再次前往康布的讲座会场，这次的讲座主题是“大脑器官组织大小的影响和脾性（temperament）的影响”。时光匆匆，到 10 月 27 日，曼已经听了三次康布的讲座，康布在难以区分的人性美德与罪恶之间划出了清晰的界限，这尤其引起了曼的兴趣。于是，在 10 月 29 日，曼又一次出现在康布的观众席上。曼常常沉浸在康布的讲座中，他感叹道：“他是一个真理的爱好者。如果一个人想变得伟大，那么他应该忘了伟大这回事去寻求真理，那么他两者都能获得。”④ 直至 11 月，曼发现，康布的讲座占据了自己的许多时间。

---

① Orson Squire Fowler and Lerenzo Niles Fowler(eds.), *The American Phrenological Journal & Miscellany*, Vol. 2(Philadelphia: Fowlers and Wells, 1840), p. 238.

② Mrs Mary Mann(ed.), *Life of Horace Mann*(Boston: Walker, Fuller and Company, 1865), p. 105.

③ Mrs Mary Mann(ed.), *Life of Horace Mann*(Boston: Walker, Fuller and Company, 1865), pp. 105-106.

④ Mrs Mary Mann(ed.), *Life of Horace Mann*(Boston: Walker, Fuller and Company, 1865), p. 107.

不仅仅是曼，越来越多的人都被康布的才学与颅相学的魅力所吸引。一篇对康布在马萨诸塞州讲座的通告形容了这种盛况：

> 上周，康布在这个小镇举办了关于心智哲学与教育的系列讲座。虽然天气十分恶劣，观众队伍却仍是十分庞大，许多听众从邻镇赶过来。有些人经历了艰苦的旅程，从 10 英里①到 15 英里之外赶过来……这简直是前所未有的……这些普遍灌输的原则知识将很快在我们的教育系统中产生一种整体的革命，为了我们的国家与世界，我们的慈善家们必然会盼望着这一革命，就如同期盼着更好黎明的到来。②

康布的讲座有时几乎能吸引 500 名听众，尤其是引来律师、牧师、教授、学者这些有学识的人。讲座一般在 7 点准时开始，8 点时休息大约 5 分钟，接着讲至 9 点左右结束。如此冗长的讲座却未减少观众的兴趣，有时讲座结束了，观众仍不肯离席。波士顿讲座结束后，马萨诸塞州知识界在特尔蒙特饭店举行了一个夜间的会面来肯定与答谢康布的精彩讲座。这个会议的主席是第 24 届与第 26 届国会议员阿博特·劳伦斯（Abbott Lawrence），不少教育界名流出席了会议，包括马萨诸塞州教育委员会秘书曼、语言学家皮克林、哈佛大学校长昆西及路得·库欣（Luther S Cushing）、查尔斯·G. 罗林（Charles G. Loring）等，会议高度肯定了康布讲座的价值。之后，康布奔赴纽约，将在 11 月 19 日开展讲座，并且计划于 1839 年 1 月前往费城开展讲座。这是令人期

① 1 英里=1.609 344 千米。

② Orson Squire Fowler and Lerenzo Niles Fowler(eds.), *The American Phrenological Journal & Miscellany*, Vol. 2(Philadelphia: Fowlers and Wells, 1840), p. 239.

待的，因为费城的学者数目庞大、专家学识深厚，并且科学协会众多。①

正当马萨诸塞州教育界的人士热火朝天地钻研着康布的颅相学之时，颅相学本身与曼引领的马萨诸塞州教育委员会几乎同时遭到了传统人士的批判。

二、传统人士对颅相学和教育委员会的批判

1838 年 10 月 1 日，福勒兄弟等人创办的《美国颅相学杂志与文集》的第一卷第一号也在费城正式出版。福勒兄弟等人在创刊号长达 12 页的《简介》中为杂志贴上了“科学”的标签。《简介》宣称，杂志宗旨是“展示颅相科学”，强调“我们期刊的一般目的，就是要保护颅相学的那些大量有趣的实证实例与阐释说明，以免这些宝贵的知识被人们置若罔闻，并且展示颅相学对人类的福祉，对肉体与心智的影响，这种影响是时代的，也是永恒的”②。杂志宣称：“在美国，知识是每个人生来就有的权利……科学欢迎所有人来接近它的光明……颅相学是人们的科学……大众的科学。”③

为了缩小颅相学可能引起的批判，这本杂志一方面推崇科学，另一方面声称自身是“坚决的福音主义”。杂志《简介》强调，颅相学在美国的敌人是那些一直充当“公众心智的唯一启蒙者”的人：

---

① Orson Aquire Fowler and Lerenzo Niles Fowler (eds.), *The American Phrenological Journal & Miscellany*, Vol. 1 (Philadelphia: Fowlers and Wells, 1839), pp. 118-128; Orson Aquire Fowler and Lerenzo Niles Fowler (eds.), *The American Phrenological Journal & Miscellany*, Vol. 1 (Philadelphia: Fowlers and Wells, 1839), pp. 294-295.

② Orson Aquire Fowler and Lerenzo Niles Fowler (eds.), *The American Phrenological Journal & Miscellany*, Vol. 1 (Philadelphia: Fowlers and Wells, 1838), p. 1.

③ Orson Aquire Fowler and Lerenzo Niles Fowler (eds.), *The American Phrenological Journal & Miscellany*, Vol. 1 (Philadelphia: Fowlers and Wells, 1838), pp. 3-4.

> 他们已经将这个游戏玩弄于鼓掌之中……我们出版这本杂志，是想为那些有能力探讨颅相学的优点、展示颅相学倾向的颅相学盟友们提供一个媒介。他们能借由这个媒介坦然地陈列他们的思想，完全不会受到阻碍，不会为了隐匿颅相学而被剥夺学说的关键部分。①

上述含沙射影的说法激怒了不少在教育界有影响力的传统的加尔文主义信念持有者。不久，《纽约辉格党》刊物的编者与一个署名为 C. C 的特派记者向《美国颅相学杂志与文集》的编者与支持者们提出了尖锐的批评。他们质疑颅相学的“福音主义”立场，指出这种说法与事实之间存在矛盾：

> “福音主义”这个词语只属于原罪论信念系统，如今使用这个词语，看起来像或实际上就意味着颅相学只从属于原罪论信念系统……是这样吗？当然不是……‘赎罪’——颅相学根本没提到这点。关于赎罪的知识仅仅来自天启，而非来自人的心灵……与犹太教、伊斯兰教本身相比，颅相学并未与正规的信念系统有更直接的关联。②

1838 年 12 月 1 日，《美国颅相学杂志与文集》刊文回应：“我们并不想把‘福音主义’限制在‘赎罪’的意义上……我们是在一个非常不同的层面上使用‘福音主义’这个词语……我们说我们的杂志是

---

① Orson Aquire Fowler and Lerenzo Niles Fowler (eds.), *The American Phrenological Journal & Miscellany*, Vol. 1 (Philadelphia: Fowlers and Wells, 1838), pp. 8-12.

② Orson Aquire Fowler and Lerenzo Niles Fowler (eds.), *The American Phrenological Journal & Miscellany*, Vol. 1 (Philadelphia: Fowlers and Wells, 1838), pp. 83-85.

‘福音主义的’，仅仅是想说……在与人的心灵法则相关的事情上与真理是一致的。”①

马萨诸塞州教育委员会自创立以来，不断介入马萨诸塞州公立教育事务，这意味着由新教教会、天主教会或慈善家包揽大众子弟基础学校教育的过往局势将被打破。此外，教育委员会及其秘书与颅相学家康布关系密切，使传统人士更加感到自身在文化权威上的衰退，因此他们对教育委员会充满了抵触。

1838 年 10 月，《纽约观察》刊登了一系列文章，主要针对马萨诸塞州教育委员会及其秘书，质询该委员会在学校精神教育方面是以什么为基础采取行动的。曼认为，《纽约观察》的批判者来自传统人士。1839 年 3 月下旬，一些人开始在立法会弹劾教育委员会，希望取缔这个机构。在废除教育委员会的提案投票中，有 245 人投了反对票，182 人赞成废除这个机构，教育委员会存留了下来。②

1839 年，康布离开波士顿后，前往纽约、费城等地开展讲座。曼听说他在那些城市的讲座相当受欢迎，内心高兴不已。此时，康布却写信告诉曼，随着他的讲座触及道德上的敏感话题，诸如“人的灵魂可以超越人种这个标签，人种既是一种能升华的存在，也是一种能够堕落的存在”这类话题，他在纽约、费城与波士顿的忠实听众的人数下降了 8%—10%。1839 年 2 月 11 日，曼给康布回信，直言康布应该传播以颅相学为基础的道德学说：“等你的哲学与道德学说在这个时代风行的时候，不是出现一个新的天堂，就是一个新的地球。我们拭目

① Orson Aquire Fowler and Lerenzo Niles Fowler(eds.), *The American Phrenological Journal & Miscellany*, Vol. 1(Philadelphia: Fowlers and Wells, 1838), p. 86.

② Mrs Mary Mann(ed.). *Life of Horace Mann*(Boston: Walker, Fuller and Company, 1865), pp. 107, 125.

以待吧。”[1] 曼鼓励康布大胆地讲述这些“敏感话题”：“我尊敬的先生，就因为你的讲座涉及了道德观点，你在波士顿的忠实听众下降了 8%—10%？你没有弄错？除非我们都亲眼看到这一点，才能说它是事实。我们认为，只要你基于一种正义、尊严与良善开展讲座，你在这儿就将会有更多的听众，他们会更聚焦于你的讲座，也会怀着更愉悦的心情倾听你的讲座。”[2] 曼认可康布以颅相学为基础剖析人的品性，品性是教育中的永恒主题。

虽然有人质疑康布的颅相学，认为他的理论违背了传统的人性原理，曼却对此不以为然。康布离开波士顿后不久，一个学院毕业生给曼写信，咨询应该如何让自己具备教学的资历，希望曼提供一个阅读书单，曼就将康布的《人的原理》列为首要的推荐书目。两个礼拜之后，年轻人又来找曼，表示在阅读中遇到了困惑，他发现《人的原理》这本书所展现的世界法则与他一直所接受的正统世界观不一致。于是，曼花了整整一个晚上向这位年轻人解释这两者之间的关系。1839 年 3 月 25 日，曼写信给康布讲述了这件事情，并且告诉康布自己是如何解释颅相学的：“我用一整个晚上来向他解释，你的理论系统已经被包含在正统论之中了。我说，人的动物本性是最先获得发展的，如果这种动物本性在人的一生之中一直处于活跃状态，并且成为唯一的统治力量，那么人性的这种状态可能会导致堕落行为。但是，如果道德本质在一定的时间生出了它的力量，占据了统治地位，并且依从最高法则掌控和管理生命的所有行动，这将会产生足够的正确性来满足所有人。可以将感知超越欲望的时刻称为‘重生的时刻’，这并不意味着第二次出生，用“第二次出生”描述这一变化有点过头。当我们承受失去亲

---

① Mrs Mary Mann (ed.). *Life of Horace Mann* (Boston: Walker, Fuller and Company, 1865), p. 112.

② Mrs Mary Mann (ed.). *Life of Horace Mann* (Boston: Walker, Fuller and Company, 1865), p. 111.

人的痛苦，或处于无声的、秘密的默念之中，或阅读康布先生的《人的原理》，我们可能会发生变化，感知可能就超越了私人欲念，就如同最高意志通过许多途径来运作我们的心智组织一样，这些途径使我们变得神圣了。他采纳了我的观点，如今，我相信，这是一种信仰的转化。"①

从 1839 年下半年开始，这本期刊逐渐形成一个隐形"专栏"，专门探讨颅相学与传统观念的关系。这个隐形"专栏"主要是针对传统人士对颅相学的批评，力证颅相学与传统信念的基本原理和谐一致的关系。

1839 年 10 月与 11 月，杂志刊登了《颅相学与神圣的真理》等论文阐释颅相学。论文提出，颅相学与传统信念系统之间可以有和谐的关系。颅相学不是福音，颅相学与人类的最大利益是一致的。颅相学并不比某些心灵哲学更激进。贾德森引用了康布的《人的法则》中的观点来陈述传统经文与颅相学的和谐一致，康布说："经文的交流可以分为两个层级，就第一个层级的事物来说，人是难以依靠自身的智力力量发现的；另一个层级的事物包括对世界种种存在的描述，也有对存在物能够观察到的规则与责任的描述……颅相学与自然法学说对这个主题完全没有任何启发，因此，如果混淆着讨论不同的问题，仅仅是浪费时间。"② 贾德森重申了《美国颅相学杂志与文集》编者们所提出的论点——颅相学与传统信念系统的和谐共建是可能的。③ 杂志后续

---

① Mrs Mary Mann(ed.), *Life of Horace Mann* (Boston: Walker, Fuller and Company, 1865), pp. 112-113.

② Orson Aquire Fowler and Lerenzo Niles Fowler(eds.), *The American Phrenological Journal & Miscellany*, Vol. 2(Philadelphia: Fowlers and Wells, 1839), p. 23.

③ Orson Aquire Fowler and Lerenzo Niles Fowler(eds.), *The American Phrenological Journal & Miscellany*, Vol. 2(Philadelphia: Fowlers and Wells, 1839), pp. 19-23.

仍继续尝试着说服质疑者们。[①]

三、师范学校的建立历程及其心智形塑本土化实践

1839年初，曼审视教育委员会在1838年批示的师范学校办学计划，跟朋友抱怨道："马萨诸塞州教育委员会在公立学校使用什么教材方面没有任何权威。"[②] 原本曼以为，师范学校完全由教育委员会创办，委员会有权力制定它的管理规则，师范学校或许能率先开创中立于宗派立场的教育模式。结果，教育委员会一方面依旧维持学校教育的旧制，另一方面尽力避免倾向于某一派系，规定师范学校必须教授共有的虔敬与道德原则。[③] 曼也只能在这暧昧不明的教育政策下开始了莱克星顿与巴勒师范学校的创建历程。

对曼来说，马萨诸塞州的公共学校教育就像墙头的弱草，左右摇摆。因此，他渴望得到一种能将教育从派系主义中解救出来的教育哲学。康布的颅相学出现之后，康布的基于观察、实验的求知途径和基于颅相学的心智哲学吸引了曼。师范学校项目提上日程之后，曼给康布写信，向他咨询师范学校教育所需要的哲学理论。康布提供了心智恒定（equanimity）理论，这个理论主要探究的问题是，在人的心智容易失去平衡的环境下，尤其是人的心智倾向于被痛苦等情绪控制的情况下，如何让人保持心智稳定。康布的心智恒定学说主要以颅相学和官能心理学为基础，曼认定，心智恒定学说可以用来指导师范学校的

---

① Orson Aquire Fowler and Lerenzo Niles Fowler(eds.), *The American Phrenological Journal & Miscellany*, Vol. 2(Philadelphia: Fowlers and Wells, 1839), pp. 50-64.

② Mrs Mary Mann(ed.), *Life of Horace Mann* (Boston: Walker, Fuller and Company, 1865), p. 110.

③ Horace Mann, "To Rev. Dr. Storrs, Boston, Jan. 19, 1839," in *Life of Horace Mann*, ed. Mrs Mary Mann(Boston: Walker, Fuller and Company, 1865), pp. 110-111.

教育。

莱克辛顿和巴勒师范教育不仅需要哲学理论，还急需两个管理人。曼奔走于新英格兰，希望能找到并肩作战的教育改革者。1839 年 6 月，曼去往马萨诸塞州的楠塔基特岛（Nantucket）参观学校，这所学校的管理与吟诵模式打动了曼。之后，曼与当地的一位绅士谈论这所学校的教学与管理模式。这位绅士在南海岸居住了 40 年，他告诉曼，赛勒斯·皮尔斯（Cyrus Pierce）在这所学校教过许多年的书，这所学校的学生们形成的准确、可靠、认真的心智习惯、交往模式都体现了皮尔斯的学术。曼十分欣喜，这或许就是自己一直要寻找的人。见到皮尔斯本人后，曼更加确信无疑，他将是师范学校的校长之一。6 月 13 日，曼在日记里写道："我们已经为其中一所师范学校找到了一个有能力的校长。"① 随后，皮尔斯的资历也获得了马萨诸塞州教育委员会的认可。

师范学校有了校长人选，生源问题接踵而至。曼等人决定，巴勒师范学校不分性别招收学生，莱克星顿师范学校则以招收女师范生为主。众人将莱克星顿师范学校的开幕式定在了 1839 年 7 月 3 日，莱克星顿师范学校将在开幕日迎接第一批报名的学生。

在开幕式的前一天晚上，曼辗转难眠。想到第二天莱克星顿师范学校项目就要正式启动，曼既满怀担忧，又充满期待。曼在日记里述说着这种复杂的心情："师范学校的事情在我的头脑中来回穿梭……我希望师范学校迎来的都是好的事情，但是这种良好势头不会自己前来，努力、明智才有好的回报。让我尽可能地付出这些……"② 7 月 3 日的曙光终于从厚厚的乌云里慢慢绽放开来，紧接着，天空降下了这个雨季以来最大的一场雨。在莱克星顿，曼等人只等到了 3 位前来参加师范

① Mrs Mary Mann (ed.), *Life of Horace Mann* (Boston: Walker, Fuller and Company, 1865), pp. 114-115.

② Mrs Mary Mann (ed.), *Life of Horace Mann* (Boston: Walker, Fuller and Company, 1865), p. 115.

学校考试的学生。人数如此稀少，实在超出了曼等人的预期。是因为天气？还是由于师范学校一再推迟开学？曼无从知晓。

或许是因为莱克星顿的首次招生遭遇挫折，从7月份开始，曼将大部分心血花在巴勒师范学校的招生问题上。他前往马萨诸塞州6个相距200千米以上的郡县，与地方教育界人士召开会议，希望能有助于解决巴勒师范学校的开学与考试问题。9月5日，曼赶到巴勒的师范学校，这所师范学校成功招收了12位年轻女士与8位年轻绅士。霎时，曼对这所师范学校的前景充满了信心："毫无疑问，到9月末，这所师范学校的学生会达到30人。这真是一个极好的开端!"① 这天下午，马萨诸塞州州长发表了一番演讲，陈述了师范学校的起源与进步，表达了对师范学校的憧憬与期待。②

曼在师范事务的交涉过程中，时常会遇到许多难以解决的问题，每到此时，他写信给挚友康布。康布的鼓励与建议随着一封封的信直抵曼的手中，这令曼十分感动。随着师范学校步入正轨，曼心里的石头也终于落地了。1839年9月11日，曼给康布写信道："我曾经充满了焦虑，要开办这两所师范学校，又要寻觅两位合适的管理人，至少不能让管理者毁了这两所学校。但如今，我相信我们已经成功了……我不会再把师范学校的难题扔给你。去做正确的事情，同时也不攻击正统论。为了开办师范学校，我曾需要你的哲学，如心智恒定学说……我想和你说，我觉得十分荣幸，你要在新版的教育讲座上加上我的名字。"③

① Mrs Mary Mann(ed.), *Life of Horace Mann* (Boston: Walker, Fuller and Company, 1865), p. 117.

② Mrs Mary Mann(ed.), *Life of Horace Mann* (Boston: Walker, Fuller and Company, 1865), pp. 115-118.

③ Horace Mann, "To George Combe. Boston, Sept. 11, 1839," in *Life of Horace Mann*, ed. Mrs Mary Mann(Boston: Walker, Fuller and Company, 1865), pp. 118-119.

这两所师范学校建立之后，曼有时需要去监督师范的运作，常常一待就是一整天。曼的辛勤工作有时令身边的人不解，为何曼乐此不疲？曼对此感到十分无奈："我十分惊讶有的人竟然表示不理解我为何乐此不疲。为什么我应该厌烦这些事情？……另一方面，如果在前行的路上有障碍，除了将障碍扔开，谁能有更高明的处理方式？反对越多，所需要的努力也就越多。"[1] 1840 年 9 月 10 日，曼等人在布里奇沃特（Bridgewater）的师范学校也落成了。[2]

教育委员会规划了师范生所需学习的课程内容，教学模式则主要由曼来引荐。在曼的建议下，师范学校的教学原则是心智形塑与知识传授并重，主要特点如下：

第一，心智形塑具体方法。先向学生展示原则（原理、规律），然后将原理运用于各种事实的联结上。不仅引领学生清晰地理解原则本身，还教会学生弄懂事实之间的联结。不是现象的形式决定了本质，而是本质使事实具备某些特质。[3] 可见，心智形塑是某种本质原理的洞察教育。如一篇文章，质应优于文。如一个人，性情应先于形貌。

第二，教学原则。师范学校的教学原则是，不仅让学生接受知识，更要唤醒学生心智官能的运作，让学生通过运作自己的心智官能来满足心智对知识的渴求。

第三，教育手段。避免体罚，体罚容易滋生学生的怯弱情感；不用竞争手段，竞争极易导致自私的情感，不利于国家共同体情感的养成。

---

① Mrs Mary Mann(ed.), *Life of Horace Mann* (Boston: Walker, Fuller and Company, 1865), p. 120.

② Mrs Mary Mann(ed.), *Life of Horace Mann* (Boston: Walker, Fuller and Company, 1865), p. 135.

③ Mrs Mary Mann(ed.), *Life of Horace Mann* (Boston: Walker, Fuller and Company, 1865), p. 119.

曼认为，裴斯泰洛齐的大众教育原则是正确的，即心智不应由害怕来统治，而应该由爱来统治。校长应该变成情感上的父母，而非令人畏惧的暴君。校长要去浇铸（mould）心智，而不是去压制（coerce）它。不论是谁，只要在获得学生情感方面没有耐心，就不适合从事儿童的教学。

第四，心智恒定力量的塑造。教育最重要的一点不是让学生加倍勤奋或努力，而是让学生拥有保持心智各个官能平衡的能力或心智镇定的力量。这种力量，又称为自我控制（self-possession），即在紧急关头或变化无常的心智失去平衡的情境下使用，控制他们的官能力量。曼认为，一类显著的官能失衡的例子就是人在观察者面前发生心智扰乱。有许多人都能在独自一人或有朋友相伴的情况下变得心智失衡，但是当他们暴露在观察者面前时，变得不安、沮丧，还成了傻子。虽然此时他们最需要的就是冷静与心智镇定。这种不佳状态的根源在于谨慎的官能（organ）或对赞许的爱太过于活跃，它们耗尽了所有的心智器官的力量，心智再也没有力量来运行其他的器官。但是，相比谨慎太过于活跃带来的弊端，自尊（self-esteem）官能太过于强大会带来更大的冒失。曼称："保持官能的平衡是所有迫切需要得到之物（desiderata，拉丁词）中最伟大的。保持官能的平衡，才能成就完美的人。"心智恒定教育的关键在于学会控制兴奋，遏止某些心智器官消耗过度的心智力量导致心智失衡。

曼认为女士的心智镇定力量最为缺乏。由于曼的两个侄女在师范学校接受教育，1841 年，曼给侄女们写信并附上学费，叮嘱她们一定要重视心智镇定力量的学习。曼在信上说：

我将会附上你们的学费在信封里，我最高兴的是，比起这些费用，我相信你们将收获更大的价值。实际上，金钱是没什么意义的，但是，它是进步的渠道之一，我希望它能够产生上百或至少是60倍的价值……我认为，你们不需要更勤奋或努力，年轻女士最缺乏的是自我掌控能力。如果学校委员会的委员或陌生人出现了，你的感官将会使你处于一种僵硬症病人般的痉挛，这是多么不幸啊！①

为了达到自控，你们应该常常对自己说："我已经尽可能地做到了最好。我知道自己的动机是良好的。我相信这个世界是这样组成的，好的动机与和缓的智力天分能够让拥有者们产生伟大的益处，而且拥有这些将永远值得被尊称为好人。动机良好的时候，智力就会清晰（即使智力不强），无须使用谨慎这个心智官能。因此，我将控制我自己的力量，压制任何过分的焦虑。"以这种方式，你们能够学会如何在有人用双眼盯着你们的时候，站稳脚跟……②

曼与其他的共和主义教育家对师范学校实际的教学模式是较为满意的。1839年9月14日，曼去莱克星顿师范学校参观了一天。曼赞赏道："这是最彻底的训练方式。"③ 之后的两年里，曼有时去考察这两所师范学校的考试、教学与运行，都觉得比较满意。莱克星顿师范院校建立后，萨缪尔·格里德利·豪（Samnel Gridley Howe）先生在曼与乔治·B.艾默生的陪同下，拜访了师范学校，对师范学校大为赞赏。豪在《公共学校杂志》称赞这所学校的教学模式："我一直有权力视察美国与世界上许多地方的学校，但是，我可以毫无拘束地声明，我认

---

① Horace Mann,"To Misses R. and E. Pennell,"in *Life of Horace Mann*, ed. Mrs Mary Mann(Boston: Walker, Fuller and Company, 1865), pp. 152-153.

② Horace Mann,"To Misses R. and E. Pennell,"in *Life of Horace Mann*, ed. Mrs Mary Mann(Boston: Walker, Fuller and Company, 1865), p. 153; Horace Mann(ed.),"Pestalozzi, Birth, Death and Character,"*Commom School Journal* 3, No. 6(1841): 95.

③ Mrs Mary Mann(ed.), *Life of Horace Mann* (Boston: Walker, Fuller and Company, 1865), p. 119.

为我在国内外见过的最好的学校就是莱克星顿师范学校。”“我之所以喜欢它，是因为这个系统建立于年轻心智苛求知识如同身体渴求食物的原则之上……这个系统依赖的是学生本性的最高贵部分（理性），它反对唤起学生的自私感情，反对让学生产生身体上的害怕。”① 豪说，师范学校教会了学生如何在教学中训练官能，这就避免了一种教育上的悲剧，即那些没有接受过师范教育的教师以孩子为代价来理解孩子们的心智。美国学校（American Institution）校长同时也是《学校教师与校长》（*The School and the Schoolmaster*）一书作者的艾默生与豪先生赞叹道，师范学校的教学方式完全不同于“成百上千的基础学校的那种毫无生气的、盲目的教育”②。

四、马萨诸塞州教育委员会构建和推行美国式心智形塑

马萨诸塞州教育委员会创办的师范学校是实践欧洲颅相学的场所之一，1839 年，教育委员会秘书曼基于康布颅相学的部分理论构想了一种适合美国中等教育的心智形塑哲学与实践模式并写入《1839 年报告》，试图促进中等教育界采用这种心智形塑。1839 年 10 月 28 日，曼的《学校返回报告简介》（“abstract of school returns”，以下简称《简介》）一文完成。11 月 17 日，1839 年年报与《简介》全部完成，它们构成了马萨诸塞州教育委员会《1839 年报告》的完整版。③ 这份年报一

① Barnum Field et al.,*Remarks on the Seventh Annual Report of the Hon. Horace Mann of the Massachusetts Board of Education*(Boston:Charles C. Little and James Brown,1844), p. 14.

② Barnum Field et al.,*Remarks on the Seventh Annual Report of the Hon. Horace Mann of the Massachusetts Board of Education*(Boston:Charles C. Little and James Brown,1844), p. 14.

③ Mrs Mary Mann(ed.),*Life of Horace Mann*(Boston:Walker,Fuller and Company, 1865),p. 120.

方面介绍了一种以颅相学学家康布的心智哲学为理论基础的心智形塑，另一方面就马萨诸塞州教师、图书馆、儿童出勤等方面的调查报告提出了改革建议。

《1839 年报告》从对象、目的、心智理论、课程材料、手段、制度保障等方面构想了一种适合美国的心智形塑系统。这种美国式心智形塑的主要对象是居住在美国城市或城镇中的劳工子弟（青少年），包含三重目标。首先，心智形塑的直接目标是培育特定心智官能和心智习惯，心智官能包括准确的观察力，也就是能运用心智对各类思想进行排比、归类，进而体现思想著作的真实目的；心智习惯主要包括思考和反思事物本质和事物之间关系的习惯。心智形塑的第二重目标是为马萨诸塞州培育能够理性思考机械、商业和加工业运行原理的劳工。心智形塑的第三重目标是为美国共和国培育自由人民，这种自由是在理解法律与造物主创世法则的基础上享有的自由。①

为了能够有效改进和塑造劳工子弟的心智官能与习惯，或者达到更高目标，报告陈述了一种心智哲学作为教育实践的指导哲学。此心智哲学的主要内容包括婴儿心灵特质说和成人心灵特质说，具体观点：婴儿最初是没有理智的，只有情感。随着成长之后，理智慢慢的出现。从人类个体与群体的进化步伐来看，理智比情感和感觉要高级一些，进一步而言，理智与感觉、思想与情感之间存在本质的区别，需要完全不同的材料来培养它们。理智需要用科学材料培育，情感则需要诗歌和演说来培育。从结果上来看，人类的理智能够带来秩序、发明和发现，情感带来的则是道德和信仰上的热情、痛苦和崇拜。②

这份报告尤其对心智形塑的材料和手段做了详细说明。第一，报

---

① Horace Mann, "The Report for 1839," in *Annual Reports on Education* (Boston: Horace B. Fuller, 1868), pp. 25, 35, 39-41.

② Horace Mann, "The Report for 1839," in *Annual Reports on Education* (Boston: Horace B. Fuller, 1868), pp. 23-25.

告认为，在课程材料上，最能塑造青少年的理性心智官能和习惯的是历史书籍，能误导、毁坏学生心智发展的材料也是历史书籍。首先，儿童在尚未形成稳定的心智习惯和官能之前，须小心选择历史书籍，尤其应避免阅读各类希腊与罗马历史、伯特兰·罗素（Bertrand Russell）的现代欧洲史、修谟及其继承者的英格兰史等。这些历史书籍一般以战争、劫掠城市、俘获民族、运动和朝代更替为主题，歌颂军事活动，并且将军队功绩描绘成人类的荣誉。在这种历史书籍的浸润下，儿童极易养成一种反对社会联结的思想，最后儿童的心智力量转变成一种倾向于破坏的性情。报告对于这些历史书籍的弊端描绘如下：

> 他在书里看到的统治者与立法者，不是致力于设计一些为大众福祉着想的计划，而是在装备军队，与敌军打仗，征收税收以维持军队，那些统治者与立法者用军队把人民大众分为奴隶和士兵，强迫像奴隶一样的人们变得低贱，变得和动物一样卑躬屈膝，还在士兵身上培养出野蛮动物一般的嗜血和残忍。儿童们从这些历史记录中看到，民族与部落之所以创立，就是为了相互屠杀。①

报告还认为，历史书籍还可能误导心智不成熟的儿童将入侵、劫掠等不人道的战争活动和获得庙宇、宫殿看成因果关系，从而钦慕由那些不人道的战争带来的胜利果实，无视受苦的奴隶和民众。因此，报告建议，重新撰写和选择适合儿童阅读的历史书籍。适宜的历史书籍应该包括种族之间的应然关系与实然关系，让儿童学会对比与思考，教给儿童一种超越种族的爱和理性。此外，报告尤其强调让儿童学习

---

① Horace Mann, "The Report for 1839," in *Annual Reports on Education* (Boston: Horace B. Fuller, 1868), pp. 15-16.

"美国独立战争前的历史"，因为这段历史揭示了美国民族-国家精神。报告声称："如果，在教授每一个16—21岁的男孩学习这门历史课程的记录与原则时，教会他何谓自由与法律、什么是自由与法律的代价、自由与法律的价值何在，他的心智就不会因为一种错误的教学过程而遭到毁坏。"① 第二，除了历史课程，报告重视文学课程材料对心智形塑的意义。在这个问题上，报告建议，应区分泡沫文学与专业文学书籍，因为泡沫文学是用于消遣的阅读物，这种阅读是消极的。心智仅仅消极接收信息而无需思考，这种阅读只能让心智从专注思考中放松出来，并不能让心智恢复力量。如果儿童的心智需要暂时的放松与缓慢恢复，应选择能够让儿童心智获得锻炼的专业书籍。报告倡导将小说类消遣读物从心智形塑材料中摒弃，"这种阅读并不会锻炼思考的力量，它毋需审视自身拥有的东西，心智毫无抵抗地疯狂跟随着作者的文笔，心智完全由作者主导去往任何地方"②。第三，在心智形塑过程中，应将每一个人当成人类中的一员。不考虑其职业与社会地位，教授关于人的生理知识，关于其身体构造和组织的知识，令其得知人的身体是由许多特殊的系统组成的，包括肌肉、神经、骨头等，这些部分之间是相互联结的。第四，应学习自然史。自然史包括许多的客观对象，可以凭此发展学生的观察与比较官能，并且心智能够储存大量知识用于练习判断与推理官能。第五，应学习历史上真实伟大人物的传记，它们能在儿童性格形成过程中发挥有效的影响力，儿童会倾向于模仿他们尊敬的东西。③ 总的来说，报告支持采纳能让学生进行反思

① Horace Mann, "The Report for 1839," in *Annual Reports on Education* (Boston: Horace B. Fuller, 1868), p. 42.

② Horace Mann, "The Report for 1839," in *Annual Reports on Education* (Boston: Horace B. Fuller, 1868), pp. 21-22.

③ Horace Mann, "The Report for 1839," in *Annual Reports on Education* (Boston: Horace B. Fuller, 1868), pp. 39-41.

的历史书籍和自然科学课程，反对小说类课程材料。从报告来看，心智形塑手段主要包括通过阅读锻炼观察的心智官能、练习反思，在儿童早期进行思考和表达思想的训练，依靠教师和家长的引导等。

报告构想的心智形塑系统囊括了教师与家长的教导。关于教师的教导，报告主要在改革建议中进行了阐述。在家长方面，报告认为，美国与欧洲的法国不同，美国的父母对学校最具影响力，这种影响力能凌驾于其他影响因素之上。譬如，家长可以通过敦促和帮助儿童准时入学、长期坚持上学，塑造儿童的责任感。父母表现出对孩子的课程的兴趣，孩子会感觉到他的课业是一种日常的责任。父母可以将一种对知识的爱、勤奋的习惯，一种对男子气概与高贵品质教导的尊敬传递给儿童。报告说，对美国而言，"有何种父母，就有何种教师与学校"①。

为了保障心智形塑系统有效施行，报告建议马萨诸塞州公共学校系统做出如下改革：

第一，保障教育委员会在指导地方学校教学方面的权威。

第二，立法委员会应为每一个学区设计一座学校图书馆。

第三，本州民众应该重视公共学校，增加捐赠。

第四，修缮校舍的外部环境与内部设施，务必使之适合学生的身体、四肢与视野。

第五，合并学区。这个措施既可以让教学制度照顾不同年龄阶段儿童的心智发展规律，也可以缩减支出。

第六，师范教育应符合心智形塑的需求：（1）教师本身必须有批判性思维，既能思考公共学校必修课程知识中的规则，又能分析它们的原理，还必须有强大的记忆力。（2）教师必须同时具备获得知识的

① Horace Mann, "The Report for 1839," in *Annual Reports on Education* (Boston: Horace B. Fuller, 1868), p. 85.

能力与传授知识的能力。(3) 教师应该有"良好的行为习惯"，良好习惯不仅包括抵抗堕落风气的消极美德，还有积极贴近社会美德的德行。好的德行包括公正、慈爱与良心，是一种绅士行为。报告认为，除了家庭之外，学校教室和操场是人的自私习性与社会责任感产生冲突的第二个地方，教师应在绅士教育上进行引导。(4) 学校委员会在决定学校教师候选人资格或为学校推荐教师候选人时，要明确自己的责任，应该选择那些具有良好习惯、道德的人成为教师。

第七，父母在儿童入学早期拜访学校，可帮助教师了解儿童的心智与道德倾向。①

这份《1839 年报告》篇幅较长、内容繁多。年报的工作和师范学校的工作花费了曼许多心血，同时也为曼增添了许多对公共教育的期望。这年的光阴一晃而逝，转眼到了 1839 年 12 月。忽而，曼收到了一封来自于密苏里州的邀请，让他去担任一所学院的校长，年薪是 3000 美元，并且拥有一个独立的带花园的房子。曼在日记里写道："考虑到我自己的意愿，比起密西西比大草原的财富，我宁愿留在这里为了仅仅的面包而工作。啊，我可以成功的吧！我付出的所有努力不需要其他回报。这是我的雄心壮志的唯一目标，如果没有这个目标，这个世界对我而言还有什么意义？"② 12 月 29 日，教育委员会委员会面。最后，教育委员会通过了曼这一年的报告。马萨诸塞州教育委员会凭借 1839 年年报开始向全州公共学校大力推荐这种美国式的心智形塑。

---

① Horace Mann, "The Report for 1839," in *Annual Reports on Education* (Boston: Horace B. Fuller, 1868), pp. 43-87.

② Mrs Mary Mann (ed.), *Life of Horace Mann* (Boston: Walker, Fuller and Company, 1865), pp. 120-121.

五、传统人士与马萨诸塞州教育委员会、美国颅相学杂志的博弈

新年的钟声敲响了。1840 年 1 月 5 日，曼坐在家里，在日记里整理自己的心情："1839 年这一年，我的身体病弱，我全身心投入的教育改革遭到反对，教育委员会一直让我去做一些不可能的事情，这真是痛苦的一年……但是，它过去了……教育改革事业出现了曙光……"[①] 1 月 26 日，新州长举行了就职演讲，虽然教育委员会隶属于州政府，可是州长在演讲中完全没有提到它。曼安慰着自己："可能他并不知道这个委员会的存在。他必须知道它。我相信，这是他个人犯的一个错误……"[②]

自从曼的《1839 年报告》出台之后，一波针对教育委员会及其秘书的批驳浪潮又开始高涨。这些质疑声主要来自传统的加尔文主义信念持有者，他们批判曼在《1839 年报告》中对传统教学的态度，也介怀曼与颅相学家之间的密切交往。此外，这些传统人士尤其反感曼和其他共和主义者在《公共教育杂志》上的高调言论——公立教育的非派系主义。2 月 2 日，一些传统人士试图通过议会与法律制度撤销教育委员会。[③]

1840 年 3 月 7 日，马萨诸塞州众议院任命的一个委员会就曼等人的教育工作进行了商讨，除了两位委员，其他委员全部同意采取措施

---

① Mrs Mary Mann(ed.), *Life of Horace Mann* (Boston: Walker, Fuller and Company, 1865), p. 122.

② Mrs Mary Mann(ed.), *Life of Horace Mann* (Boston: Walker, Fuller and Company, 1865), p. 122.

③ Mrs Mary Mann(ed.), *Life of Horace Mann* (Boston: Walker, Fuller and Company, 1865), p. 122.

取谛教育委员会。接着，众议院成员弗雷德里克·艾默生（Frederick Emerson）作为这个委员会多数人的代表，起草了一份报告。这份报告建议，废除教育委员会，终止师范学校，并且将1万美元返还给德怀特先生，还须向马萨诸塞州议会申请一笔经费来执行这些意见。这份报告在众议院会议上得到宣读，并未普遍为大家所接受。为了与这份报告对抗，反对撤销教育委员会的两名委员也单独提交了一份报告。最终，主张撤销师范学校与教育委员会的提议以148∶182的票数被挫败。

不久，师范学校与教育委员会再遭弹劾。1841年2月末，众议院内又掀起了一股对教育委员会的攻击。众议院教育局（Committee on Education）的一小撮人开始申请一笔款项，用来把教育委员会（Board of Education）的职责与权力转移至州长及其委员会手里，还试图将教育委员会秘书的职权转移至州秘书的手里，甚至想废除教育委员会。曼料想，之所以有这次弹劾，是因为一些人不愿意见到改革传统教育观念的人主导马萨诸塞州的公立教育。即使这项提案能在众议院通过，也绝不会得到参议院的认可。依照立法程序，众议院对废除委员会的提案进行了新一轮的投票。结果，支持委员会的票数为131，反对票为114，这场弹劾以失败告终。[①] 随后，波士顿的新闻报纸立即刊登了本次事件，接二连三的弹劾使曼与其他教育委员十分痛心。不久，在美国教学协会（American Institution of Instruction）的年会上，豪先生阅读了一篇关于这个提案的文章，让在座的各位发表看法。他声称，这篇文章是一位欧洲人在1841年7月的《爱丁堡评论》上匿名发表的。这篇文章充满了火药味："自从法国大革命的暴行发生以来，美国的民主事业已经备受挫折，如果废除师范学校与教育委员会的提议在两院

---

① Mrs Mary Mann(ed.), *Life of Horace Mann* (Boston: Walker, Fuller and Company, 1865), pp. 151, 156.

通过了，这项法令一定会让民主事业遭受比欧洲更大的打击”[①]。这立即引起了在场人士的争议。1840 年多数人报告的起草人弗雷德里克·艾默生正坐在会场中，他是美国教学协会的成员之一。听完这份尖刻的评论，艾默生断言，这篇文章一定是苏格兰颅相学学家康布所写。豪回应道，这是不可能的，康布正在欧洲大陆忙于其他事务，并且这篇文章不是康布的文风。艾默生重申，要废除教育委员会和师范学校，他认为师范学校应该教授“抽象的教学艺术和技巧”，不应该在信念和政治观点上做出特殊教导。随即，曼得知了这场争议的内容，10 月 6 日，他给马萨诸塞州学校图书馆出版社写信，希望出版社调查出争议中涉及的《爱丁堡评论》匿名文章的作者是谁，并且建议出版社刊登这次争议的始末。当天，出版社答复，无从知晓谁是这篇文章的作者。并且，出版社认为民众普遍将教育委员会受到的攻击归结为艾默生的私人原因——之前，艾默生提名自己为州长委员会候选人，提名失败后，他才发起了对教育委员会的弹劾。[②]

随着教育委员会受到传统人士弹劾次数的递增，颅相学杂志的声明也开始转变。在 1841 年上半年，杂志在 1 月、3 月和 4 月的刊物上刊登文章一致声称，颅相学与传统信念系统之间不存在对立关系。但是，8 月份后，杂志开始显露对传统思想的“教条主义”的不满，尤其指责道：传统人士的心智形塑哲学旨在培育学生的一些自私性质的官能，教导方式充满了专制主义。

8 月 3 日，该杂志一篇文章提出，教育太重视人的自私官能，尤其是傲慢、自尊、谨慎、破坏等官能，相比这些官能，应该重视引领人走向理性、中立、无私的三大官能，分别是自觉心（conscientiousness）、

① Horace Mann(ed.), *Common School Journal*, Vol. 3(Boston: Marsh, Capen, Lyon and Webb, 1841), p. 329.

② Horace Mann(ed.), *Common School Journal*, Vol. 3(Boston: Marsh, Capen, Lyon and Webb, 1841), pp. 328-330.

慈爱和敬畏。编者们斥责道：在现有的教育中，人们过度训练了一些倾向于自私的官能。引言尖锐地指出，“不依据人类心智哲学真理（颅相学）来看待人类事物的人，将会对无节制、酗酒、堕落这些事情十分困惑（束手无策）”，“人的大脑结构决定了人的感觉和观点的倾向”。[①] 引言继而提出，由自私等动物性质的官能占据心灵主导地位的人不适合做教师，因为这些人维护着“专制的教条主义”，他们“仅仅追逐自尊、权力和傲慢”[②]，而非真理。编者们表达了自《美国颅相学杂志与文集》创办以来最激进地公然反对传统信念的观点：“所有非理性的、非出自道德感的教育方式，不仅是对抗自然的，更加是对抗真理本身的。”[③] 编者们最后仍旧澄清道：此乃反对“专制的教条主义”与“正统论”的立场。随后，杂志在8月份陆续刊登了一些文章来保持颅相学的声誉。马萨诸塞州教育委员会和师范学校成为颅相学的大力支持者。

马萨诸塞州教育委员会和师范学校在与正统加尔文派人士的博弈中度过了1841年。莱克星顿与巴勒师范学校稳定之后，教育委员会开始继续扩张本州的师范学校系统，致力于创办布里奇沃特师范学校。1841年11月24日，布里奇沃特师范学校校长N. 提林海斯（N. Tillinghast）在《公共学校杂志》上刊登通知，这所师范学校将在12月8日正式开学。[④] 上述几所师范学校一直顺利发展至1842年。

1842年，曼顺利撰写教育委员会第五份年报——《1841年报告》。

---

① Orson Squire Fowler and Lorenzo Niles Fowler(eds.), *American Phrenological Journal & Miscellany*, Vol. 1(Philadelphia: Fowlers and Wells, 1841), p. 519.

② Orson Squire Fowler and Lorenzo Niles Fowler(eds.), *American Phrenological Journal & Miscellany*, Vol. 1(Philadelphia: Fowlers and Wells, 1841), pp. 520-521.

③ Orson Squire Fowler and Lorenzo Niles Fowler(eds.), *American Phrenological Journal & Miscellany*, Vol. 1(Philadelphia: Fowlers and Wells, 1841), p. 521.

④ Horace Mann(ed.), *Common School Journal*, Vol. 3(Boston: Marsh, Capen, Lyon and Webb, 1841), p. 368.

并且，教育委员会面临的局势开始转变，马萨诸塞州众议院与参议院官员分布呈现有利于教育委员会的状况。其具体表现：众议院教育局主席帕妃（Palfrey）是《北美评论》的主编，他弃置了神学，完全是一个政客。参议院主席与众议院的话事人由曼的两位挚友分别担任。此外，两院许多人士表示支持马萨诸塞州教育委员会的职责与权力。在这种极为有利的条件下，一项提案呈递至立法委员会，内容是申请拨款资助师范学校继续开办，并且鼓励马萨诸塞州各个区创立小型学校图书馆。① 同年的 3 月 3 日，这项提案在众议院通过。这预示着师范学校将在未来 3 年内每年获得 6000 美元的经费；每个学区只要在各校图书馆花费 15 美元，即可从立法会获得 15 美元资助。这个消息令曼欢呼雀跃，他说："这种快乐是难以言表的，教育不仅比以往任何时刻更快速地发展着，它还达到了前所未有的高度。"②

1842 年 4 月，曼印刷了 18 000 份"第五次年报"，打算分发到乡镇的校长、教师手里，这份报告甚至被翻译成了德文。曼渴望更多人看到这份报告，这至少能为曼带来一些心灵上的安慰。曼的妻子曾回忆曼在"第五次年报"上花费的心血："这段时间，曼没有书记，也没有挪用任何资金，除去租房、穿衣、办公室的必要开支，他花光了自己的剩余薪水。自己写作，自己复印。曼几乎没有任何帮手，仅有一个朋友发现曼几乎耗尽心力之后，过来帮了一把。"③ 有时候，曼就像一名孤独的教育改革斗士，这与莱克星顿师范学校校长赛勒斯·皮尔斯的命运相似。

---

① Mrs Mary Mann(ed.), *Life of Horace Mann* (Boston: Walker, Fuller and Company, 1865), p. 160.

② Mrs Mary Mann(ed.), *Life of Horace Mann* (Boston: Walker, Fuller and Company, 1865), p. 161.

③ Mrs Mary Mann(ed.), *Life of Horace Mann* (Boston: Walker, Fuller and Company, 1865), p. 162.

至 1842 年 7 月，莱克星顿师范学校已经开学三年了。在莱克星顿师范学校建立之初，学校资源极其缺乏，以至于皮尔斯一个人承担了所有的教学。每天，皮尔斯既要教授课程，又要带领师范学生对比不同的教学模式，讨论它们，尝试它们，思考最佳的教学模式。不仅如此，皮尔斯还担负着照管学生宿舍事务的职责。每天凌晨 3 点钟，皮尔斯就会起身，前去查看壁炉。除了负责师范学校的事务，皮尔斯还担任了师范学校附属模范学校的校长，他带领着师范生在模范学校里实践教学技艺。皮尔斯每天来回奔走于师范学校和模范学校之间，这种繁重的工作导致皮尔斯患上了紧张的神经痛，最后他不得不辞职。

莱克星顿师范学校校长空缺后，1842 年 7 月 27 日，曼给塞缪尔 · J. 梅（Samuel J. May）写信道："我这次以一种非官方的方式给你写信，是想问你愿不愿意接受我的提议，我想将你的名字作为莱克星顿师范学校校长呈递给教育委员会 ……"[①] 梅当选后，为师范学校带来了一个新的争议点，因为梅在当前社会热议的废奴主题上坚持废奴主义原则。为莱克星顿师范学校选定校长后，曼马不停蹄地寻找新的师范学校办学地点，以早日完成教育委员会的师范学校系统项目。1843 年 1 月 1 日，曼回顾 1842 年道："对我而言，对我最关心的事业而言，这曾是最顺利的一年，一件又一件的事情推动着教育事业的发展……图书馆与师范学校获得了资助，镇的拨款增加了，人们感觉到教育带来越来越多的好处……或许，我会忙碌于这份事业直至离世。"[②] 1 月 22 日，马萨诸塞州州长发表了新年演说。州长这次谈到了教育问题，但是仍旧未提到教育委员会，曼对此失望不已，称这个演说是"一个十分虚伪的演讲"。曼说："他（州长）没有一个词语谈到教育委员会

---

① Horace Mann, "To Rev. S. J. May. Boston, July 27, 1842," in *Life of Horace Mann*, ed. Mrs Mary Mann (Boston: Walker, Fuller and Company, 1865), pp. 63-164.

② Mrs Mary Mann (ed.), *Life of Horace Mann* (Boston: Walker, Fuller and Company, 1865), p. 167.

或师范学校，完全没有认可它们带来的进步。六年，任何凡人所能承担的艰辛劳动——当然，巨大的成功已经回报了这些劳动——都没能引起一个善意的词语。”①

在梅成为莱克星顿师范学校校长后不久，曼担心的事情发生了。有一天，曼去拜访一位朋友，从朋友口中听说，校长梅带领几名师范学校的学生出席了一个废奴集会。在梅带领的学生中，有一名女生来自一个极其有声望的家庭，于是她的家长决定让她退学。1843 年 1 月 27 日深夜 12 点，曼提起笔给梅写信。他说：“我一直在和自己争辩，我是否应该写信给你来探讨下面这个话题……我写这封信，没有任何恶意，也不是基于一种找茬的精神，而仅仅是为了告诉你，你拜访那样一个场合的后果……我们无法将行动与后果隔离开来，因此，后果与行动一样是属于我们自己的……我不想接着说教……我相信你也可以明白这封信的初衷，从好的方面来看它。”② 收到曼的这封信，梅心里产生了一种不满的情绪。随后，梅给曼写信表示自己并不打算放弃自己的废奴主义立场。2 月 6 日，曼给梅去信解释道：“并非那位女士自己要退学，而是她的父亲拒绝再让她去师范学校上学。因为他父亲认为，你在学校开学期间带着这些学生去一个废奴会议，这件事情本身偏离了这所学校的教育目标，这是一个恶劣的例子。据我所知，这位年轻女士可能已经是一个废奴主义者了，或者将要成为废奴人士了。那么，我们学校至少是失去了一名学生与一些朋友。”③ 曼告诫梅，马萨诸塞州之所以资助师范学校，是希望它为本州公共学校提供良好的

---

① Mrs Mary Mann(ed.),*Life of Horace Mann*(Boston: Walker, Fuller and Company, 1865), pp. 166-167.

② Mrs Mary Mann(ed.),*Life of Horace Mann*(Boston: Walker, Fuller and Company, 1865), pp. 168-169.

③ Mrs Mary Mann(ed.),*Life of Horace Mann*(Boston: Walker, Fuller and Company, 1865), p. 170.

教师，可是在废奴议题上做额外的引导是违反教师职责的。

梅的废奴观点引起了不少人的关注与质疑。随着立法委员会提案季的到来，曼担心梅会不会将师范学校与教育委员会置于舆论的风口浪尖上。2 月末，曼再次给梅写信，希望梅能够站出来回应之前遭受的质疑，阐述他在师范学校与废奴事业上的抉择。曼表示，他现在正致力于为马萨诸塞州公立教育事业寻求更多的资金与捐赠，如果他不能澄清这份教育事业与当前的政党争议之间没有关联，恐怕“没法再获得一分钱了”①。1843 年，废奴议题逐渐高涨，已经成为当时导致美国南北社会分离趋势增加的重要议题之一，也是联结主义者最为排斥的议题之一，曼因而极为反对在公共学校或师范教育中展开这个议题。

1838—1841 年，颅相学为美国中等教育界心智形塑的改造提供了理论基础、材料和手段的参照，尤其为查尔斯·W. 埃弗里特和曼等共和主义者提供了实践共和主义心智教育的理论依据。但是，曼仍旧感觉美国本土的心智形塑手段与材料需要进一步改进，于是他打算出访欧洲，了解欧洲的心智形塑模式。

第四节 “第七次年报”对普鲁士心智形塑哲学和实践范式的引介

曼在浸润苏格兰颅相学的同时，也受到颅相学学家康布的指引，对英格兰、德国等欧洲国家的教育制度产生了浓厚兴趣，并且踏上了赴欧的旅程。这趟旅程的结果是声名远播的《1843 年报告》，即“第七次年报”得以问世。

---

① Mrs Mary Mann(ed.), *Life of Horace Mann* (Boston: Walker, Fuller and Company, 1865), pp. 169-172.

一、贺拉斯·曼赴欧访学

1841年10月13日，曼给康布写信道："你所说的德国人心智的社会表现非常有趣……你的《人的原理》的销售超越了历史上所有的科学作品……这些真理的传播有了更宽泛、更深刻的渠道。现在，一些有自由思想的神职人员内化了你的《人的原理》中的内容。上周，有一名一位论者告诉我，他从你的'道德哲学'中抽取了部分内容做了一个讲座，讲座受到了居民的称赞。"① 在与康布和钱宁的交往中，曼逐步了解到，现阶段德国人的智力和知识对欧洲的影响是无与伦比的。1842年2月28日，曼写信给康布，希望康布讲述他在德国的见闻，尤其是德国学校中心智形塑及其课程、教学模式、秩序、教师资格，还有学者的学识、学校教育产生的结果等。曼说："如果不需要太多脑力可以把这些写出来的话，这些内容将极其吸引我们美国人，而且这些极为有益于我们学校，你知道我们的学校是怎样的状况，也知道我们的学校需要什么……"② 在康布的建议下，曼打算前往德国考察德国的教育制度。

1843年春天，曼向马萨诸塞州教育委员会请示离开一阵，自费前往那些在公立教育方面拥有良好声誉的国家考察它们的教育系统。以马库斯·莫顿（Marcus Morton）州长为首的教育委员会一致认可曼的计划并签署同意意见。③ 5月1日，曼再婚，随后启程前往欧洲。他尤

① Horace Mann, "To George Combe, Boston, Oct. 13, 1841," in *Life of Horace Mann*, ed. Mrs Mary Mann(Boston: Walker, Fuller and Company, 1865), pp. 154-155.

② Horace Mann, "To George Combe," in *Life of Horace Mann*(Boston: Walker, Fuller and Company, 1865), pp. 159-160.

③ Horace Mann, "Report for 1843," in *Annual Reports on Education*(Boston: Horace B. Fuller, 1868), p. 238.

其期盼去往德国，那样一个充满着思辨与知识的国家或许能带给曼许多教育方面的灵感。

二、《1843 年报告》，又称“第七次年报”

曼在赴欧之前，于 1843 年完成了对马萨诸塞州公立学校（除学院、大学之外）的调查，搜集了大量的数据。1844 年，曼从欧洲回来后，将参观苏格兰、爱尔兰和德国学校过程中产生的想法与 1843 年的调查数据合成了一份报告。这就是教育史上著名的《1843 年报告》，即“第七次年报”，它在美国中等教育改革历程中有着举足轻重的地位。

“第七次年报”分为两个部分，第一个部分罗列了马萨诸塞州学校校舍状况、入学人数与年龄、用于公立学校的税收支出明细、图书馆状况这四个方面的数据。这些数据肯定了马萨诸塞州教育委员会的辛苦工作和马萨诸塞州对公立教育的资助力度，表达了马萨诸塞州立法委员会的建议——将学区图书馆扩展至这个州的每一个城镇。[①] 年报第二个部分主要基于曼的欧洲教育考察经历将欧洲公立学校教育制度与美国公立学校教育制度进行了对比。它批评了马萨诸塞州公共学校的心智形塑材料、手段和原则，并且大力推荐普鲁士学校的心智形塑。该报告重点介绍了欧洲心智形塑心理学理论基础，教育原则，运用的课程材料、教授方法和手段，并且进一步阐述了发挥学校心智形塑功效所需的社会制度。其主要内容如下：

（一）欧洲心智形塑心理学基础、原则、材料、方法和手段

“第七次年报”向马萨诸塞州中学教师推荐了普鲁士学校的心智形塑理论基础。根据报告，普鲁士教师的心智形塑建立在关于儿童身心

---

① Horace Mann, “Report for 1843,” in *Annual Reports on Education* (Boston: Horace B. Fuller, 1868), pp. 230-237.

构造的科学认识上。其具体内容是，儿童由 5 种感官、各类身体肌肉和各类心智官能构成，并且儿童的身体肌肉、感官和心智官能本身都具有力量。据此，普鲁士学校心智形塑的基本原则是顺应儿童的身心构造原理。具体地说是积极引导儿童身体肌肉、感官和官能的力量朝着适宜的方向释放，避免采用监督或消极扼杀的原则来应对这些力量。从而，普鲁士的心智形塑课程材料的运用全部以顺应儿童身心构造原理的原则为中心。① 为了进一步说明上述教育原则，曼列举了现场课堂案例，其中一个案例发生在一个有 60 名 6 岁儿童的班级中，这些儿童已经入学数周，教学状况如下：

> 教师站在儿童前面。接着，讲了一些有趣的话语。这些话激起了学生的轻声笑语。同时，学生的注意力集中了。教师随即示意同学们安静。等轻微吵闹声平息后，教师做了一个祷告，让学生们一起来学习，他们应该是勤奋的好学生。随后，教师开始对学生讲述当天的美好天气，并且询问学生关于这个季节的知识，继而谈到各类果树，提问学生是否知道树木在建房、装修等过程中的用途。课堂期间，教师常常抛出一些幽默话语，这些幽默笑话却没有产生一丁点的无序……对话持续了 20 分钟。教师没有任何愚蠢或轻浮的举止……教师带来的欢笑声使儿童的心智一直处于乐意接收的状态。②

曼用这类案例说明普鲁士教师如何引领儿童身心力量并促使儿童心智处于活跃状态，期望美国学校采纳普鲁士的心智形塑基础理论和教育

---

① Horace Mann,"Report for 1843,"in *Annual Reports on Education* (Boston: Horace B. Fuller, 1868), p. 304.

② Horace Mann,"Report for 1843,"in *Annual Reports on Education* (Boston: Horace B. Fuller, 1868), pp. 304-305.

原则。

在心智形塑的材料问题上，报告间接指出美国公共学校在心智形塑的课程材料上存在一些问题，包括阅读材料的特质问题，仅以诗歌、雄辩术、美文等感性材料为主，缺乏理性材料；课程范围过窄；课程材料与生活的联结关系薄弱；材料的教授方式问题。曼在报告中结合这些问题推荐了欧洲的相关经验。

曼在报告中评述道：首先，在阅读材料的选取上，应该借鉴德国基础学校的做法，以科学的、实用的技术和艺术材料为主。其次，在课程范围上，除了数学、语法、写作、地理、经文课程的教学，还应仿照普鲁士学校，开设手写课程和音乐课程。报告说："音乐可以促进健康，平息愤怒，软化粗鲁和暴躁的性格，使得心灵社会化，让整个心灵处于一种融化的状态，这时，教师能够依据他的意愿塑造学生的心灵形式。"① 再者，在材料的教授方式上，曼报告了德国和苏格兰学校的如下优良经验：第一，在苏格兰的阅读教学中，教师并不止步于要求学生理解字词意思，还要求学生掌握字词的根源、衍生词和复合词，并且带领学生辨别相似词语的拼写、语音及用法。第二，数学课的教授一般采取不断提问的方法，教会儿童明白抽象的数字概念之间的关系。第三，在语法和写作课上，教师要求学生在课堂上的每一句发言完全符合语法规则，并且锻炼学生在口语和书面语之间的转换能力。在学生学会使用术语指称事物之前，避免教学生专门术语。第四，地理课的教授与学生的生活紧密结合，从学校、学生家中的花园再延伸至国家政治和自然边界。第五，在音乐教学上，普鲁士教师不仅精通歌唱，还能熟练演奏乐器。每一个教室都配备了一块黑板与一把小提琴。第六，普鲁士学校有讲授古典经文的悠久传统，主要讲述《新

---

① Horace Mann, "Report for 1843," in *Annual Reports on Education* (Boston: Horace B. Fuller, 1868), pp. 345-346.

约》与《旧约》上记载的大事件、伟大人物的性格和生活、福音所揭示的高尚责任和道德观点等。曼强调，这种教授是非教派主义的。①

曼在报告中列举了不少苏格兰的阅读教学场景，用以说明阅读教学的提问教学法，其中一个场景如下所述：

> 教师在学生的阅读中听到“阻碍”（impediment）这个词语。将会发生以下这幕：
>
> 教师：“impediment”，来自哪个拉丁词？
>
> 学生：In 与 pes.
>
> 教师：它是什么意思？
>
> 学生：去反对一些东西，抵抗双脚——让他们退后。
>
> 教师：“pes”这个词语在雕像艺术中怎么使用？
>
> 学生：用于 pedestal 这个词语——让一个雕塑能挺立的块状物。
>
> 教师：在建筑学中？
>
> 学生：pediment。
>
> 教师：在音乐中？
>
> 学生：pedal，一个风琴的脚踏板部分。
>
> 教师：在植物学中？
>
> 学生：pedicle 或植物的花梗。
>
> 教师：给我一个动词。
>
> 学生：impede。
>
> 教师：一个名词。
>
> 学生：impediment。

---

① Horace Mann, "Report for 1843," in *Annual Reports on Education* (Boston: Horace B. Fuller, 1868), pp. 287-295, 317-321, 325-335, 344-347.

……

(这段考察从头到尾占据的时间不到阅读课的一半)①

曼认为，美国公共学校对儿童的官能训练、道德培育远不如苏格兰。②

“第七次年报”提出，美国学校过去的心智形塑手段主要是“奴役”式的，在心智形塑的过程中，教师营造了权威的氛围，采取机械记忆、体罚、竞争等手段。竞争激励了孩子的激情而非理性，体罚只能培育儿童的害怕情感。结果，孩子们自儿童时期就养成了害怕权威的、甘愿成为不平等政体下的被奴役者的心智习惯。若要扭转这种教育结果和培育独立自主的心智习惯，可以模仿德国学校，摒弃竞争与体罚的手段。德国学校心智形塑的重要手段是课堂上的思考训练，在课堂教学中，不限制讲课的主题和信息量，以训练学生的思维、启发学生的思考、唤醒学生的心智活力为教学目的。德国心智形塑模式的优势还在于教师分类制度和普通教师的相关能力，在美国普通学校中，一位教师常常需要负责四五个班级，而普鲁士学校由一位教师负责一个班级，班级有固定的教室。而且，在课堂上，教师常常不使用课本，对一切了然于胸，能准确察觉学生的心智习惯和能力，能在课堂上自如地呈现令学生产生怀疑和问题的思想。③

报告除了分析欧洲教育模式的优劣，更进一步考虑到心智形塑在社会生活中的效用问题。根据报告，优良的心智形塑所产生的效用的范围和恒久力度有赖于与之镶嵌的外部制度。

---

① Horace Mann,“Report for 1843,”in *Annual Reports on Education*(Boston: Horace B. Fuller,1868),p. 284.

② Horace Mann,“Report for 1843,”in *Annual Reports on Education*(Boston: Horace B. Fuller,1868),p. 286.

③ Horace Mann,“Report for 1843,”in *Annual Reports on Education*(Boston: Horace B. Fuller,1868),pp. 304-310,338-342.

（二）心智形塑功效与教育制度、社会制度

心智形塑只是“第七次年报”推荐的欧洲教育制度的一个重要部分，该报告希望推荐的是欧洲苏格兰、德国的国家教育系统及其心智形塑。曼在报告中设想，人们或许会发出置疑：“纵使普鲁士号称拥有全欧洲民族最优秀的教育系统，也有广泛的知识传播渠道，为何这个国度仍有半数人对机械技艺、有用技术和艺术一无所知？为何普鲁士人还是有着如此迟钝的、无进取心的品性，他们的文明进程仍旧如此缓慢？”① 曼对此的回答是，“这学校是好的，这世界是糟糕的”②。

在教育制度的选择上，报告认为国家教育制度优于贵族教育制度和私人教育制度。贵族教育制度主要指涉建立少数公立学校的教育制度，这种教育制度只促进了一小部分人的进步。私人教育制度是指不设置任何公立教育系统的教育制度，这种教育制度会加重社会的不公平现象。社会上层人士的心智习惯、宗教和政治观念固化后，他们不再愿意建立新的教育、文学和道德，因而会拒绝向社会底层学校投入资源，结果是社会上层是知识、财富和理性，社会底层是无知、贫穷和犯罪。英格兰是具有这种制度的典型国家，国家教育制度以促进全民进步为目标，依据的是共和主义原则。普鲁士、萨克逊与德意志联邦的西部、西南部邦国全都关注所有人的教育，既注重学校的数量，也注重学校的质量。普鲁士已经逐步废除兰开斯特制度，这种制度不利于心智形塑。此外，爱尔兰、法国如今都有国家教育系统。③

除了推荐欧洲国家教育制度，曼在报告中进一步归纳了导致普鲁

---

① Horace Mann, "Report for 1843," in *Annual Reports on Education* (Boston: Horace B. Fuller, 1868), p. 374.

② Horace Mann, "Report for 1843," in *Annual Reports on Education* (Boston: Horace B. Fuller, 1868), p. 377.

③ Horace Mann, "Report for 1843," in *Annual Reports on Education* (Boston: Horace B. Fuller, 1868), pp. 256-266.

士的心智形塑无法发挥优势的原因，主要原因可以概括为心智形塑缺乏外在的社会制度支持。具体地说，有以下几个方面：第一，普鲁士儿童一般在 14 岁毕业于公共学校，这个年龄是儿童心智发展的关键时期，儿童离开后，心智发展几乎停滞，即使有星期日学校和夜校，它们仍无法收纳郊区儿童。第二，缺乏适合大龄儿童和青少年心智的阅读物，普鲁士没有学区图书馆。第三，最重要的原因是，儿童们离校后，发达的官能和习得的知识几乎无法在社会活动中得到运用。曼尤其指出，在普鲁士，立法、废除法律、和平或战争、财政、税收、关税、邮政、修路、搭桥规划等方面的事务都不需要年轻人参与讨论，年轻人在学校教育中获得的发达的心智官能和知识没有运用的场合。第四，女性教育的投入过少，女性教育能够有利于普鲁士社会的发展。①

“第七次年报”将教育改革和共和国的命运联系在一起，“一方面，关于我们自己教育制度上的罪恶，其他国家确实也有，甚至更糟糕。如果我们明智一点，吸取经验教训，而不是等着自食恶果的话，或许下场比那些承受灾难的共同体要好一些。另一方面，可以肯定地说，国外有许多事物值得我们模仿”②。

“第七次年报”标志着美国中等教育开始考虑用欧式心智形塑改造本土的心智形塑，然而，这份年报引发了部分中等学校教师的抵抗情绪。

---

① Horace Mann,“Report for 1843,”in *Annual Reports on Education*(Boston: Horace B. Fuller,1868),pp. 374-376.

② Horace Mann,“Report for 1843,”in *Annual Reports on Education*(Boston: Horace B. Fuller,1868),p. 240.

第五节 "第七次年报"引发的后续争论

"第七次年报"试图说服美国中等教育采用欧洲心智形塑制度，进而引发马萨诸塞州部分中学教师、校长与曼就美国中学心智形塑原则和手段等问题的持续争辩，这场争辩扩大了"第七次年报"的知名度。

"第七次年报"出台后，波士顿部分教师和校长们不满该报告对权威原则、惩罚和竞争手段的贬斥，他们组成了一个联盟并选出了一个专门委员会来商议如何回复曼的"第七次年报"。这个专门委员会的委员有 31 人，主要来自富兰克林学校（Franklin School）、约翰逊学校（Johnson School）、新北学校（New North School）、威尔士学校（Wells School）、亚当斯学校（Adams School）、埃利奥特学校（Eliot School）、史密斯学校（Smith School）和莱曼学校（Lyman School）等。这个专门委员会用了一整个夏天来商讨如何回应"第七次年报"，至 9 月 1 日，他们终于完成了一份长达 140 页的《评论》，并且声明："这本小册子主要是想更正一些错误的观点和印象，还想促使公众用健康的感情和舆论来看待我们国家公共学校的相关事务。"① 《评论》迅速被传到曼的手里，曼在阅读时深感悲愤。一个月后，他撰写《回复 31 位波士顿校长对"第七次年报"的评论》回应了《评论》。在这场争论中，反对"第七次年报"的中学教师和校长既质疑了教育委员会和曼的工作，又否定了曼引介的欧洲学校的心智形塑比美国学校的心智形塑优良。双方的重要交锋发生在中学心智形塑的理论基础、原则、手段、方法和目的问题上，争论的主要内容如下文所述：

---

① Barnum Field et al. ,*Remarks on the Seventh Annual Report of the Hon. Horace Mann of the Massachusetts Board of Education*(Boston:Charles C. Little and James Brown,1844), pp. 3-4.

一、心智形塑的基础理论问题

在"第七次年报"的内容中，普鲁士中学教师心智形塑的基础理论是关于儿童身心构造的理论，这种理论假定儿童的肌肉、心智和感官力量都能够通过教师的指引朝着适宜的方向发展，而且曼在师范教育中倡导以颅相学为心智形塑基础理论。对于曼和教育委员会支持的这些基础理论，《评论》认为，颅相学是不合时宜的。颅相学阐释大脑组织和习性的同时，也反对模仿、惩罚。可是，"美国最伟大的颅相学家及其最得力的拥护者几乎还没获得什么名声和信徒就沉寂了"[①]，并且那种假设婴孩心灵有植物、动物、矿物本质的心理学说已经在美国教育中产生了失败的例子。这种心灵理论是一种"白痴想法"[②]。

在心智形塑基础理论问题上，《评论》不仅主张美国中学的心智形塑应该以"一线教师的教学经验"和"美国公共学校的实际情况"为基础，还提出"人的自然本性"是心智形塑的指南针。这些波士顿校长和教师们并未从正面推崇人性原罪说，而是强调儿童在受教育前就已经具有某种属性的人性，教育并不能超越儿童的本性去"创造"某种品性。教育"仅仅是基于已有的人性去发展和建构人的品性……我们要把人性当成一个真实的存在，切不可怀有扭曲的观点，奢望用我

① Barnum Field et al. ,*Remarks on the Seventh Annual Report of the Hon. Horace Mann of the Massachusetts Board of Education*(Boston:Charles C. Little and James Brown,1844), pp. 8-9.

② Barnum Field et al. ,*Remarks on the Seventh Annual Report of the Hon. Horace Mann of the Massachusetts Board of Education*(Boston:Charles C. Little and James Brown,1844), p. 8.

们那徒劳的智慧去创造它"[①]。这些波士顿校长和教师进一步认为，"明智"德性首先是对真理的敬畏，世俗社会认可的政治"明智"则是对法律的敬畏。由此可见，敬畏是一切社会秩序的保障。对敬畏的要求显示了人们相信人性是复杂的。

波士顿教育者们试图用教学经验否定曼及教育委员会推崇的欧洲心智形塑基础理论。对此，曼表示，自己具有若干年的教学经验，因而更加确信心智形塑需要以心智哲学和关于如何促进心智官能成长的理论为基础。[②] 总的来说，波士顿教育者们和曼及教育委员会在心智形塑基础理论上的差异，尤其是对人性问题认识的差异，导致他们在心智形塑的原则、手段问题上的认识截然不同。

二、心智形塑的原则和手段

波士顿部分中学校长和教师们依据他们的人性观得出，心智形塑的首要原则是"权威"而非曼和教育委员会所谓的"爱"。权威原则的意义在于，教师在心智形塑时先树立权威，能让学生理解秩序的重要性，从而为将来遵守社会秩序做准备。他们认为，一方面，教育实践可以证明权威原则是合理的。譬如，参与过教育实验的人一般都相信，学校与家庭都无法仅仅凭借好的口才与争论就能维持秩序；另一方面，社会秩序的规律能体现权威原则的合理性，在社会上，"被统治者服从权威者的意志，每个问题的决策最终表达的是权威者的意志……权威是所有政府的起点，是所有秩序的基石。一旦摒弃权威，无政府的无

① Barnum Field et al. ,*Remarks on the Seventh Annual Report of the Hon. Horace Mann of the Massachusetts Board of Education*(Boston:Charles C. Little and James Brown,1844), p. 126.

② Horace Mann,*Reply to the "Remarks" of Thirty-one Boston Schoolmasters on the Seven Annual Report*(Boston:WM. B. Fowle and Nahum Capen,1844),pp. 74-82.

序与混乱立刻发生"①。《评论》进一步阐述在心智形塑中应该这样运用权威原则：须用文化和训练加强学生人性上太过孱弱的方面，抵制和丢弃太过活跃和强大的方面，并且驱使学生人性中的低级原则从属于高级原则，以此产生一种完美的、和谐的品性。《评论》基于儿童的复杂人性观和权威原则提出，心智形塑不仅需要"竞争"和"模仿"手段，还需要"惩罚"手段。就竞争手段而言，教师应正视儿童在竞争中产生的智力和美德的自豪感。竞争手段能令男孩们在学校体会到荣誉感，也能点燃男孩的天赋，避免男孩激情的膨胀与心智的堕落。就惩罚手段而言，教师应该将儿童产生害怕和同情的现象看成人性的正常表现。在惩罚和竞争中，儿童凭借本能和天性能逐步形成细致和稳定的自我控制的心智习惯。②

在心智形塑的原则问题上，曼认为，波士顿校长和教师的"权威"原则是错误的。在曼看来，波士顿校长和教师在《评论》中引用了先知圣·保罗（St. Paul）对罗马人说过的话——"让每一个灵魂臣服于更高力量，只有这最高力量，没有别的力量"③，所以这些波士顿教育者们只是想维护从这种神学演绎出来的权威并以此作为学校的心智形塑的基本原则。曼认为，这种"权威"原则的错误之处在于，它使师生之间产生了一种相互对抗的关系。譬如，这些波士顿教育者们在

---

① Barnum Field et al. ,*Remarks on the Seventh Annual Report of the Hon. Horace Mann of the Massachusetts Board of Education*(Boston:Charles C. Little and James Brown,1844), p. 131.

② Barnum Field et al. ,*Remarks on the Seventh Annual Report of the Hon. Horace Mann of the Massachusetts Board of Education*(Boston:Charles C. Little and James Brown,1844), pp. 56-131.

③ Horace Mann,*Reply to the "Remarks" of Thirty-one Boston Schoolmasters on the Seven Annual Report*(Boston:WM. B. Fowle and Nahum Capen,1844),p. 129.

《评论》中这样描绘师生关系："教师自己对抗着一大群五六百儿童。"① 曼说：这种师生关系的特征是"对抗"而非"陪伴"。教师的角色不是"向导"而是"宿敌"。"校舍是一个战场！"② 曼认为，"权威"原则的错误还在于，它违背了儿童的天性，因为儿童在性别、年龄和性情上存在区别。许多学生，尤其是女生，拥有显著的良善意志与顺从品性。"让他们去服从严厉的、毫无同情心的教导者的命令，犹如让那些在温暖中盛开的早春花朵去融化冰雪，这些花朵只能被冰雪冻住。"③ 曼批判道：这种以"绝对权威"和"无条件服从"为原则的教育无疑让儿童在惩罚与权威交织中生活。儿童将度过充满了权威、强制、害怕和痛苦的童年！④

在心智形塑的手段问题上，曼再次批判以惩罚和竞争为手段进行心智形塑的做法，提倡以明智、爱和知识为手段。此外，他还提出了一种"效仿"（emulation）手段。曼认为，无论是体罚还是精神上的惩罚手段，都应该审慎对待。他说：在心智形塑中，采取精神和肉体上的惩罚手段只能塑造奴隶般的心态。同时，他也主张，面对桀骜不驯的学生时，"如果道德手段一再失败，可以求助于体罚"⑤。就心智形塑中的惩罚问题，曼相信这是一个复杂的问题，曼认为，惩罚能侵蚀整

---

① Barnum Field et al. ,*Remarks on the Seventh Annual Report of the Hon. Horace Mann of the Massachusetts Board of Education*(Boston:Charles C. Little and James Brown,1844), p. 3.

② Horace Mann,*Reply to the "Remarks" of Thirty-one Boston Schoolmasters on the Seven Annual Report*(Boston:WM. B. Fowle and Nahum Capen,1844),p. 126.

③ Horace Mann,*Reply to the "Remarks" of Thirty-one Boston Schoolmasters on the Seven Annual Report*(Boston:WM. B. Fowle and Nahum Capen,1844),p. 132.

④ Horace Mann,*Reply to the "Remarks" of Thirty-one Boston Schoolmasters on the Seven Annual Report*(Boston:WM. B. Fowle and Nahum Capen,1844),pp. 127-139.

⑤ Horace Mann,*Reply to the "Remarks" of Thirty-one Boston Schoolmasters on the Seven Annual Report*(Boston:WM. B. Fowle and Nahum Capen,1844),p. 119.

个道德本质，应在它与智力进步、道德本质之间的关系中去看待它。[①] 对于竞争手段，曼认为，竞争并不符合美德，在竞争中获得胜利的人也难以得到同伴的喝彩。曼提出效仿的手段。效仿不同于那种竞争式的效仿。效仿并非战胜对方，它是一种积极的、正面的以对方为榜样的效仿。教师平时在学生面前表现出来的积极态度和心智能力，能激起学生的效仿。[②]

三、心智形塑的材料、方法和目标问题

《评论》并未质疑曼所推崇的普鲁士学校心智形塑材料的范围，而是认为其教科书的编排和课程材料的运用方法存在缺陷。一方面，《评论》认为，在教科书的编排上，普鲁士基础学校的教科书偏重学生的理解和运用，以学生的大脑为出发点进行编排。并且，相比教材，曼更重视教师对教材的阐释，而马萨诸塞州中学的教科书主要由规则组成，注重教材本身的质量和效用。除了教师对教材的阐释，更重视教材本身对学生的意义，应该依赖教材去帮助学生运用心智官能进行预习、探究和发现问题。[③] 另一方面，《评论》认为，材料的运用方法的主要缺陷是，曼描绘的普鲁士学校的吟诵、地理、历史、数学课堂涉及庞大的知识量，知识量过多不利于达到基础教育在心智形塑上的目标，就基础教育的目标而言，“不仅要灌输一些知识给学生，还要让学

---

① Horace Mann, *Reply to the "Remarks" of Thirty-one Boston Schoolmasters on the Seven Annual Report* (Boston: WM. B. Fowle and Nahum Capen, 1844), pp. 119-126.

② Horace Mann, *Reply to the "Remarks" of Thirty-one Boston Schoolmasters on the Seven Annual Report* (Boston: WM. B. Fowle and Nahum Capen, 1844), pp. 83-94.

③ Barnum Field et al., *Remarks on the Seventh Annual Report of the Hon. Horace Mann of the Massachusetts Board of Education* (Boston: Charles C. Little and James Brown, 1844), pp. 33-56.

生养成区分、反思的力量，还要训练和增强他们的心智，心智形塑就是为了培育学生耐心的探究与细致的区分的习惯。这是精通科学所必需的，也是达到任何高度的成果所必需的心智习惯”①。

《评论》的作者波士顿校长和教师们还表示，曼所描绘的普鲁士教师在课程教学中并没有心智形塑的具体方法，过多地依赖教师本人。相比之下，目前美国多数语法学校的心智形塑目标和课程材料运用方法是一致的，课程材料的操作过程是系统、清晰的。其具体方法包括以下三种操作：“第一，让学生保持持续的和活跃的注意力，在此基础上，引领学生的心智跟随其注意力领会知识；第二，训练学生的心智习惯，令其养成严格分析任何探究主题的心智习惯；第三，训练学生的心智习惯，令其养成对所学主题的所有知识进行适宜分类和规划的习惯。”② 他们进一步阐释道：上述第一种操作能够帮助学生成功处理课程中遇到的困难，获得所需要的知识。第二种操作能够让学生对所学对象形成准确的构想，理解所学主题之间的各种关系。第三种操作能够让学生将所学知识进行实际运用。总的来说，这种心智形塑方法可以锻炼学生独立自主运用心智官能的习惯和力量。③

在心智形塑的教材使用问题上，曼仍旧坚持认为，在课堂上不依赖教科书进行教学的方式，最能激发学生的心智力量和活力。曼认为，若教师对所阅读的诗歌或散文了然如胸、倒背如流，就不需要教材，

---

① Barnum Field et al. ,*Remarks on the Seventh Annual Report of the Hon. Horace Mann of the Massachusetts Board of Education*(Boston:Charles C. Little and James Brown,1844), p. 45.

② Barnum Field et al. ,*Remarks on the Seventh Annual Report of the Hon. Horace Mann of the Massachusetts Board of Education*(Boston:Charles C. Little and James Brown,1844), p. 45.

③ Barnum Field et al. ,*Remarks on the Seventh Annual Report of the Hon. Horace Mann of the Massachusetts Board of Education*(Boston:Charles C. Little and James Brown,1844),pp. 33-56.

没有教材，他也能发现学生在发音、重音、停顿和表述上的错误。不仅如此，曼还提出，教师不用教科书，可以产生一种倾向于对话的教学模式。没有了教科书，教师提的问题更相关且更专注，从而能激发学生的注意力和活力。结果，学生的心智力量开启了，知识就能汩汩流入。

在心智形塑课程材料的使用方法上，由于波士顿教育者们质疑普鲁士的教学方法，曼问道："为什么在这个文明世界里，在耐心探究方面最具盛名的是德国的学者？"① 曼否定那种远离生活气息的教学方法，在他看来，普鲁士教师在教授语法、绘画和音乐时，常常将知识与学生的感官、心智官能相联结，这种方法能够让儿童的心智处于接受知识的状态。曼反问道："波士顿的教师们在教授音乐或绘画课程之时，何时带孩子们去过校外亲身体会这些艺术与技术思想？"②

四、欧洲心智形塑手段在美国的适用问题

波士顿中等学校的教育者们在《评论》中质疑道：欧洲式心智形塑的手段并不符合美国社会的实际状况。首先，他们从一种民族特征出发质疑曼对教育对象的品性假设。这些波士顿教育者们说：曼所谓的丢弃竞争和惩罚手段的做法，是基于一些心智和道德皆优良的学生得出的，不符合美国公共学校的实际情况，原因在于，"美国一直是一个人类大家庭的避难所，结果一个学校可能收容了世界各个区域的儿

---

① Horace Mann, *Reply to the "Remarks" of Thirty-one Boston Schoolmasters on the Seven Annual Report* (Boston: WM. B. Fowle and Nahum Capen, 1844), p. 83.

② Horace Mann, *Reply to the "Remarks" of Thirty-one Boston Schoolmasters on the Seven Annual Report* (Boston: WM. B. Fowle and Nahum Capen, 1844), pp. 83-94.

童，美国学校要同化的对象是品性各异的学生"[1]。其次，波士顿教育者们从普鲁士和美国的政治制度差异否定欧洲心智形塑模式在美国的适切问题。他们提出，普鲁士政府完全不受公众掌控，这个国家的君主制迫使年轻人形成了恭恭敬敬的习惯。然而，美国政府被公众牢牢抓在手中，并且美国崇尚的是自由和平等对话的共和主义观念，因此年轻人尊重的是年老者和成就高的人，美国年轻人并没有普鲁士年轻人的那种恭敬习惯。除此之外，波士顿教育者们还质疑曼的师范学校采取的心智形塑模式是否能够在美国推广。他们承认曼的师范学校下设的附属模范学校的学生状况在美国具有代表性，这些学生身心健全，拥有完整的各种官能，生来自由，完全不知道什么叫权利的限制。但是，波士顿教师们认为，师范学校附属学校的教育制度是特别的，它们不完全由国家财政支撑，却由国家权威管理，并且独立于所处地理区域内的公众，而马萨诸塞州公共学校完全掌握在公众手中，因而马萨诸塞州公共学校必须接收一定地理范围内的学生，无法依据学生品性选择生源。根据上述原因，波士顿教师们认为，应该谨慎考虑照搬曼的模范学校教学模式的问题，尤其是谨慎对待在美国公共学校中摒弃惩罚和竞争的手段的问题。[2]

曼对于欧洲心智形塑手段在美国本土的适切性问题的看法是，确实需要结合教育对象的具体情况来看待惩罚手段。在马萨诸塞州，约有 3000 所公立学校，学校中有各类儿童和大约 6000 名素质参差不齐的教师，因而人们可能必须容忍体罚这一手段。但是，也应具体问题具

---

① Barnum Field et al. ,*Remarks on the Seventh Annual Report of the Hon. Horace Mann of the Massachusetts Board of Education* (Boston: Charles C. Little and James Brown, 1844), pp. 15-16.

② Barnum Field et al. ,*Remarks on the Seventh Annual Report of the Hon. Horace Mann of the Massachusetts Board of Education* (Boston: Charles C. Little and James Brown, 1844), pp. 56-131.

体分析，部分优秀教师能够脱离体罚手段来管理学校。而另外一些缺乏技术、爱、耐心和同情的教师采用了比体罚更严厉的竞争手段，造就了学生的奴隶心态。曼指责道：当这种基于权威的竞争手段在社会上风行之时，将会有损于国家的利益。曼说：若教师们皆推崇统治，而且病态地沉迷于个人地位的突显，沉浸在“权威”之中不可自拔，结果将是“教师们坚持维护自己不需解释的君主权力，学生则是毫无理性地绝对服从”①。在曼看来，学生仅仅是因为害怕肉体上的痛苦而对教师服从，这是一种低等的动机，这种教育与“尊崇”本身都是错误的。曼坚持欧洲的手段，反对惩罚的手段。他发出呼吁：除了一些极端案例，必须永远废止惩罚。老师应该不断尝试同情、自信、劝服和鼓励的教育方法。②

五、心智形塑的高级目的和社会功能

反对曼的波士顿教育者们将公共学校心智形塑的高级目的定义为“塑造独立思考、理性的自由公民”。在他们看来，心智形塑的这层高级目的是由美国社会情况决定的。当前，美国公民在极大程度上缺乏善于思考和独立思考的心智习惯，并且众多美国人民容易被恶劣的和诡计多端的政客所抛出的兴奋和动机所左右。据此，这些波士顿教育者期望用心智形塑培育“不被政治野心的欺诈和误导人的热情所侵蚀”的理性自由民。

在这些曼的对手们看来，要实现心智形塑的高级目的，学校的心智形塑应以刺激学生的理性为主，而非刺激学生的激情，也不能让学

---

① Horace Mann, *Reply to the "Remarks" of Thirty-one Boston Schoolmasters on the Seven Annual Report* (Boston: WM. B. Fowle and Nahum Capen, 1844), p. 126.

② Horace Mann, *Reply to the "Remarks" of Thirty-one Boston Schoolmasters on the Seven Annual Report* (Boston: WM. B. Fowle and Nahum Capen, 1844), pp. 119-126.

生的心智过度兴奋。但是，“普鲁士教学模式”给予学生的只是心灵上的激情，并且苏格兰学校教师让学生的心智过度兴奋，给予学生的也是激情，因此普鲁士和苏格兰的心智形塑模式都无法塑造理性的自由民。①

曼则认为，公共学校心智形塑存在两重高级目的。一方面，现今阶段，新的州不断加入联邦共和国，并且这些州的居住人口不断翻倍，使马萨诸塞州在联邦共和国内的相对地位与力量正在迅速下降。因此，应将心智形塑和公共学校相结合，以提升马萨诸塞州的智力和道德力量，进而令马萨诸塞州重新掌控民族文化。曼满怀期待地说：“这比世俗权力、比国家最高统治者本身更富有荣誉……将仍旧是东部州之星，其他州的那些满怀希望的人将前来臣服我们州。”② 另一方面，公共学校心智形塑的高级目的是在学生心中培育出共和主义观念。曼声称，成立教育委员会不是为了支持或反对任何派别，而是为了帮助马萨诸塞州学校体现共和主义基本原则，并且根据宪法，马萨诸塞州公共学校教职员工的职责是基于非派系主义的共和原则来管理学校。在曼看来，公共学校心智形塑的这个高级目的与社会中上层阶级的利益直接相关。首先，在当前的美国，社会中上层阶级的财产、声誉和生活主要依靠宪法和其他法规保障；其次，当前的社会存在大量没有受过教育的、不遵守道德原则的民众；再者，曼认为若这些不识字的平民没有共和美德，“所有宪法和法规能给予的保障力量比蜘蛛网还弱得多”③。但是，公共学校能够教化全民，将“知识”和“责任”教给民

---

① Barnum Field et al., *Remarks on the Seventh Annual Report of the Hon. Horace Mann of the Massachusetts Board of Education* (Boston: Charles C. Little and James Brown, 1844), pp. 33-56.

② Horace Mann, *Reply to the "Remarks" of Thirty-one Boston Schoolmasters on the Seven Annual Report* (Boston: WM. B. Fowle and Nahum Capen, 1844), pp. 8-10.

③ Horace Mann, *Reply to the "Remarks" of Thirty-one Boston Schoolmasters on the Seven Annual Report* (Boston: WM. B. Fowle and Nahum Capen, 1844), p. 172.

众。曼认为，只有知识和责任观念能够在人们拥有的一切与其他人之间建立不可逾越的界限。可见，建立和改进公共学校的教育事业与社会中上层阶级拥有的财产、声誉和生活之间有不可分解的联系，只是美国大部分社会中上层阶级人士没有意识到这层意义。

曼在长达177页的《回复》中，除了澄清"第七次年报"遭遇到扭曲的、随意删改的引用，大都在陈述公共学校教育和共和政体之间的利益联结。曼在《回复》的末尾针砭道：

> 那些有影响力的人、富人、有学问的人和虔诚又伪善的人全都袖手旁观，等到有一天，我们国家充满一点就燃的偏见、一触即发的无知和声色犬马，随着日积月累，在我们的城市将到处可见无知、偏见和感官享乐，它们将被某些政客或狂热的喀提林[①]手里的火把点燃。上帝保佑，当我们共同体的领导者们意识到他们身处危险的时候，不至于太晚，还能扭转命运。[②]

除了上述问题，波士顿语法学校的校长和教师们在文字读写教学模式问题上着墨甚多。美国基础学校、高级中学乃至是大学的主要教育内容就是教会学生精通英文的阅读与书写，甚至是古代诗文的吟诵。因此，当曼提出要以普鲁士文字读写教学模式为蓝本改革马萨诸塞州现有的阅读教学模式时，许多波士顿语法学校的教师与校长们反应最为激烈。两方的主要分歧在于，儿童的阅读课是否应从26个字母组成的字母表开始，以及能不能以提升儿童的快乐为出发点建立任何教育

---

① 喀提林（Catiline），古罗马人，以推翻共和政体与反对贵族参议院权力的举动而为人熟知。

② Horace Mann, *Reply to the "Remarks" of Thirty-one Boston Schoolmasters on the Seven Annual Report* (Boston: WM. B. Fowle and Nahum Capen, 1844), pp. 171-173.

系统。[①] 由于有关这些问题的争论主要是围绕着双方的误解和错误引用展开的，此处则不再叙述。

曼的反对者们对曼的改革热情批判得毫不留情，他们说："我们只能相信，尊敬的秘书先生热情地追逐着一个理论，并未意识到他给整个专业教师体系带来的刺痛……尝试着用真实的东西去改革吧。不要夸大这些事物。"[②] 波士顿语法学校校长联名给出《评论》的消息传出后，曼的"第七次年报"反而名气提升了。欧洲几名学者听说曼基于参观欧洲学校的经历写成的"第七次年报"引起了美国教育界的大讨论，于是决定引入曼的"第七次年报"。1846 年，"第七次年报"中的第二个部分在伦敦单独成册出版，名为《对德国、局部大不列颠与爱尔兰的教育旅途的报告》。[③]

虽然曼和教育委员会在引介欧洲心智形塑的过程中遭到了部分中学教师和校长的反对，但是根据曼的统计，这些反对者的人数不足波士顿全体教师的七分之一，[④] 曼所推行的欧洲式心智形塑在一定程度上得到了美国中学教育者的接受。

---

① Barnum Field et al. ,*Remarks on the Seventh Annual Report of the Hon. Horace Mann of the Massachusetts Board of Education*(Boston:Charles C. Little and James Brown,1844), pp. 56-103.

② Barnum Field et al. ,*Remarks on the Seventh Annual Report of the Hon. Horace Mann of the Massachusetts Board of Education*(Boston:Charles C. Little and James Brown,1844), pp. 141-144.

③ Horace Mann,*Report of an Educational Tour in German , and Parts of Great Britain and Ireland*(London:Simpkin,Marshall,and Company,1846),pp. preface Ⅴ-Ⅹ.

④ Horace Mann,*Reply to the "Remarks" of Thirty-one Boston Schoolmasters on the Seven Annual Report*(Boston:WM. B. Fowle and Nahum Capen,1844),pp. 14-16.

六、贺拉斯·曼的友人相助及新一轮争议

曼赴欧考察回来之后，接二连三地撰写教育委员会的年报，处理波士顿语法校长们的抨击，撰写《回复》，备感身心疲惫。他给自己的医生写信说："我的大脑三个礼拜没有休息，您能为它做一些什么吗？我感到我的头盖骨中央有一团火焰一直在闪耀……怎么样才能熄灭它？"① 曼的朋友们担忧曼的健康状况，也痛惜曼在教育委员会的工作遭遇质疑。

曼的友人，包括昆西、查尔斯·萨姆纳（Charles Sumner）、爱德华·埃弗里特、亨利·威尔逊（Henry Wilson）、西奥多·帕克（Theodore Parker），以及一些银行家、商人和专业人士，纷纷团结起来，共同筹划出5000美元。接着，他们又向马萨诸塞州立法会申请了几乎同等数目的资金，悉数捐给曼所在的教育委员会，以帮助教育委员会改进公共学校。

曼撰写的《回复》一经公布，在派系学校中激起一片哗然。于是，那些反对曼的波士顿校长和教师为了回应曼的《回复》，将《评论》的内容进行扩展，形成了一篇《反驳》（rejoinder）。《反驳》面世后，波士顿的一些派系学校的人和反对曼的波士顿教育者们联合起来，质疑曼的改革动机。尽管如此，《反驳》的影响力十分有限。随后，曼在友人的支持下十分镇定地提笔撰写了一篇名为"答复"的文章，用理性有力地回击了那些派系人士和波士顿校长、教师，曼从而在这场争论中赢得了胜利。不久，波士顿的一些名流被选任出来审视公共学校。于是，这些人设计了一套十分细致的考试，并且用这场考试证明了这

---

① Horace Mann,"To Dr. E. Jarvis, Bosten, Feb. 10, 1844," in *Life of Horace Mann* (Boston: Walker, Fuller and Company, 1865), p. 224.

些学校存在缺陷。考试后数日，4 位学校导师被除名。[①] 曼在马萨诸塞州教育委员会公布的“第七次年报”所引起的争辩和斗争到这里就基本结束了，这场斗争也为教育委员会的后续改革与斗争埋下了伏笔。

---

① George Allen Hubbell, *Horace Mann , Educator , Patriot and Reformer* (Philadelphia: WM. F. Fell Company, 1910), pp. 111-113.

第五章　社会教育中心智形塑观念的演变

从 19 世纪 20 年代至 19 世纪 60 年代，美国的社会教育组织亦大力吸收和传播英国和苏格兰心智形塑的观念。这些社会教育组织，有的以白人劳工为教育对象，也有以有色人种为对象，甚至还有一些教育组织吸引了不少妇女。其中，较为典型的成人教育机构包括学园和公共图书馆，它们汲取了苏格兰和英国的心智形塑基础理论或基本手段或教育材料，期望用以推动美国本土的基础学校教育的变革。

第一节　19 世纪上半叶的接纳和宣传

从地域上来看，学园在美国分布较为广泛，存在于美国东、西、南、北多个区域，而公共图书馆则在东北部较为盛行。从组织功能来看，学园和公共图书馆都带有扫盲和科普的功能，并且常常举办各种讲座和研讨会，以便吸引社会大众前来接受教化。

学园即 Lyceum，词语意义可以追溯到古希腊亚里士多德创办的哲学讲习所——“学园”，旨在追求真理、培养能左右公共事务决策的雄辩家。1826 年 8 月，在马萨诸塞州中心地带的小村庄里，耶鲁毕业生约西亚·霍尔布鲁克（Josiah Holbrook）号召二三十名农民、机械工人连同其家人共同创建了一个协会，名为“美国学园米尔伯里分支”（Millbury Branch of the American Lyceum）。这类机构以“传播有用知识”为宣传口号，宣称要改变公共学校中错误的“心智形塑”方法，引入大脑与神经科学改革传统的心智形塑观念与实践。随后，在新英格兰镇、郡、州逐渐兴起各级各类的“学园”。

马萨诸塞州的律师丹尼尔·阿普顿·怀特（Danniel Appleton White）等人组织创建了“埃塞克斯郡学园”（Essex County Lyceum）。1830 年 5 月 5 日，埃塞克斯郡学园在伊普斯维奇镇举办第一届年会，怀特发表的会议简介揭示了这个学园的真实宗旨与主要课程：

> 在美德与堕落之间、知识与无知之间、心智与身体之间，一直都存在着不间断的斗争。请允许我为你们展现一位杰出罗马作者的思想，这些思想被后人称颂了近两千年：“那些渴望凌驾于其他动物之上并突出他们的最高力量，不想如野兽一样度过人生的人们，都担负着某种责任……蔑视和主导自己身体的欲望。”①

怀特认为，人必须认清自己高贵的本质，应追求与这种本质相称的快乐。这种快乐必须有心智的参与，必须建立在知识与美德之上。为了达到这个目标，人可以通过自我教育来扩展、塑造自己的心智力量。怀特计划模仿古希腊亚里士多德的学园和柏拉图的学院，利用科学与哲学引领与会人员磨炼心智。

不久，纽约州的部分市民对纽约州公共学校的教育状态进行了探讨与调查。调查结果表明公共学校教育存在诸多问题，因此一些对公共学校教育不满的人组建了“纽约州立学园”。1831 年，纽约州立学园成员召开首次年会。随后，年会报告出版。报告声称，据调查，普通学校教育现存三个方面的缺陷：一是急需合格教师；二是师生比例失衡；三是急需合适的书籍。报告指出，“个人的早期官能发展的方式，

---

① Danniel Appleton White, *An Address Delivered at Ipswich Before the Essex County Lyceum at the Fires Annual Meeting* (Salem: Foote & Brown, 1830), p. 14.

个人所获得的心智形塑，会从根本上影响这个人之后的命运”。[①] 同年，霍尔布鲁克与友人出版了《科学轨迹：学校、学园和家庭的教育与娱乐设计》（*Scientific Tracts , Designed for Instruction and Entertainment and Adapted to Schools , Lyceums and Families*）一书，收入了一些关于颅相学或其他关于心智官能理论的学说。其中，文章《组织存在物的内容与功能》（“the Properties and Functions of Organized Beings” ）以颅骨与神经系统等颅相学知识来解释人的心智官能运作的原理，想探讨“人的意志力将从什么官能中产生……官能与决定行动的肌肉如何进行交流”[②]，并且得出结论：所有颅骨中的大脑组织都能成为心智官能与动物本能（instinct）的基础。人的大脑与脊柱中运行了 42 对发光的、没有弹性的代码，它们可以被称为神经，它们各自的大小、颜色与浓度都不一样。这些神经有数不尽的分支，似网络般散布在身体的每一个部分。它们是感知官能和肌肉运动的直接器官（organ）。如果大脑与眼睛、耳朵或舌头之间的神经交流被切断，人将不能再看见、听见或品尝。换句话说，人的颅骨与脊柱中的神经组织，既可以成为高贵人性发展的推动力，也可能扮演人的兽性扩张的帮凶角色，唯一的办法就是以“心智形塑”去塑造人性。此文用科学态度阐释了人的本性问题，暗示人在道德上的良善须依靠后天的心智形塑。文章说：“人是最完美的动物，有着最发达的大脑和官能。”[③]

在 19 世纪 30 年代，学园的兴盛逐步发展成为一场学园运动，它令

---

① New York State Lyceum, *Proceedings of the First Annul Meeting of the New York State Lyceum* (Utica: Northway Porter, 1831), p. 6.

② Josiah Holbrook et al., *Scientific Tracts , Designed for Instruction and Entertainment and Adapted to Schools , Lyceums and Families*, Vol. 1 (Boston: Carter, Hendee and Baacock, 1831), p. 415.

③ Josiah Holbrook et al., *Scientific Tracts , Designed for Instruction and Entertainment and Adapted to Schools , Lyceums and Families*, Vol. 1 (Boston: Carter, Hendee and Baacock, 1831), pp. 416-417.

更多从事中等教育的人士了解了颅相学、生物学等与心智相关的知识。

第二节　内战前后的接纳和改造

在南北战争前夕，随着美国学者出访欧洲、译介欧洲科学著作，以及废奴议题的局部兴起，美国出现了新的心智形塑观念。美国学园机构的领袖人物推动了新的心智形塑观念的产生和流行，本节将阐述一些描述和宣传白人教育、黑人教育和妇女教育的学园教师对欧洲心智教育内容的接纳、理解或改造。其中，爱德华·L. 尤曼斯（Edward L. Youmans）是支持和传播欧洲自然科学知识的重要知识分子，他引介和传播了英国哲学家斯宾塞的进化论，并且提倡用进化论原理改造传统的白人学校教育中的心智形塑观念和实践。之后，种族的、个人的智力和道德可以不断改进的观念从美国的白人群体传入黑人群体中。黑人领袖弗雷德里克·道格拉斯（Frederick Douglass）就深信黑人种族的智力和道德可以通过一种新的心智形塑得到改进，他还推动了这种心智教育观念在大众中的普及。从此，美国的心智形塑不再仅仅是提升白人种族心智和道德的教育，而是提升包括黑人在内的美国人心智和道德的教育观念。

一、弗雷德里克·道格拉斯的非裔美洲人心智教育观念及其传播

道格拉斯是受到数个美国学园机构支持的非裔教育家和讲座家。他原本是一名逃奴，后来成为一位颇有政治和教育影响力的人物，获得许多来自不同种族的民众的认可和信赖。他提出了一种以人类同源说和常识哲学（common sense）为基础理论，以个人感官经验为教育手段，以经验和常识为教育材料，以自我教育为主要特征，以促进个

人的幸福、美德和完美为目标，以帮助非裔美洲种族获得解放为终极目的的心智形塑观念。并且，他借助演讲、编撰杂志及自身的影响力推动了这种心智教育观念的流行。

道格拉斯在年少时并不理解奴隶和自由人之间的区别，直至一位主人教会他读书和写字后，他才开始阅读诺亚·韦伯斯特（Noah Webster）和西塞罗的雄辩术辞藻，进而领悟了词语和演说的力量，并且愈发理解奴隶和自由人之间的区别。[①] 在19世纪30年代末，道格拉斯还只是一名逃跑的奴隶，他在巴尔的摩造船厂工作，并且在一些非裔自由黑人船工的邀请下，于1838年加入了东部巴尔的摩心智改进协会（East Baltimore Mental Improvement Society），还在协会的辩论中展露非凡的雄辩才能。在19世纪40年代，道格拉斯游览了北美、加拿大、不列颠和爱尔兰，其教育思想和解放奴隶的思想也日趋成熟，从而成为美国学园机构最受欢迎的讲座演讲者之一。

在19世纪50年代，抵制奴隶制扩展和废除奴隶制的问题成为全民瞩目的议题，黑人的人性问题成为众多教育家、学者、政治领袖人物争议的焦点。道格拉斯认为，黑人本性问题上的争议源于人类种族起源问题的争议。随后，道格拉斯成为推崇以人类同源说和常识哲学为基础、以解放黑人为宗旨的心智教育观念的重要宣传者之一。

1854年，美国西部俄亥俄州的西储学院（Western Reserve College）邀请道格拉斯前去发表演说，他演讲了“人的种族”话题，并且呼吁人们关注人类同源说（monogenism）和多元发生说（polygenism，又译多祖论）的争论。19世纪50年代至70年代，他奔赴新罕布什尔州和马萨诸塞州等地的学园开展关于黑人心智教育、共和主义精神、平等的自由权等主题的讲座。不仅如此，道格拉斯还编撰

---

① See William S. MeFeely, *Frederick Douglass* (New York: W. W. Norton and Company, 1991).

了一些杂志，包括《北部之星》（*the North Star*）（1847—1851）、《弗雷德里克·道格拉斯的论文》（*Frederick Douglass's Paper*）（1851—1860）和《新民族时代》（*The New National Era*）（1870—1874），甚至还出版了几部自传。[①] 道格拉斯的讲座、杂志和自传共同宣扬了他在非裔美洲人种的政治权利、教育途径等方面的见解。

道格拉斯的心智形塑观念是以人类同源说和常识哲学为基础理论的。在他看来，人类本是源自同一个源头，可是如今在人类种族起源问题上存在多元发生说和人类同源说这两种意见，由这两种意见产生的争议突显了非裔人的人性低贱问题，并且遮蔽了更为基本的问题：非裔美洲人是否属于完整的人类，其所触及的政治、社会和道德问题，以及是否可以用适宜手段奴役非裔美洲人的问题。[②]

道格拉斯提出的非裔美洲人的心智教育是一种以自我促进和自我塑造（self-made）为特征的教育，这种教育大致包含三个层次的目标：第一，这种教育的目标是帮助学习者养成特定心智习惯，包括鼓励其相信自己的感官（尤其是道德感官）和养成道德判断力。第二，美洲黑人心智教育的根本目标是实现黑人的人性（humanity），这种人性指的是人区别于鸟、鱼、羊、狗等动物的本质上的东西。第三，黑人获得完满的人性后，能额外提升自己的智力和道德，能在学习中享受自由，最终通过这种教育获得自由。为了实现上述多重目的，道格拉斯提出，这种心智教育的基本手段是勤奋地练习运用“感官”，其基本材料就是生活中的“常识”和“经验”。具体的操作方法是，人通过不断“重新解释”自己的“经验观察”，譬如经验中观察到的人和动物之间的区别，进而将这种经验观察提炼为一种知识，并且在提炼知识的过

① Angela G. Ray, *The Lyceum and Public Culture in the Nineteenth-Century United States* (Michigan: Michigan State University Press, 2005), pp. 115, 118-119.

② Angela G. Ray, *The Lyceum and Public Culture in the Nineteenth-Century United States* (Michigan: Michigan State University Press, 2005), pp. 123-124.

程中重新体会人类的普遍性和统一性。此外，他认为非裔美洲人需要终身勤奋地践行这种心智教育。①

二、学园领袖爱德华·L.尤曼斯的心智形塑观

19世纪中叶，以尤曼斯为首的自然科学爱好者游学欧洲。回国后，他们将斯宾塞的进化论引入美国，倡导用进化论和其他自然科学分别改造美国心智形塑的基础理论和材料。

尤曼斯认为，社会和个人的历史进程将呈现进步的状态，传统心智形塑仅仅聚焦于心智能力的获取，并未实现人的心智在人和社会进步中的价值，故传统心智形塑不符合进化原则，应予以淘汰。一些教育家相信，“神经元”和“神经冲动”等理论真实地反映了心智运行准则。

作为学园机构的新一代领导者，尤曼斯与哈佛大学校长托马斯·希尔（Thomas Hill）等人基于斯宾塞进化论提出了一种新的心智形塑观念。在他们看来，心智形塑并不是教育目标，而是一个过程。心智形塑应该为生活做准备，主要操作方法是通过心智形塑培育年轻人的特定的职业素养；并且，心智形塑课程之间应该存在一条关系链，学生在接受课程训练时可以遵循课程之间的线索做好职业上的心智准备。② 此外，进化论主义者和其他科学爱好者进一步质疑心智形塑和古典课程的联结关系，倡导用化学、进化论等自然科学课程进行心智形塑实践。这种以进化论为基础理论的心智形塑是美国近代职业教育观

---

① Angela G. Ray, *The Lyceum and Public Culture in the Nineteenth-Century United States* (Michigan: Michigan State University Press, 2005), p. 140.

② John Tyndall et al., *The Culture Demanded by Modern Life, With an Introduction on Mental Discipline in Education by E. L. Youmans* (New York: D. Appleton & Co., 1867), pp. introduction 20-21.

念的雏形。

三、女子心智形塑观的沿革

在17世纪末，虽然美洲妇女可以通过少量渠道（譬如女子学园，Academies）获取相对高等的教育，但是在白人家庭，人们通常认为妇女的主要活动领域是家庭，家庭是妇女获得快乐的主要地方；并且，妇女的天性决定了女人最适合从事家务，如果妇女要违背这种上天赋予的天性去其他领域寻求快乐，那么妇女只能获得一种虚假本质。独立战争后，随着洛克和裴斯泰洛齐等欧洲教育家思想的传入，一些美国本土教育家开始引领女子教育观念和实践的变革，教育家试图改变过去那种机械的传授家务的女子教育，提出女子教育目标不应该局限于塑造女子的优雅生活习惯，还应囊括心智教育。

欧洲裴斯泰洛齐和洛克等人的心智教育观念传入后，部分美国男性和女性教育家开始从三个方面意识到在美国推行女子心智教育的必要性：其一，女子作为母亲，其品性和心智力量的强弱都将影响男童和女童的心智习惯和道德性情，进而影响儿童的未来。其二，女子作为妻子，若要辅佐男士获得更大的智力追求和提升伴侣的智力愉悦，有必要接受一定水平的心智教育。其三，女子的地位和知识状态决定了一个种族的文明程度，女子心智教育有助于美国民族文明的发展。从而，美国本土教育家提出，应将心智教育增加到女子教育之中。汤森德·史蒂斯夫人是典型的胸怀这三种思虑的美国女子教育家，她于1831年出版了《女性教育思想》，这本书吸收了裴斯泰洛齐的心智形塑思想。史蒂斯夫人旨在用这本书唤起人们对女子心智教育的重视。她斥责过去的女子教育使妇女成了“一种没有思想的、肤浅的受造物”[①]，更是指责公众对女性教育的忽视：

> 公众的心智一直如此积极地关注着大众教育，还不懈地研究如何令大众教育惠及我国所有青年，甚至是国内最贫穷阶层的男性居民。然而，对于社会另一半人的教育，对于那些毛发更浅、更弱的人士的教育，相关的谈论极为稀少。[②]

史蒂斯夫人倡导开展女子的心智教育，主要是源自对女子的伴侣和母亲角色、种族文明的需要和女子自身的快乐问题的担忧。她的女子心智形塑观念主要是基于一种女子心灵观，在她看来，女子天生较为敏感，情感丰富，然而人无法用情感来研究抽象思想，因此若女子要成为一个能在智力文化方面与丈夫对话并为丈夫带来智力愉悦的伴侣，就必须接受一种心智教育。[③]

史蒂斯夫人进一步提出，女子心智教育是一种心智的形塑过程，心智形塑是获取任何科学和知识所必需的预备教育。她说：

> 为何在高级思想领域内，极少有妇女比男子更优秀，其原因可能是妇女在年少时几乎没有机会进行心智的形塑，但是每一个去学院上学的男孩都能接受这种教育。[④]

---

① Mrs Townshend Stith, *Thoughts on Female Education* (Philadelphia: Printed by Clark & Raser, 1831), p. 20.

② Mrs Townshend Stith, *Thoughts on Female Education* (Philadelphia: Printed by Clark & Raser, 1831), pp. 7, 20.

③ Mrs Townshend Stith, *Thoughts on Female Education* (Philadelphia: Printed by Clark & Raser, 1831), p. 7.

④ Mrs Townshend Stith, *Thoughts on Female Education* (Philadelphia: Printed by Clark & Raser, 1831), p. 21.

史蒂斯夫人将女子心智形塑的具体目标定为两个主要方面：一是发展理性的心智官能，分别有记忆力、想象力和理性（reason）官能；二是培育耐心思考和反思的心智习惯与心智力量。在材料上，她提出，应改革过去的女子教育材料和方法，将一些无益于心智改进的课程替换成科学，她尤为反对家长让女儿在音乐学习上花费过多时间和注意力。在心智形塑的方法上，史蒂斯夫人建议仿照富兰克林学院的心智形塑方法。首先，必须注意培育青少年的注意力，就是让青少年形成一种在相当长时间内将注意力集中于一个客观对象上的心智习惯。她强调，这是所有心智方面的进步的必要前提，其具体方法可以是让学生阅读一本十分凝练的书并给定一个句子，要求学生回答每一个词语的意思和句子在作者心中的整体意义。总的来说，采用这种研究的态度而非诵读的态度去学习，有助于养成长久注意的心智习惯。其次，智的力量的教育比知识教育更为重要，因而须培育记忆力、想象力和理性。在记忆力教育方面，既要通过练习记忆、准确思考和集中注意力来增强记忆力，又需在记忆中充实对今后生活有用的知识，并且运用几何、语言、代数、历史、地理等材料来完成记忆力的教育。在练习记忆时，应记忆思想，而非记诵字词。同时，美国女孩应首先学习母语，父母则需依据女孩的天性和爱好让女儿学习拉丁语、法语或意大利语等语言。

史蒂斯夫人不仅提出要培育记忆力官能，更提出要发展和改进女子的想象力和理性官能。在她看来，人们通常偏执地认为一个人有丰富的想象力则意味着这个人有一种非理性的和浪漫的品性，但是想象力和人的理性力量是紧密相连的，尤其是想象力和心智的其他高级力量一样，都是在注意力和抽象思维能力的基础上发挥作用的。在想象力的教育方法上，史蒂斯夫人建议采用伟大诗作来改进和发展人的想象力。在理性官能的教育上，史蒂斯夫人提出，“哲学是理性帝国”，用哲学最能改进和发展人的理性力量。此外，几何课程也能够锻炼和改进人的理性。甚至，女子教育应考虑柏拉图提出的各门基础科学。在理性教育上，史蒂斯夫人赞同裴斯泰洛齐的教育方法，提议重视学生的探究精神，以此令学生养成理性探究身边事物的习惯。①

除了史蒂斯夫人之外，还有不少学者基于女子的伴侣角色来提倡女子的心智教育。譬如，有学者在论述女子心智教育目的时说，将妇女塑造成一个开化的、支持男人的伴侣。② 还有学者提出，女子心智教育的主要目标是改进其记忆官能，以使其能够记忆大量知识，从而辅助男士促进社会进步。③ 在内战前，美国出现了少量招收白人女童的教育机构。譬如，1821 年成立的特洛伊妇女学院（Troy Women Seminary)、马萨诸塞州伊普斯威奇女性学院（Ipswich Female Seminary)、纽约州霍利奥克女性学院（Mt. Holyoke Female Seminary)，而乔治亚州梅肯女性学院（Georgia Female College of Macon）则是 1836 年获得办学章程并于 1839 年正式开学。④ 随着这些教育机构的出现，美国本土的女子心智形塑在实践中得到改进和进一步的研究。

至 19 世纪末，一些女性教育家不再局限于女子的伴侣和母亲角色来谈论女子心智形塑，而是从女子个人的智力追求出发，倡议女子心智教育改革。其中，芝加哥大学教授和妇女教育教务长马里奥·塔尔伯特（Mario Talbot）是在这个方面做出巨大贡献的女子教育家。她撰写了《妇女的教育》这本书，提出心智教育并不是男子的专利，妇女

---

① Mrs Townshend Stith, *Thoughts on Female Education* (Philadelphia: Printed by Clark & Raser, 1831), pp. 21-27.

② William Russell (ed.), "Education of Females: Intellectual Instruction," *American Journal of Education*, (Nov. 1827): 2-11.

③ William Russell (ed.), "Thoughts in Education of Females," *American Journal of Education*, (Jun. 1826): 8.

④ Christopher J. Lucas, *A History of American Higher Education* (New York: ST. Martin's Griffin, 1994), pp. 154-158.

也应该追逐她们自己认可的智力目标，妇女教育最终能够引领妇女获得个体智力的自由。①

总的来说，在19世纪至南北战争之前，多数美国学者在谈论白人家庭的女童教育时，大都认可女子作为男子的伴侣或母亲有必要接受心智形塑。同时，相关学者的女子心智形塑观包含不同的女子智力禀赋观。有的学者认为，男士智力禀赋更高因而适合学习抽象科学，女士则情感丰富。有的学者则否认男子与女子在智力禀赋上天生就有差异，而是认为男子和女子智力禀赋相当，他们在智力上的成就差异只是受到了教育环境的限制。从心智形塑的具体目标来看，是从单一的改进记忆力的目标走向了改进和发展记忆力、想象力和理性官能的多重目标。虽然，多数教育家仅仅是从如何让女子辅佐男子在社会上获得更高智力成就的角度来谈论女子的心智形塑，甚至倡议依据男子的智力品位和倾向来塑造女子的智力品位和倾向，但是这些教育家们共同为女子心智教育历史谱写了新的篇章。

---

① Marion Talbot, *The Education of Women* (Chicago: University of Chicago Press, 1910), p. 22; Christopher J. Lucas, *A History of American Higher Education* (New York: ST. Martin's Griffin, 1994), p. 58.

第六章　19 世纪末至 20 世纪初的革新、批判和辩护

从 19 世纪 60 年代末起，随着心智科学的更新和演替，心智形塑的目标不再停留在想象力、记忆力和判断力的增强和培育上，而是有了新的目标官能。随后，心智形塑不仅仅停留在智的改进或培育上，还开始指涉一种包括人的心智、道德、身体和精神在内的多方面力量的教育。

第一节　19 世纪末以来心智形塑观念演变趋势总览

一、心智形塑的新基础理论

19 世纪 60 年代至 90 年代，美国中高等教育界的许多学者开始大范围接纳欧洲的心智哲学思想，诸如德国康德的《纯粹理性批判》、英国约翰·洛克的《教育片论》和斯宾塞的《心理学》等著作思想，还有苏格兰经验心理学家贝恩的心智哲学思想。① 欧洲心智哲学上的最新成果为美国本土的心智形塑提供了新的基础理论，美国本土学者随后提出了新的心智形塑观念。

① G. Stanley Hall, "Philosophy in the United States," *Mind* 4, No. 13(Jan. 1879): 94.

在美国人所接受的欧洲心智哲学中，苏格兰哲学家贝恩的心智哲学思想具有一定的代表性和影响力。贝恩在《智力和感官》中将心智（mind）分为三类：第一类是感觉，第二类是意志力，第三类是思想、智（intellect）或认知（cognition）。他提出，人的感官既受到感觉的影响，也受到心智和思想的影响。过去，学者普遍将心智的功能界定为记忆力、想象力、判断力和推理能力，而心智形塑是这些抽象的心智官能的训练。现在，贝恩认为，人的经验感官和心智是紧密相关的，应该针对与感官相对应的心智经验进行训练。在他看来，可以将心智解释为三种主要经验，包括区分（Discrimination）、相似（Similarity）和回忆（Retentiveness）；与"区分"相对应的感官就是对差别的感触（sense），与"相似"对应的就是认同的感触，与回忆类似的就是记忆。因此，贝恩提出智性训练（Intellectual exercise）是心智经验的运作，具体地说，是区分、对照和回忆的练习。并且，贝恩尤为支持区分和回忆的训练，认为区分是获得知识最重要的心智经验，当人们将不同的事物区分开来，才获得了关于某物的知识。① 贝恩和其他人的经验心理学在一定程度上促进了美国心智形塑基础理论的心理学化。

美国本土教育家在欧洲心智哲学的基础上创造了本土的心智哲学，包括耶鲁学院的院长波特，联合大学、阿姆赫斯特学院和哈佛学院的教师都部分吸收了欧洲的康德、莱布尼茨、巴鲁赫·斯宾诺莎（Baruchde Spinoza）、勒内·笛卡尔（René Descartes）、休谟、贝恩等人的心智哲学或道德哲学，发展出新的心智形塑观念。②

---

① Alexander Bain, *The Senses and The Intellect* (London: Longman, Green, Longman Roberts and Green, 1864), pp. 1, 5.

② G. Stanley Hall, "Philosophy in the United States," *Mind* 4, No. 13 (Jan. 1879): 97.

二、对训练迁移说的质疑和辩护

1893年，美国教育史上著名的《十人委员会报告》出台，开启了美国中等教育改革的序幕。① 这份报告表达了高中教师群体对心智形塑的质疑态度。19世纪末，不少高中教师提出质疑：高中是否应该以大学为导向，采取古典课程对学生进行“心智形塑”？随着高中教师和一些中等教育研究者对大学心智形塑观念的质疑，一些教育心理学家开始质疑19世纪美国大学和中学心智形塑的理论基础，尤其是官能层级说和训练迁移说。

1893年，詹姆斯等人基于一个关于记忆的心理学实验提出，对记忆某些事物能力的训练并不能增强人的一般记忆力并迁移至任何情境。随后，爱德华·李·桑代克在1922—1923年对数千名高中生进行了调查，调查显示学生的思维能力并未因学习什么得到改变。不仅如此，教育心理学家还试图推翻19世纪心智形塑的“官能”概念，1913年，桑代克质疑是否存在记忆、感知、推理与观察这些心智活动，认为心理就像一台机器，是由许多的独立的联结体（individual connections）组成，而不是由一些大的官能团组成。②

1912年，一批大学教师从大学学术研究的角度重申了心智习惯或态度的训练在中等教育中的重要性，并且为心智形塑的“迁移”功效

① Edwin G. Dexter, "Ten Years' Influence of the Report of the Committee of Ten," *The School Review* 14, No. 4(Apr. 1906): 254-269.

② Herbert M. Kliebard, *The Struggle for the American Curriculum (1893-1958)* (New York: Routledge, 1995), p. 92. 克利伯德在《课程变革史（1893—1958）》之中提到桑代克在1922—1923年对8000多名高中生进行了调查。他的数据是有误的，后文（第二节）将详细叙述。William Harry Heck, *Mental Discipline & Educational Values* (New York: John Lane Company, 1909), p. 28; Alexander Meiklejohn, *The Liberal College* (Boston: Marshall John Company, 1920), pp. 107-132.

做了辩护。来自美国中部的堪萨斯大学教育学系教务长查尔斯·休斯·庄士顿（Charles Hughes Johnston）、物理学系主任弗雷德里克·爱德华·凯思特（Frederick Edward Kester）、拉丁语系主任阿瑟·塔潘·沃克（Arthur Tappan Walker）、德语系主任 W. H. 卡鲁斯（W. H. Carruth）；美国北部的密歇根大学教育史系副教授 G. L. 杰克逊（G. L. Jackson）、教育学副教授卡尔文·奥林·戴维斯（Calvin Olin Davis）、数学系副教授 L. C. 卡尔平斯基（L. C. Karpinski），威斯康星大学教育学教授爱德华·C. 埃利奥特（Edward C. Elliott）、历史系副教授韦兰·J. 蔡司（Wayland J. Chase），北卡罗来纳大学化学系副教授 J. E. 密尔斯（J. E. Mills），圣路易斯医学院生物学副教授亚瑟·S. 皮尔斯（Arthur S. Pearse），威斯康星州立师范学校校长威廉 J. 萨瑟兰（William J. Sutherland）；美国中西部的芝加哥大学教授沃尔特·萨金特（Walter Sargent）；美国西部的俄亥俄州立大学英语教授约瑟夫·维利尔斯·丹尼（Joseph Villiers Denney）等人，就"课程的时代需求""课程的规训基础""文艺复兴以来的中等教育课程史""道德教育与训练""生理学"及"性教育学"等主题进行了探讨。其中，堪萨斯大学的教育学系教务长庄士顿教授赞同教育心理学家詹姆斯的观点，反对在儿童早年通过"心智形塑"塑造"习惯"，认为固定的"习惯"会阻碍心智力量的解放，习惯是人的牢笼。庄士顿并不认同爱德华·李·桑代克、R. S. 伍德沃斯（Robert S. Woodworth）等人的记忆迁移水平测试，认为形式训练（formal discipline）的"迁移"功效既未得到证实，也未被他们证伪。庄士顿认为，要尽可能实现形式规训的"迁移"功能，关键在于"习惯"——抵制学生的某些习惯与扩展学生的特定习惯。其中，需要扩展的"习惯"包括广泛意义上的心智态度、课程方法、判断时的清晰和谨慎、陈述时的准确，以及对细节的区分，学生需要在技术纯熟的教师的带领下进行具体实践。对教师来说，实现形式规训的功效，要做到以下两点：其一，选择有规训效力的课程或材料。其二，确定课程与主题后，采取最能利用课程主题的方法。①

堪萨斯大学拉丁语系主任阿瑟·塔潘·沃克博士强调，在高中开设拉丁语系并不是为了让学生学会拉丁语并通过大学入学考试，而是为了训练学生的心智，培育学生的文字读写能力与历史意识。他将拉丁语课程分解为三个基本的心智形塑过程：第一，学生在学习拉丁语时，需要细致地观察不同形式的词组和句子的构成。第二，需要从句子的结尾、顺序正确地推论各种关系。第三，学生要用英文最佳地表达他的理性思考过程。在这个过程中，学生需要具备准确的观察力、基于已有观察的正确推理力，以及对结果的表达力，这些都是心智形塑的基本过程。他说："拉丁语能最有效地训练处于中等学校年纪的少年的心智官能。"② 诚然，上述观点基于对心智形塑观念与古典课程的辩护立场，将心智形塑几乎等同于专门科学与技艺的一般化学术训练。综上所述，他们相信，学生通过心智形塑获得的心智习惯能够迁移至今后的生活情境。

西储大学（Western Reserve University）的郝伯特·C. 纳廷（Herbert C. Nutting）也是反驳实验心理学家、支持心智形塑的代表人物。他在《心智形塑与迁移》一文中指责那些声称已证伪训练迁移的实验心理学家，在他看来，迁移是存在的，一门课程所培养的整洁有序、准确、坚毅的习惯可以在其他领域中发挥作用，没有实验可以否认这一点；再者，在教学经验中，学生学习拉丁词汇时，能够联想到法语中相似的词汇，这无疑是一种迁移。他认为，实验心理学家的实

① Charles Hughes Johnston, *High School Education* (New York: Charles Scribner's Sons, 1912), pp. 31-44.

② Charles Hughes Johnston, *High School Education* (New York: Charles Scribner's Sons, 1912), p. 260.

验与各种质疑“迁移”的声明丝毫不能解决拉丁语教学的实践问题。①

虽然有如此多的大学教师对心智形塑的迁移作用进行辩护，但是心智形塑的“官能”概念受到过多质疑而逐步被中等教育家所抛弃，心智形塑观念衍生了大脑功能训练和思维习惯训练等心理学术语。

20世纪初，美国生物学家和生理学家发出了“重新发现身体”的呼吁，试图改变中世纪以来心智形塑观念的单一目标——心智，将身体训练纳入心智形塑的范畴。1915年，J. H. 迈克布莱德（J. H. McBride）的《身体训练作为心智形塑》一文批判了中世纪以来的唯智主义教育，认为中世纪大学，包括牛津与剑桥，只提供心智的训练，人的身体被视为动物的、原罪的，以及需要被压迫和鄙视的存在。这种崇尚心智的教育观念自罗马帝国覆灭直至19世纪末一直在教育界占据主导地位，这种大学教育仅仅造就了“闲暇绅士或学者”。迈克布莱德声称，查尔斯·罗伯特·达尔文（Charles Robert Darwin）只有将适者生存理论解释为“强者才是最适者”的时候，这条定律才能解释古希腊人的消亡——文明的种族被身体更强壮的粗鲁种族毁灭了。他认为，大脑与身体其他器官都是心智的基础，身体训练是思维强大的必要条件。传统以唯智主义为特征的心智形塑的操作需要改变，德国种族的强大始于“体操之父”雅恩推行的身体训练观，盎格鲁-撒克逊种族与每个个体也应该以男子气概、肌肉、活力（virility）为教育目标，通过彻底的身体训练收获心智形塑。②

总的来说，内战后，19世纪上半叶的心智形塑的部分理论基础被新的理论所取代，并且心智形塑的材料逐步以自然科学为主，古典课程和心智形塑的联结关系逐渐减弱。心智形塑并未衰亡，它被美国中

① Herbert C. Nutting, “Mental Training and Transfer,” *The Classical Journal* 26, No. 4(Jan. 1931): 296-298.

② J. H. McBride, “Physical Training as Mental Training,” *The Scientific Monthly* 1, No. 1(Oct. 1915): 56-65.

学和大学教师及其他教育研究者内化为一种信念，从而以形式教育和学术训练的观念与实践形态留存于现代美国中高等教育中。

第二节 批判与重释：心智形塑观念的衰微

19世纪中叶学园教育运动兴起以后，以颅相学为理论基础的训练迁移说愈发流行。从19世纪中叶至20世纪初，以“智”的训练为中心内涵、以心理学和哲学为概念外延、以“训练迁移”为教育目的的心智形塑观念是美国中等教育领域的主流观念。在19世纪和20世纪之交，爱德华·李·桑代克率先发起了对心智形塑观念的批判——有人批判，亦有人卫道，这原本就是学术界的常态。在20世纪20年代，新人文主义教育家白璧德（Irving Babbitt）等人陆续重释“心智形塑观念”。他们试图在有限的古典主义圈子里表达一种信念，心理学实验所证伪的“训练迁移说”只属于心智形塑观念的某一种形态。它最为传统的也最具有意义的形态，是以“意志”的形塑为中心内涵、以神学和哲学为概念外延的心智形塑观念形态。

一、“训练迁移说”遭遇实验主义的挑战

“训练迁移”，是心智形塑观的两大立论基础之一。另一个基础理论是心智官能论。在19世纪末的美国中等教育领域，心智官能论几近于信条。大部分教师认为，教学是教授知识，更是在训练和发展儿童的辨析力、推理能力、注意力、观察力和想象力等心智官能。多数家长、教师和专家认可传统“七艺”课程或核心课程的“训练迁移”功效。知识领域是分门别类的，各个职业行业亦技能繁多。但是，一般化的训练，独特经验文化或核心课程的学习，就是一把万能钥匙，它为我们适应各个脑力劳动行业开启了方便之门。在19世纪和20世纪之

交，“训练迁移”论开始遭遇前所未有的科学拷问。

于1898年进入哥伦比亚大学的爱德华·李·桑代克则是日后批判和摧毁心智形塑观的心理学理论基础的人。他跟随威廉·冯特（Wilhelm Wundt）的弟子詹姆斯·麦基恩（James McKeen Cattell，亦是美国心理测量运动发起人之一）研究动物学习问题。他与伍德沃斯[①]及其老师卡特尔等人一起，针对核心学习经验的“训练迁移”功能开展证伪实验。

桑代克提出两个问题：一是核心学习经验的“训练迁移”功能是否可以经得起实验数据的拷问；二是人的诸种心智官能之间是相互影响的吗，以至于核心教养和经验能够发挥一般化的训练作用。1900年，伍德沃斯和桑代克发表文章《基于心智标准的大小判断》，目的是证伪感知类（对大小、面积、重量的感知能力）学习经验的独特价值。实验结论提出，在所选定的几类学习经验之中，不存在显著影响心智发展的核心学习经验。[②]

随后，桑代克和伍德沃斯陆续主持的实验皆以彻底破除“心智官能”有机关联说为旨归。

为了便于实验，他们把“心智官能”概念操作化，界定为拼写、乘法、区分大小、观察字词、速记、口头记忆、推理（reasoning）等心智功能的心理基础（mental basis）。结果，伍德沃斯和桑代克得出了两个观点：第一，特殊训练（special training）无法实现普遍的心智力

① 伍德沃斯于1899年在卡特尔的指导下获得哥伦比亚大学的博士学位，前往纽约大学医学院任教，并且于1903年回到哥伦比亚大学任教，1915年当选美国心理协会（The American Psychological Association）主席。伍德沃斯和爱德华·李·桑代克皆曾在学业上受到冯特弟子卡特尔的指导。

② R. S. Woodworth and E. Thorndike, “Judgments of Magnitude by Comparison with a Mental Standard,” *Psychological Review* 7, No. 4(1900): 344-355.

量（mental power）的塑造（discipline）。① 一种心智功能的改善独立于其他功能的改善，不存在相互关联的有机联系。第二，心智官能的基本概念，如知觉辨别力（sense discrimination）、注意力、记忆力等词语是脱离现实的。在教育现实中，这些词语所对应的实际能力是不存在的，应当进一步分解它们，以具体的学科经验为对象的心智能力才是教育应考虑的对象。

爱德华·李·桑代克的兴趣并不仅仅是形而上的，他将学术批判与重构视为教育实践改革的先导。② 在 20 世纪 20 年代，桑代克等人依托哥伦比亚大学教师学院的教育研究中心（The Institute of Educational Research，Teachers College，Columbia University），陆续扩大教育实验规模，以中小学和大学核心课程为研究对象，进一步考证相较于种族文化和人的天赋，核心课程教学（人类教养经验的浓缩）究竟在多大程度上能够影响人的心智发展。这一次，桑代克的实践批判以最为传统的核心课程元素——数学课为标靶。从 1922 年 5 月至 1923 年 5 月，他在数十所中学抽取了超过 1 万的中学生。在排除特殊训练影响力的前提下，测试出一整年的一般化智力训练（training）对心智功能发展的普遍影响力。这里须注意的是，桑代克一般将 mental discipline（心智形塑）作为较形而上的哲学概念使用，而把 mental training（心智训练）作为实践层面的概念进行使用，并且把它与一般训练（general practice）相互混用。这次实验结论指出，学生的心智能力的进步在较大程度上源于学生本人心智的自然的、生理性质的成熟

① E. L. Thorndike and R. S. Woodworth, "The Influence of Improvement in One Mental Function upon the Efficiency of Other Functions(Ⅱ), the Estimation of Magnitudes," *Psychological Review* 8, No. 4(1901): 384-395.

② E. L. Thorndike and R. S. Woodworth, "The Influence of Improvement in One Mental Function upon the Efficiency of Other Functions(Ⅲ), Functions Involving Attention, Observation and Discrimination," *Psychological Review* 8, No. 4(1901): 553-564.

(magnitude)，而非一般化教学所提供的“训练”。①

除此之外，在 20 世纪 20 年代，爱德华·李·桑代克以高中和大学本科课程为实验对象，不断论证专业课程、特殊训练比传统的核心课程、一般训练更能带来专门心智能力的提升。② 他用当时最为新颖的在传统教育家看来大胆创新的心理学实验方法论证了一个极为保守的教育观念：“人的初始能力（initial ability）和天赋倾向（inherent tendency）比后天教养系统更能影响人在学习和教育中的收获。”③

桑代克的批判对心智形塑观念的衰微造成了难以预计的影响。基于这些年对心智形塑心理学基础理论的解构、批判，桑代克对数学教学、数学学习与心智发展的关系形成了新的认识。他所撰写的《写给教师的书》（*Teacher's Word Book*）、《代数心理学》（*Psychology of Algebra*）和《算术心理学》（*Psychology of Arithmetic*）等教材被广泛运用于教师教育中，销售量达到了数百万本。④ 两大批判者——桑代克和伍德沃斯及他们的弟子陆续成为“全美心理学学会”主席。至 20 世纪中叶以后，心智形塑观念及其依托的“心智训练”“智力训练”等概念在美国中等教育话语领域逐渐消亡。

二、边缘的声音：古典主义者的重释

长期以来，心智形塑是美国中学和大学自由技艺（liberal arts）地

---

① E. L. Thorndike, “On the Improvement in Intelligence Scores from Fourteen to Eighteen,” *Journal of Educational Psychology* 14, No. 9(1923): 513-516.

② R. S. Woodworth, *Edward Lee Thorndike, 1874-1949* (Washington D. C.: National Academy of Sciences, 1951), p. 213.

③ E. L. Thorndike, “Mental Discipline in High School Studies,” *Journal of Educational Psychology* 15, No. 2(1924): 83-98.

④ S. Tomlinson, “Edward Lee Thorndike and John Dewey on the Science of Education,” *Oxford Review of Education* 23, No. 4(1997): 365-383.

位合法性的观念来源。它在中学的式微使一些大学教育工作者有芒刺在背之感。于是，有人披览史料，纵向勾连哲学史，还原心智形塑的教育哲学身份，以期赋予它“有用”的色彩。有用，在于它可为桥梁，贯通古典与现代。有人投身书斋，专心考据，驳斥现代人对古典的误读、错读，为“七艺”正名；亦有人掀起教育运动，呼吁大学生读古典，于寂静书院之中审视工业社会的喧闹。

永恒主义者马克・范多伦（Mark Van Doren）、罗伯特・M. 赫钦斯（Robert Maynard Hutchins）和新人文主义者白璧德、保罗・埃尔默・莫尔（Paul Elmer More）、斯图尔特・普拉特・谢尔曼（Stuart Pratt Sherman）、林恩・哈罗德・霍夫（Lynn Harold Hough）等，力主重释心智形塑哲学观念及现代教育意义。他们来自哥伦比亚大学、芝加哥大学、哈佛大学、普林斯顿大学、伊利诺利斯大学和德鲁大学（Drew University）。既重视人文学，也肯定古典精神与现代精神可相通。此处，依据他们对古典的认同，统称其为古典主义者。经他们的重释，出现了以下三个方面的特点：

（一）观念关联的概念与词汇变化

从概念上来看，心智形塑观念关联至更广泛的概念词汇。一方面，所关联的部分词汇比 mental discipline、mental training 更浅显易懂，贴近社会生活。如白璧德将心智形塑阐释为“敬虔意志”和“修辞术”的均衡塑造。同时，他又将心智形塑的旨归阐释为培育“品性与智力方面的贵族”（aristocracy of character and intelligent）。[①] 心智形塑不仅关联带有神学色彩的“敬虔”意志一词，也指涉世俗色彩鲜明的“品性”“智力”等词。

另一方面，主概念“心智”被置于一个由古典哲学概念构成的哲

---

① Irving Babbitt, *Literature and the American College* (Boston: Houghton, Mifflin and Company, 1908), p. 105.

学框架中，力求区别于心理学词汇。如白璧德的心智形塑，意为人的思想活动，以“高级自我”（higher self）意识规束“一般自我”（ordinary self）意识。这对概念源自英国诗人马修·阿诺德（Matthew Arnold）的哲学范畴——一般自我（ordinary self）和最优秀的自我（the best self）。一般自我，指人以欲念自由为生活目标的思想状态，也指人以个人理性为标尺衡量社会福祉的思想特征。最优秀的自我，具备超越阶级、宗派、个人利益的，超个人意志的，以公共福祉为行动出发点的意志。① 又如经范多伦的阐释，心智形塑的目标是人性的实现。② 所谓人性，须置于阿尔弗雷德·诺尔司·怀特海（Alfred North Whitehead）的过程哲学（philosophy of process）框架之中来解释。人性，不是动物心理学意义的人性。人性的实现是永无止境的动态过程。人性是人区别于动物的属性。人性在于人能不断提升自己对他人、他民族、世界、宇宙的同理情感阈限和认知阈限。这种教育观关联了潜能（potentialities）、无意识（unconscious）、我（me）或非我等概念构成的哲学框架。③ 再譬如莫尔，他认同古希腊教育传统赋予的心智形塑的意义。心智形塑是自由意志（free will）的塑造，是智慧或智的塑造。此智慧非现代心理学的智力范畴。智慧与智力对应了古典文化与现代文明。智力是某一类具体事务所需的技术性智力的智，而智慧（intelligence or mind）属于古希腊哲学范畴，它是对世上种种具体的生命活动本质的洞悉，是对具体经验的超越。它依赖于教育中“自由意志”的塑造，“自由意志”是超越理性和欲望的哲学范畴，属于精神

---

① 马修·阿诺德：《文化与无政府状态——政治与社会批评》，韩敏中译，生活·读书·新知三联书店，2012，第 76 页。

② Mark Van Doren, *Liberal Education* (New York: Henry Holt and Company, 1943), pp. 11-15.

③ Elspeth Crawford, "Process Thought: A Comparison of Wilfred Bion and Alfred North Whitehead," *Interchange* 31, (2000): 159-177.

的、心的整体意义上的哲学范畴。[①]

(二) 教育实践规范的重新框定

重释者不仅关注形而上的方面，亦关注观念所对应的本科教育实践。他们力图重构大学心智形塑所依赖的知识重心、知识范围、课程制度和教育方法。

其一，反对赋予人文学科和自然科学知识在大学本科阶段完全平等的教育价值，以具备人文主义（humanism）精神的人文学科为知识重心。

其二，在知识范围上并不排斥自然科学知识。人文学科知识范围拓展，古代部分更为厚重，近代读本有所延展。传统“七艺”主题包括文法、修辞、辨证、数学、几何、天文、音乐等读本的重要性获得重新阐释，近代医学、生物学、历史、法律、物理、人口学、经济学等材料的心智形塑价值受到重视。

表 6-2-1 马里兰州圣·约翰学院人文课程阅读表

著者	书名	著者	书名
荷马 (Homer)	《伊利亚特》(*Iliad*) 《奥德赛》(*Odyssey*)	希罗多德 (Herodotus)	《历史》(*History*)
希波克拉底 (Hippocrates)	《论风、水和地方》(*Airs, Waters and Places*)	修昔底德 (Thucydides)	《伯罗奔尼撒战争史》(*History of Peloponnesian War*)
欧里庇得斯 (Euripides)	《美狄亚》(*Medea*)	阿里斯塔克斯 (Aristarchus)	《太阳和月球的大小与距离》(*On the Sizes and Distances of the Sun and the Moon*)

---

① Paul Elmer More, *Platonism* (Princeton: Princeton University Press, 1917), pp. 92-83, 101, 136.

续表 1

著者	书名	著者	书名
阿里斯托芬（Aristophanes）	《蛙》（*Frogs*） 《云》（*Clouds*） 《鸟》（*Birds*）	柏拉图	《对话集》（*Dialogues*）
阿基米德（Archimedes）	《选集》（*Selected Works*）	欧几里得（Euclid）	《几何原本》（*Elements*）
亚里士多德	《工具论》（*Organon*） 《诗学》（*Poetics*） 《物理学》（*Physics*） 《政治学》（*Politics*）	阿波罗尼奥斯（Apollonius ）	《圆锥曲线论》（*Conics*）
维吉尔	《埃涅阿斯纪》（*Aeneid*）	西塞罗	《论职责》（*On Duties*）
提图斯·卢克莱修·卡鲁斯（Titus Lucretius Carus）	《物性论》（*On the Nature of Things*）	爱比克泰德（Epictetus）	《道德手册》（*Moral Discourses*）
尼科马霍斯（Nicomachus）	《算术入门》（*Introduction to Arithmetic*）	普鲁塔克（Plutarch）	《希腊罗马名人传》（*Parallel Lives*）
普布利乌斯·科尔涅利乌斯·塔西佗（Publius Cornelius Tacitus）	《历史》（*The Histories*）	克罗狄斯·托勒密（Claudius Ptolemy）	《天文学大成》（*Mathematical Composition*）
萨摩撒塔的卢西安（Lucian of Samosata）	《真实历史》（*True History*）	克劳迪亚斯·盖伦（Claudius Galen）	《论自然官能》（*On the Natural Faculties*）

续表 2

著者	书名	著者	书名
希波的奥古斯汀（Augustinus Hipponensis）	《忏悔录》（*Confessions*）《论音乐》（*On Music*）《论教师》（*Concerning the Teacher*）	波那文都（Bonaventure）	《论诸艺术向神学的回归》（*On the Reduction of Arts to Theology*）
查士丁尼大帝（Justinian the Great ）	《法学总论》（*Institutes*）	民间史诗	《罗兰之歌》（*Song of Roland*）
罗伯特·格罗斯泰斯特（Robert Grosseteste）	《论光》（*On Light*）	民间史诗	《被焚者尼亚尔萨迦》（*Saga of Burnt Njal*）
托马斯·阿奎那（Thomas Aquinas）	《论存在与本质》（*On Being and Essence*）、《论人》（*Treatise on Man*）等	尼克尔·奥雷姆（Nicole Oresme）	《形态的幅度》（*On the Breadths of Forms* ）
但丁·阿利吉耶里（Dante Alighieri）	《神曲》（*Divine Comedy*）	列奥纳多·达·芬奇（ Leonardo da Vincl）	《手稿》（*Note Books*）
乔瓦尼·皮科·德拉·米兰多拉（Giovanni Pico della Mirandola）	《论人的尊严》（*On the Dignity of Man*）	尼克罗·马基雅维利（Nicolò Machiavelli）	《君主论》（*The Prince*）
弗朗索瓦·拉伯雷（Francois Rabelais）	《巨人传》（*Gargantua et Pantagruel*）	德西得里乌斯·伊拉斯谟（Desiderius Erasmus）	《愚人颂》（*In Praise of Folly*）

续表 3

著者	书名	著者	书名
米歇尔·德·蒙田（Michel de Montaigne）	《随笔集》（*Essays*）	威廉·吉尔伯特（William Gilbert）	《论磁》（*On the Loadstone*）
米格尔·德·塞万提斯·萨维德拉（Miguel de Cervantes Saavedra）	《堂·吉诃德》（*Don Quixote*）	威廉·莎士比亚（William Shakespeare）	《亨利四世》（*Henry IV*） 《哈姆雷特》（*Hamlet*） 《李尔王》（*King Lear*） 《麦克白》（*Macbeth*） 《暴风雨》（*Tempest*）
培根	《新工具》（*Novum Organum*）	约翰尼斯·开普勒（Johannes Kepler）	《天文学概要》（*Epitome of Astronomy*）
皮埃尔·高乃依（Pierre Corneille）	《熙德》（*Le Cid*）	威廉·哈维（William Harvey）	《心血运动论》（*On the Motion of the Heart*）
罗伯特·波义尔（Robert Boyle）	《怀疑派化学家》（*Sceptical Chymist*）	伽利略·咖利雷（Galileo Galilei）	《两门新科学》（*Two New Sciences*）
笛卡尔	《几何学》（*Geometry*） 《方法论》（*Discourse on Method*） 《形而上学的沉思》（*Meditations*）	霍布斯	《利维坦》（*Leviathan*）
莫里哀（Molière）	伪君子（*Tartuffe*）	布莱士·帕斯卡（Blaise Pascal）	《沉思录》（*Pensées*）
约翰·弥尔顿（John Milton）	《失乐园》（*Paradise Lost*）	让·拉辛（Jean Racine）	《费德尔》（*Phèdre*）

续表 4

著者	书名	著者	书名
胡果·格劳修斯（Hugo Grotius	《战争与和平法》（*Law of War and peace*）	斯宾诺莎	《伦理学》（*Ethics*） 《神学政治学》（*Theological-Political Treatise*）
艾萨克·牛顿（Isaac Newton）	《自然哲学的数学原理》（*Principia Mathematica*）	克里斯蒂安·惠根斯（Christian Huygens）	《光论》（*Treatise on Light*）
约翰·洛克	《政府论（下篇）》（*Second Treatise on Civil Government*）	维科	《新科学》（*Scienza Nuova*）
乔治·贝克莱（George Berkeley）	《海拉斯和斐洛诺斯的对话三篇》（*Dialogues between Hylas and Philonous*）	莱布尼茨	《形而上学论》（*Discourse on Metaphysics*） 《单子论》（*Monadology*）
乔纳森·斯威夫特（Jonathan Swift）	《格列佛游记》（*Gulliver's Travels*）	休谟	《人性论》（*Treatise of Human Nature*）
查理·路易·孟德斯鸠（Charles Louis de Secondat, Baron de La Brède et de Montesquieu）	《论法的精神》（*Spirit of Laws*）	伏尔泰（Voltaire）	《老实人》（*Candide ou l'optimisme*） 《微型巨人》（*Micromegas*）

续表 5

著者	书名	著者	书名
卢梭	《社会契约论》(*Social Contract*)	康德	《纯粹理论批判》(*Critique of Pure Reason*)
爱德华·吉本 (Edward Gibbon)	《罗马帝国衰亡史》(*Decline and Fall of the Roman Empire*)	亚当·斯密 (Adam Smith)	《国富论》(*Wealth of Nations*)
达尔文	《物种起源》(*Origin of Species*)	歌德	《浮士德》(*Faust*)
黑格尔	《哲学史》(*Philosophy of History*)	卡尔·马克思 (Karl Marx)	《资本论》(*Capital*)
列夫·尼古拉耶维奇·托尔斯泰 (Tolstoy)	《战争与和平》(*War and Peace*)	奥斯瓦尔德·维布伦 (Oswald Veblen) 约翰·卫斯理·杨格 (John Wesley Young)	《射影几何》(*Projective Geometry*)

除了上述列表涉及的读本以外，还有杰里米·边沁（Jeremy Bentham)、安托万·洛朗·拉瓦锡（Antoine-Laurent de Lavoisier)、托马斯·罗伯特·马尔萨斯（Thomas Robert Malthus)、约翰·道尔顿 (John Dalton)、让·巴普蒂斯·约瑟夫·傅里叶（Baron Jean Baptiste Joseph Fourier)、尼古拉斯·伊万诺维奇·罗巴切夫斯基（Nicolas lvanovich Lobachevsky)、克劳德·伯纳德（Claude Bernard)、波恩哈德·黎曼（Georg Friedrich Bernhard Riemann)、尤利乌斯·威廉·里查德·戴德金（Julius Wilhelm Richard Dedekind)、亨利·庞加莱

(Jules Henri Poincaré)、格奥尔格·康托尔（Cantor，Georg Ferdinand Ludwig Philipp）等人的经典著作及古典经集。[①]

其三，较为普遍地反对选修制。反对选修制的两种弊端：一种是印象主义。我们的大学生根据课程名称和课程介绍粗浅地想象一下课程的意义，随意地选课。另一种是极端平等主义。在实现人性上价值不一的课程，在选修制中拥有绝对平等的被选择权利，这遮蔽了人文学科的意义。

其四，赞同全体教职工和学生共同读，读共同的经典，共同讨论。提倡破除教材，以古典的、经典的、原始的读本为教科书。以苏格拉底辩证法为经典阅读方法，反对权威式的、服从的、教条主义的阅读。对读本做深度思考、辩论和分析，尤其以历史的、辩证的、批判的视角分析读本中抽象的、共时的、结构性的、对当代社会生活影响巨大的词源或概念词汇。[②]

（三）观念意义域的延伸

在重释者看来，以意志或精神塑造和理性训练的均衡为内涵的心智形塑是对19世纪中叶以来“理智训练”中心主义的心智形塑观念的修正。它延伸了观念的意义域。

第一，它反对以社会经济体系的价值观引领文化体系的价值观。扩张主义、消费主义、对标准化的追求、对量的精心计算与追逐，属于工业主义体系。它们不适合大学，只会损害大学，加速文明衰落。

第二，反对唯“理智训练”至上。主张精英大学在“理性训练”的同时，注重敬虔精神的养成。防止知识精英以修辞技巧服务政客，

---

① Mark Van Doren, *Liberal Education* (New York: Henry Holt and Company, 1943), pp. 150-155.

② Irving Babbitt, *Democracy and Leadership* (Boston: Houghton Mifflin Company, 1924), pp. 193, 279.

欺骗民众。[①]

第三，反对以极端民族主义价值观引领大学。倡议理解和认知导向的而非极端的情感主义导向的民族主义教育。

第四，援引欧洲人文主义晚期对“觉醒”和“训练”的区别。[②] 白璧德认可并继承了奥斯瓦尔德·斯宾格勒（Oswald Arndd Gottfried Spengler）关于两类贵族教育的阐述。一类是封建主贵族的教育。它以“训练”为特征，以“延续”“彰显”为目的。它是以阶层、血统和种族的标志性知识、文化、礼仪为训练的内容。另一类为僧侣贵族的教育。它以“觉醒”（Bildung）为目标，是向内的。它是对个人超越阶层、种族、血统、性别的，意志的或精神的形塑。它不追求时间，不在意个人意义的延续，回避婚姻生活与个人姓氏。[③]

第五，心智形塑的文化意义是在教育场域进行的希伯来精神与希腊精神，甚至东方文化相互融合的尝试。以个人的修己、诚意、正心均衡对爱人类、做慈善的过度追求，以力求完善个人的品性均衡对社会改革的过度依赖。这是重释者们所认可的古希腊箴言“知己所是”（know thyself）的意义。[④] 重释者们主张向内修心，并非回避政治。在当时的社会背景之中，他们寄望，无论是个人、大学、企业还是民族-国家，都应回归他们所属的文化的、经济的和政治的角色，并且均衡不同角色在社会结构中的作用，至少不应湮没大学在社会文化上的引领角色。

---

① Irving Babbitt, *Literature and the American College* (Boston: Houghton, Mifflin and Company, 1908), pp. 91-105.

② 阿伦·布洛克：《西方人文主义传统》，董乐山译，群言出版社，2012，第 138、194 页。

③ 奥斯瓦尔德·斯宾格勒：《西方的没落》（下），齐世荣等译，群言出版社，2020，第 414—417 页。

④ Paul Elmer More, *Platonism* (Princeton: Princeton University Press, 1917), p. 78.

总体而言，白璧德及重释者们所构想的心智形塑良好的人，是经由共同的文化（古典文化）形成共识（共同体意志）的人。他们在社会政治生活中能够不断内省，以共同体精神或意志规束私欲和工具理性主义，在经济生活中也能恰当地运用个人的自由。这看似解决了大学教育中精致的利己主义者的问题，但是他或她所在的大学共同体所探究、言说和书写的科学真理，如何通过有效的言说方式，遵从何种言说规范，对话政治领域并进入公共领域，从而促进社会的进步，是悬而未决的。

结语

在美德与堕落之间、知识与无知之间、心智与身体之间，一直都存在着不间断的斗争。

——丹尼尔·阿普顿·怀特《埃塞克斯郡学园年会简介》

那些有影响力的人、富人、有学问的人和虔诚又伪善的人全都袖手旁观，等到有一天，我们国家充满一点就燃的偏狭意见、一触即发的无知和声色犬马，随着日积月累，在我们的城市将到处可见无知、偏见和感官享乐，它们将被某些政客或狂热的喀提林（Catiline）手里的火把点燃。上帝保佑！当我们共同体的领导者们意识到他们身处危险的时候，希望不至于太晚，还能扭转命运。

——贺拉斯·曼《1843 年报告》

心智形塑，即 mental discipline。mental 是形容词，discipline 是一个名词。它的含义可以理解为心智的训练、理性的塑造、灵魂的规训、精神的觉醒和思维的训练，并且不同阶段的心智形塑都可以这样理解：它是基于某种基础理论，采取某种手段，从而达到某种目的的一个过程。总的来说，从 1797 年耶鲁校长德怀特在耶鲁学院复兴以加尔文主义心智观为基础理论的心智形塑到 1893 年美国《十人委员会报告》对高中心智形塑观念及其相应课程的争议，美国的心智形塑观念和实践所要解决的问题发生了质变。18 世纪末 19 世纪初，传统心智形塑观面临的是前现代向现代转型的问题，复兴于共同体信仰、意识缺失危机与对原子人、理性人的未知与恐惧之中。而工业化程度加深的南北战争前夕，涌现了理性人如何克服自私，达成共和的问题。

19 世纪，美国心智形塑观念衍生了许多层次。从最高层的世界理性的形塑到心智习惯的培育和训练，再到道德层面对利己主义情感的抵制。这些观念在不同层面受到大学和中学等不同教育机构领袖人物的青睐，从而在实践层面发生了不同的作用。在欧洲心智形塑观念和相关理论传入之前，美国的心智形塑的思想来源主要是清教徒的加尔文主义儿童观，这种观念认为儿童天性是自私和缺乏世界理性的。若不对儿童的欲望加以规训，儿童的灵魂在成人后最终会背离最高意志。这个阶段的美国式心智形塑的含义可以概括为，它是以清教徒的加尔文主义儿童观为基础理论，以监督和约束身体为主要手段，以避免儿童的理性灵魂受到身体欲望的侵蚀为初级目的，塑造牧师进而教化民众，并且以塑造民众的敬虔信念与共同体认同为最终目的的过程，这个过程可以被称为规训。随后，美国社会现实状况构成了一些美国中高等教师、校长及其他利益相关者的教育改革动力，他们引入了欧洲式心智形塑观念和相关基础理论。19 世纪末，这种观念的部分理论基础遭到教育家的质疑，从而发生了转型。总的来说，19 世纪的美国教育史是美国传统教育观念与欧洲传入的教育观念的斗争和磨合的过程，同时也是美国中等教育和高等教育领导者的教育、信念和政治理念的实践过程，更是教育改革尝试着突破美国大学、中学乃至教育制度结构内在阻力的过程。

一、复兴本土传统教育观念和接纳欧式心智形塑的动力

美国本土的传统心智形塑观念以人性的原罪说为基础，在教育上赞同那种规束身体的手段。后来，接纳了欧式心智形塑的美国教育家

开始倡导积极训练心智力量。20 世纪初，美国教育家进一步提出，心智形塑应包括心智和身体力量的锻炼。这个历史过程既包括美国本土心智形塑的复兴过程，也包括美国中学、大学、其他教育机构的教师和学者接纳欧式心智形塑观念与实践的过程。对于这两个过程背后的动力问题，学界各有不同的结论。其中，丹尼尔·坦娜（Dannie Tanner)、乔尔·斯普林和罗宾等教育史研究者将美国大学和中学接纳欧式心智形塑这一过程背后的动力归结为苏格兰常识哲学和官能心理学的流行。对于这一点，本文有不同的研究结论。本文认为，不应将官能心理学和苏格兰哲学（本文认为是苏格兰心智哲学和颅相学）的流行看成美国大学和中学接纳欧式心智形塑的原因或动力，而应当将这些学说和理论在教育界的流行看成美国大学和中学初步接纳欧式心智形塑的表征。并且，本文认为美国大学和中学接纳欧式心智形塑的动力问题的探究，既要从支持欧式心智形塑的大学和中学教育领导人物的社会思想方面着手进行探究，也须结合对美国社会相应阶段的突出问题的思考，尤其是通过史料去剖析教育领导者们期待美国的大学和中学教育在多大程度上解决当时的社会问题。

依据前文研究，19 世纪美国大学、中学和其他教育机构的教师和学者复兴本土心智形塑和接纳欧洲心智形塑的思想动力最初来自他们对外源性危机和美国社会内在危机的体会，以及由此而产生的联结主义思想。因此，在 19 世纪下半叶，美国学者们浸润了欧洲进化论和常识哲学，抛弃了之前心智形塑观念的部分内容。

在 19 世纪上半叶，本文主要呈现了以招收白人为主的中高等教育机构的教师和学者对心智形塑的推动。这些教师和学者约可分为三类群体，分别是复兴美国本土心智形塑的加尔文主义者群体、接纳欧洲式心智形塑的一位论者和共和主义者群体。从 18 世纪末至 19 世纪中叶，上述三个群体都在不同程度上受到法国革命思想和启蒙思想及自然哲学的冲击。19 世纪，哈佛大学的一位论牧师钱宁曾写道：“我进入大学的时候，学院正处于最差的状态。社会正在经历一个最关键的阶段。法国大革命感染了各个地方的人，令他们有了病态的想象且心神不宁。社会的秩序、忠诚、传统、习俗、尊敬古风的旧基础都被动摇了。”①

当加尔文主义者、一位论者和共和主义者感到美国社会处于分崩离析的危机中时，他们产生了共同的思想倾向，即联结主义。对于加尔文主义者而言，美国社会由于遭受多方面的压力正呈现分离趋势。加尔文主义者感到，美国社会的压力源之一是派系主义（sectarianism），主要表现是小宗派数目的增加及其相互对抗力度的增大；压力源之二则来自美国移民之间的习俗、情感和宗教上的差异；压力源之三是美国白人社会的底层与中上层阶级之间的教育水平和理性程度的差异。法国革命消息和启蒙思想被传入美国之后，加尔文主义者担心已建立的社会联结会遭到冲击，于是希望借助高等教育机构的心智教育制度在青少年中培养一种共同的情感与社会认同感，重塑社会联结。可以说，加尔文主义者的联结主义包含福音民族理想，这些内容是他们复兴本土心智形塑的思想上的动力，他们倡导和实践的心智形塑应被理解为共同体敬虔意志的塑造过程。

本文叙述的一位论者和共和主义者这两个群体在人员上有许多重合。譬如，引介欧式心智形塑的蒂克纳和曼既是一位论主义者，又怀有共和主义理想。一位论者和共和主义者对美国社会分离危机来源的认识与加尔文主义者的认识有相似成分，也有不同之处。文中的大多数一位论者和共和主义者最初对德国哲学持保守态度，他们对引入德国心智形塑系统本身也是谨慎的。但是，从 19 世纪 20 年代至 19 世纪 40 年代，随着民主党领袖杰克逊时代的到来，一位论者和共和主义者

① Dorothy C. Broaddus, *Genteel Rhetoric: Writing High Culture in Nineteenth-Century Boston* (Columbia, South Carolina: University of South Carolina, 1999), p. 22.

感受到了美国白人社会阶层之间逐步增加的矛盾。此外，部分一位论者和共和主义者在欧洲留学或访问之际，其思想中形成了对法国大革命意义的重新解读。在他们看来，未受过教育的，尤其是心智未受过启发与训练的民众，对现有社会秩序和富人阶层的财产存在较大威胁。因而，他们相信美国那些未受过教育的白人移民急需一种以培育共和国理性为目的的心智形塑。由于共和主义者认定未受过教育和训练的白人根本不具备治理国家的公民美德（如共和国理性），当美国人政治生活中的劳工政治权利扩张提案出现时，一位论者和共和主义者感到将会威胁美国社会的联结。因此，他们对德国哲学的忌惮让位给了对美国社会革命的恐惧，于是引入德国和苏格兰的心智教育制度和心智哲学。综上，加尔文主义者、一位论者和共和主义者这三个群体想用非世俗教育机构、公共学校、大学和学园中的心智形塑系统塑造美国人的民族国家认同。

19 世纪下半叶，部分大学开始汲取斯宾塞的进化论以改造先前的心智形塑。在中学或其他中等教育机构，除了联结主义这一因素，古典自由主义精神也促进了心智形塑的盛行。随着劳工阶层的壮大，19 世纪中叶的教育家们开始意识到，理性训练能够帮助白人子弟在选择行业方面享有充分自由。

此外，除了原先的群体，还出现了一批非裔美洲男性学者和妇女学者在学园和其他社会教育机构推行一种以欧洲人种学说和常识哲学为基础的心智形塑。对非裔美洲人来说，心智形塑是一种自我教育的过程，是不断用经验解读上帝创造的大自然规律进而不断理解人比动物更高贵的那部分人性，最终帮助非裔美洲人种实现自己的高贵人性，摆脱黑人群体被奴役的命运。在 19 世纪 20 年代，妇女也应该接受心智形塑的观念开始出现，虽然学者们是出于如何让妇女更好地培育儿子或辅助丈夫的考虑才推行女子心智形塑，但这无疑是一种进步。在 19 世纪末，一些妇女学者从如何促进妇女个人的幸福和自由的角度提倡女子心智形塑。

总的来说，各类教师、学者或其他与教育机构利益相关的人士在联结主义、古典自由主义、废奴主义或女性主义思想的驱动下，在19世纪不同阶段复兴了本土的心智形塑，也接纳和实践了欧洲式心智形塑。

二、以心智形塑为目标的教育改革和教育治理体系的关系

本文从美国学者推行欧式心智形塑的过程中发现，试图引入新教育进而发展到教育改革的蒂克纳和曼都受到了一线教师群体的抵抗。本文认为，这两个个案共同显示了19世纪部分美国中高等教育治理体系的特点与改革发起者的身份阻碍了教育改革。

从蒂克纳的哈佛改革个案来看，参与改革的主要是教职工、董事会和监管委员会这三个团体。这三个团体之间的关系十分微妙，根据蒂克纳本人及后来研究者对当时哈佛治理体系的介绍，在19世纪初，哈佛教职工、董事会和监管委员会在权力上的关系是掌握学生的心智形塑和教学事务的团体是直接管理委员会，包括校长和一部分住校教师；董事会的权力范围和职责超越了教职工，董事会包括校长、财政部长和5个哈佛学术成员，以及一些商人和学届名流。董事会主要有四个方面的权力：第一，管理学院税收与资金。第二，任命教师与其他职员，规定其职责与薪水。第三，为教师与学生制定管理政策。第四，填补董事会体系空缺。而在哈佛具有最高管理权力的是监管委员会，它包括本州州长、参议院代表和众议院代表等53个人，还包括学院校长、15名杰出牧师和15名由监管委员会选举的世俗成员。董事会的权力受到监管委员会的监督与限制，若无监管委员会的批准，董事会无

法实施任何权力。[①]从哈佛治理体系的结构看来，哈佛教职工处于最底层，他们在自身群体的聘任、薪水及学生管理政策方面几乎没有话语权，并且几乎无缘进入董事会与监事会体系。1821 年，董事会直接在通告中公布蒂克纳的教育改革意见，这种做法对教师们来说，或许意味着挑战他们手里唯一的也是最后的教学自治权利。那么，教师在 1821 年普遍反对蒂克纳的改革意见亦是情理之中的事情。但是，哈佛治理体系的权力分层似乎不足以解释教师群体在 1823 年改革中的反对态度。1823 年，哈佛监事会并没有直接下发教育改革意见，而是选任了几位调查委员进驻哈佛来调查教学、管理状况，以便考查教育改革的必要性，这种做法仍旧遭到了教师们的反对。并且，教师们在调查结果出来之前，就已经集结起来撰写教师自治权陈情书。从这点来看，教师们在 1823 年改革中的抵抗情绪更甚于 1821 年。其主要原因在于，改革发起者的身份引发了教职工群体的反感情绪。

除了哈佛治理体系的权力过于集中的问题之外，一方面，改革者的身份是导致教职工进行反对的重要原因。1823 年改革行动的主体是哈佛监事会，监事会完全由校外人士组成，包括马萨诸塞州政界精英、教会精英与其他校外人士。当一群校外人士涉入哈佛校内教育事务时，不难想象教师们可能产生的抵抗情绪。另一方面，蒂克纳享有的特殊条件也使 1823 年的改革蕴含了些许武断的性质。在 19 世纪初，哈佛的教授和导师一般住在校园内，他们不仅要负责学生的教学事务，还需充当哈佛校园警察，教师们披着斗篷、拿着小匕首深更半夜巡视校园是这些“住校教师”的真实写照。与他们不同的是，蒂克纳从欧洲归来之时就与校长订立了合约，根据合约，蒂克纳只需要负责学术研究

① Samuel A. Eliot, *A Sketch of the History of Harvard College and Its Present State* (Boston: Charles C. Little and James Brown, 1848), pp. 101-118; Gorge Ticknor, *Remarks on Changes Lately Proposed or Adopted in Harvard University Cummings* (Boston: Hilliard & Co., 1825), p. 12.

与教学工作，并且住在校外，因此他与监事会成了邻居与朋友，脱离了一般的教师群体。在1823年改革中，蒂克纳收到监事会的支持，在某种程度上得益于他与监管委员们的私交关系。综上所述，与其说蒂克纳是一名“教授”，不如说他的影响力及角色几乎嵌入了哈佛大学治理体系中的显性规范的权力结构。他作为1823年改革规划的主要提出者，导致这场改革更像一场自上而下、由外向内驱使变革的运动。除此之外，19世纪20年代是哈佛教师被排挤出董事会的时期。虽然哈佛教师曾经拥有入选董事会的惯例，但是在19世纪20年代，新的惯例已经形成，董事会成员一般由非住校教师担任。以上种种因素推动了哈佛教师的抵抗情绪，使之在1824年到达沸腾状态，结果产生了1824年的哈佛教师群体自治权陈情书。

哈佛教师们在1824年春天的陈情书中诉求重新入选董事会的权利，甚至他们进一步建议废除董事会，由直接管理委员会（教职工大会）管理哈佛所有事务，由监管委员会负责监督一般事宜。就在改革调查委员进入哈佛校园之后，教师们将陈情书递交哈佛董事会。哈佛校董会拒绝这份陈情书后，住校教师们并没有放弃。在抵抗调查报告无果的情况下，教职工们在1824年夏天将陈情书递给了哈佛监管委员会。1825年2月4日，监管委员会对安德鲁斯·诺顿等人的提案进行了投票，结果一致拒绝继续探讨哈佛教职工在陈情书上的要求，并且表示不再发表任何关于选举哈佛住校教师进入校董会的观点。陈情书行动的失败，进一步加剧了教师们对新政策的抵抗心理。结果，在1825年欧式心智形塑政策下来之后，大部分哈佛教师不愿意实践新教育政策。哈佛治理体系结构上的问题或许能够解释教师群体普遍反对改革的现象，同时不可否认的是，部分教师与蒂克纳等改革倡议者在对欧式心智形塑基础理论、手段、材料和方法的认识上存在差距。

与之相似的是，曼将引介欧式心智形塑的“第七次年报”颁布之后，反对他的波士顿教师和校长在《评论》中攻击了曼的行政管理人员身份。譬如，这些波士顿教育者们对曼做出了如下批评：

> 这位尊敬的秘书所拥有的官职赋予了他考察各地教育的特权，也为他在教育方面的建议增添了高高在上的权威，虽然我们认为这些建议一点也不合适。作为本州教育委员会秘书，他的职责之一，应是基于经验及其后果来促进公共教学模式的改进，而不是跟随着思辨理论。①

可见，在19世纪以推行欧式心智形塑为主要目标的教育改革中，大学或普通学校的一线教师并不认同只从事教育事务管理的大学管理人员或州普通学校监管人员自上而下推行教育变革的行动，并且19世纪美国学校治理体系内部显性规范与隐性文化观念之间的矛盾延缓了美国中等教育和高等教育对欧式心智形塑的接纳。因此，班克罗夫特与考格斯韦尔选择离开哈佛，创建独立的学校，才得以真正践行德国的心智形塑观念。

此外，对一所大学来说，外源的社会关系在一定程度上与大学内部的教育改革也形成了张力。一位论派之所以能取代正统加尔文派在新英格兰精英大学中的地位，联邦党人是一个重要的推动因素。在19世纪初，马萨诸塞州联邦党人中的社会精英群体与民主党派是相互敌视的。随后，民主党派与正统加尔文主义者共同发起了提升平民政治地位的社会活动。对此，联邦党精英群体联结了一位论群体，以对抗民主党的势力。由于联邦党群体的支持，一位论派的人性观与教育观念得以在中高等教育界逐步扩散。

---

① Barnum Field et al. ,*Remarks on the Seventh Annual Report of the Hon. Horace Mann of the Massachusetts Board of Education*(Boston:Charles C. Little and James Brown,1844), pp. 33-56.

三、19 世纪美国心智形塑的现代价值及其不足之处

心智形塑的部分基础理论，如官能心理学和训练迁移理论，都在学理上受到了众多实验心理学家的质疑，这是心智形塑的理论不足之处。但是，这类批判并不能说明从哲学角度提出的心智（形式）训练是错误的。早在 1920 年，米克尔约翰就维护了心智形塑在形式训练意义上的合理性，认为心智形塑即形式训练。它的基础理论是逻辑学，逻辑学将人的心智活动分解成若干最基本和最普遍的形式元素和程序。这种分类方法来自亚里士多德，在这层意义上，心智形塑的对象是心智活动最基本的形式元素（各类官能团），也可以将这些元素称为“一般元素”。米克尔约翰指出，即使心理学家进一步将人的心智活动一般元素分为更细微的类别或得出比“官能”细微的心理活动元素，也不能说“形式训练”理论本身是错误的。① 在学理上，形式训练作为实质教育的对立面，仍有独特的研究意义。不仅如此，心智形塑对现代中高等教育仍旧具有实际意义。

虽然 19 世纪美国心智形塑的神学和心理学理论已经极少被现代教育家提起，但是 19 世纪美国心智形塑史揭示了若干值得现代中高等教育思考的教育规律。

第一，史诗类课程材料和哲学课程的心智形塑功用。根据前文，古代欧洲教育家和美国教育家对心智形塑材料问题进行了鞭辟入里的剖析，教育家们的观点揭示了历史课程和哲学课程在儿童和青少年可能产生的不同的心智形塑效用。

历史课程材料可以形塑儿童和青少年的荣誉观及利己主义情感或

---

① Alexander Meiklejohn, *The Liberal College* (Boston: Marshall John Company, 1920), pp. 107-132.

社会认同感。首先，民族史和民族志是近代以来公共教育机构中常见的课程材料。曼曾提出，民族史和民族志若过于重视描绘朝代更替，或者过度突显战争获胜者获得的珍宝与财富，学习者则容易养成一种仅从结果而非手段来判断社会制度的心智习惯。譬如，将获得珍宝与财富视为一种无上荣誉，而不考虑手段是否人道。其次，世界史也是近代以来常见的历史课程材料。世界史既有以地域或民族文化传统为主要内容的材料，也有以描绘民族侵略、斗争和胜败为主的材料。在这些材料的教授过程中，若仅仅注重突显获胜民族的伟大或战败民族的耻辱，则容易导向极端民族主义情感甚至是纳粹主义思想，并不利于学生理解人道主义和人文主义等的思维习性。

与历史材料不同，哲学材料更注重对超越经验的、抽象的、遥远的问题的注意、辨析和思考，它包括对公平、正义、自由等理念的不变和恒定的意义的探索。哲学课程材料有助于学生养成一种对抽象理论知识的持续注意、细致观察、辨析和区分细微概念的心智习惯，并且有助于学生养成一种从非利己主义的视角出发来思索公共事务的心智习惯。

第二，父母对于心智形塑的作用。19 世纪美国心智形塑的手段经过了从权威和体罚手段到家长制下的爱的手段的演变过程。在此演变过程中，美国本土的教育家们通过实践和理论的探索得出结论，父母对知识的态度，父母对儿童学业的认真程度，都能在一定程度上影响儿童对知识的态度，从而形塑儿童求学中的心智习惯。有何种家长，就有何种学校和教育，这句话体现了美国近代公立学校教师们的教育观念。由此可见，不可忽视父母在儿童心智习惯塑造方面的影响力。

第三，形式教育和实质教育的比较意义。本书有助于反思思考方式的培育与传授知识相比较有何种优势。当今，美国一位非常著名的女性主义者和黑人教育家贝尔·胡克斯（Bell Hooks）在其《批判性思维的培养》中阐述过批判性思维的培育对每个人反思自己的社会身份十分有意义。她认为自己早年接受的批判性思维的培育极其有助于她反思自己的黑人身份，并且帮助自己形成了关于种族问题的敏锐意识："当我最初上学的时候，我就读于肯塔基州全是黑人的种族隔离学校。非常幸运的是，学校里的非裔美洲人教师真挚地认为，我和其他学生接受了一种'好的教育'。对这些教师来说，'好的教育'不是仅仅传授知识的教育，而是鼓励不断地投身于社会公正事业，尤其是投身于追求种族平等的斗争中。"①

第四，心智形塑与德育的关系的反思。从本文研究来看，理性、观察力、判断力的培养才是造就一个健全公民的基本要求。19 世纪美国的中学和大学教育家们希望学院发挥"父母式的监管"，有意识地启发学生理性地、逻辑地观察、分析和判断公共事务问题，这对于当代的社会责任意识训练仍有不可磨灭的意义。社会成员在观察、思考和判断公共事务时，若拥有与共同体成员身份一致的心智习惯和定向精神，有助于塑造共同体的凝聚力。由此可见，心智形塑对于国内的德育有借鉴意义。

第五，心智形塑与个人幸福、成就的关系。"一位论"认为，人出生时只有官能、原则与力量，这种观点肯定了人的品性朝着各个方向发展的可能，其对现代教育而言，仍旧具有一定的意义。

第六，心智形塑对现代的中高等教育中的学术训练也存在启发意义。譬如，心智形塑在培育学生的持续研究、耐心观察和细致分类等心智习惯上，与现代美国中高等教育的目标是趋同的。虽然心智形塑这个术语逐步被人们丢弃，但实质上它仍以学术训练与思维训练的形式存在于美国中高等教育中。我们常常可以在身边各式各类教育机构中听到这一类说法：数学、几何能够训练学生的思维；记诵能够增强

---

① Bell Hooks, *Teaching Critical Thinking: Practical Wisdom* (New York: Routledge, 2010), pp. introduction 1.

记忆力。这类说法大多脱胎于心智形塑这组观念，可见它在高等专业人才培养模式方面的指导意义是不可否认的。

第七，心智形塑也为课程教材的编排方式提供了启发，我们是否应该根据学生的心智规律去编排教材，令教材顺应儿童心理演变规律，进而让学生自然地掌握教材中的知识？还是应该用教材体现知识本身的逻辑关系，令学生顺应教材，让学生习得知识之间的逻辑关系而非知识本身？在课程的选择上，加尔文主义者的人性论与古典课程自古以来存在联结。随着一位论的人性观取代原罪论，古典课程被视为传统教育的附属品，逐步被一位论者与自然科学支持者鄙弃。

20 世纪初，工业化改变了劳工阶层与自由农民的比例，大众的理性教育失宠，职业教育呼声增强，越来越多的教育家更加关注能够帮助学生在市场经济中谋取职位的职业教育，对心智形塑的关注越发减少。尤其是欧美新人文主义教育家相继提出理性教育和意志教育的均衡问题，极大地冲击了心智形塑观在 19 世纪社会现代化过程中的神话地位。就 20 世纪初的美国而言，工业化进程带来了理性的现代人和民主的社会。理性的现代人抛弃了依附性的思想意识，淡化了来世命运的考量，得以剥去贫穷出身的影响，淡化种族、肤色、性别、阶层的影响，通过高等教育获得属于独立个体的自尊与荣誉。与此同时，理性的现代人也产生了精神与道德上的虚浮之感。华夏传统文化之中有“中庸”之说，庸即不易的恒久之道。20 世纪初的美国社会所面临的问题或许是关于道的缺失与道的寻求之径的问题。若无法逆转回到前现代去寻求道，那么又从何处去寻求道呢？这个问题为美国新人文主义教育家所意识到，在重释心智形塑过程中回到了希伯来文明和希腊文明的融合问题之中，也一定程度上凸显了 19 世纪心智形塑观念的贫瘠。近年来，随着昆廷·斯金纳等观念史研究者开辟新的治观念史方法论，如何离析出观念的语言学语境，呈现观念生产的系谱学脉络，将观念视为特定群体的言说行动结果进而描绘话语权力结构特征等，制约着当下观念史研究的进程。心智形塑观念在19世纪末20世纪初的欧美文化交汇大背景之下的演变与生产，有待结合新方法论进行进一步探索。

参考文献

一、中文译著

［1］沃特拉斯．20 世纪美国教育中的哲学冲突［M］．王璞，於荣，译．合肥：时代出版传媒股份有限公司，安徽教育出版社，2011.

［2］柏拉图．蒂迈欧篇［M］．谢文郁，译．上海：世纪出版集团，上海人民出版社，2005.

［3］柏拉图．理想国［M］．郭斌和，张竹明，译．北京：商务印书馆，1986.

［4］波林．实验心理学史［M］．高觉敷，译．北京：商务印书馆，1981.

［5］多伊尔．何谓旧制度［M］．熊芳芳，译．北京：北京大学出版社，2013.

［6］方纳．给我自由！——一部美国的历史（上下卷）［M］．王希，译．北京：商务印书馆，2010.

［7］冈察雷斯．基督教思想史（第 1 卷）［M］．陈泽民，孙汉书，司徒桐，等译，南京：译林出版社，2010.

［8］舒尔兹 D，舒尔兹 S A．现代心理学史（第八版）［M］．叶浩生，译．南京：江苏教育出版社，2005.

［9］克雷明．美国教育史 1 殖民地时期的历程（1607-1783）［M］．

周玉军，苑龙，陈少英，译，北京：北京师范大学出版社，2002.

［10］克雷明. 美国教育史 2 建国初斯的历程（1783-1876）［M］. 洪成文，丁邦平，刘建永，等译，北京：北京师范大学出版社，2002.

［11］昆体良. 昆体良教育论著选［M］. 任钟印，选译. 北京：人民教育出版社，1989.

［12］里帕. 自由社会中的教育：美国历程［M］. 於荣，译. 合肥：安徽教育出版社，2010.

［13］洛克. 教育片论［M］. 熊春文，译. 上海：世纪出版集团，上海人民出版社，2005.

［14］罗宾. 现代大学的形成［M］. 尚九玉，译. 贵阳：贵州出版集团，贵州教育出版社，2006.

［15］马斯登. 美国大学之魂［M］. 徐弢，程悦，张离海，译，北京：北京大学出版社，2009.

［16］米涅. 法国革命史［M］. 北京编译社，译. 北京：商务印书馆，1977.

［17］米克尔约翰. 表达自由的法律限度［M］. 侯健，译. 贵阳：贵州人民出版社，2003.

［18］苗力田. 亚里士多德全集（第三卷）［M］. 北京：中国人民大学出版社，1992.

［19］诺夫乔伊. 存在巨链——对一个观念的历史的研究［M］. 张传有，高秉江，译. 南昌：江西教育出版社，2002.

［20］潘恩. 常识：理性时代［M］. 支顺福，注释. 上海：上海外语教育出版社，2006.

［21］桑代克. 桑代克教育学［M］. 陈兆蘅，译. 上海：商务印书馆，1932.

［22］舍勒. 知识社会学问题［M］. 艾彦，译. 南京：译林出版社，2014.

［23］斯普林．美国学校：教育传统与变革［M］．史静寰，姚运标，张宏，等译，北京：人民教育出版社，2010.

［24］维吉尔．哈佛百年经典 埃涅阿斯纪（25 卷）［M］．田孟鑫，李真，译．北京：北京理工大学出版社，2014.

［25］维科．新科学（全两册）［M］．朱光潜，译．北京：商务印书馆，1989.

二、中文著作

［1］高惠蓉．女权与教育——美国女子高等教育发展研究［M］．上海：上海三联书店，2010.

［2］郭法奇等．欧美儿童研究运动：历史、比较及影响［M］．北京：北京师范大学出版集团，北京师范大学出版社，2012.

［3］贺国庆，王保星，朱文富，等．外国高等教育史［M］．北京：人民教育出版社，2003.

［4］贺国庆，于洪波，朱文富．外国教育史［M］．北京：高等教育出版社，2009.

［5］黄坤锦．美国大学的通识教育——美国心灵的攀登［M］．北京：北京大学出版社，2006.

［6］雷通群．雷通群西洋教育通史［M］．长春：吉林人民出版社，2013.

［7］林玉体．美国高等教育之发展［M］．台北：高等教育文化事业有限公司，2002.

［8］彭正梅．德国教育学概观：从启蒙运动到当代［M］．北京：北京大学出版社，2011.

［9］唐钺．西方心理学史大纲［M］．北京：北京大学出版社，1982.

[10] 滕大春. 美国教育史 [M]. 北京：人民教育出版社，1994.

[11] 王保星. 外国教育史 [M]. 北京：北京师范大学出版社，2008.

[12] 吴式颖. 外国教育史教程 [M]. 北京：人民教育出版社，1999.

[13] 蒋径三. 西洋教育思想史（上、下册）[M]. 福州：福建教育出版社，2011.

[14] 张斌贤. 教育与社会变革 [M]. 北京：中国社会科学出版社，2012.

[15] 张斌贤. 外国教育思想史 [M]. 北京：高等教育出版社，2007.

[16] 周采. 美国教育史学：嬗变与超越 [M]. 北京：人民教育出版社，2006.

三、中文期刊和学位论文

[1] 董标. 卢梭悖论——“教育学形态”的案例研究 [J]. 中国教育科学（第1辑），2013：61-77.

[2] 郭法奇. 关于教育史研究“国际化”问题的思考 [J]. 大学教育科学，2013（4）：85-91.

[3] 郭彬. 中美大学校训比较研究 [J]. 黑龙江教育（高教研究与评估），2011（11）：41-42.

[4] 黄小芬. 心智训练理论在现代教育中的运用 [J]. 文学教育，2007（6）：64-65.

[5] 金家新. 大学校训：大学精神与大学理念的宣扬 [J]. 江西师范大学学报（哲学社会科学版），2010（6）：118-121.

[6] 李剑鸣. 美国革命时期民主概念的演变 [J]. 历史研究，2007

(1)：130-157.

［7］李剑鸣. 在雅典和罗马之间——古典传统与美利坚共和国的创建［J］. 史学月刊，2011（9）：108-124.

［8］李政涛. 什么是教育思想［J］. 湖南师范大学教育科学学报，2007（5）：7-8.

［9］林伟. 美国高等教育史学语境中的《耶鲁报告》［J］. 大学教育科学，2011（1）：72-78.

［10］沈文钦. 纽曼博雅教育学说的历史渊源［J］. 高等教育研究，2009（6）：32-37.

［11］王保星. 《耶鲁报告》与美国共和主义高等教育教育观的确立［J］. 清华大学教育研究，2003（2）：56-62.

［12］王晨. 契合与超越——纽曼和赫钦斯大学思想核心概念比较［J］. 教育科学，2005（1）：47-51.

［13］王承教. 维吉尔的灵魂转世说及其哲学意义［J］. 现代哲学，2013（5）：43-51.

［14］王春喜，程斯辉. 中外大学校训比较研究［J］. 教育科学，2007（3）：31-34.

［15］张斌贤，王晨. 大学“理念”考辨——兼论大学“理想”与大学“观念”［J］. 江苏高教，2005（02）：6-9.

［16］刘春华. 变革时期的美国文理学院，1890—1940年［D］. 北京：北京师范大学，2012.

［17］沈文钦. 十八、十九世纪英国liberal education思想及其古典渊源［D］. 北京：北京大学，2012.

［18］许静. 威廉·埃勒里·钱宁与人道主义改革运动研究［D］. 上海：华东师范大学，2008.

四、英文著作

［1］ ALENANDER B. Mental and moral science［M］. London: Longman, Green and Co., 1968.

［2］ ALENANDER B. The senses and the intellect［M］. London: Longman, Green, Longman Roberts and Green, 1864.

［3］ ARISTOTLE. De anima［M］. HICKS R D, trans. Cambridge: Cambridge University Press, 1907.

［4］ REEVES-ELLINGTON B, SKLAR K K, SHEMO C A. Competing kingdoms: women, mission, nation, and the American protestant empire, 1812-1960［M］. Durham: Duke University Press, 2010.

［5］ BEECHER L. An address of the charitable society for the education of indigent pious young men［R］. New Haven: Committee of supplies, 1814.

［6］ MEIKLEJOHN A. The liberal college［M］. Boston: Marshall John Company, 1920.

［7］ BLEWETT M. Men, women, and work: class, gender, and protest in the New England shoe industry, 1780-1910［M］. Urbana: University of Illinois Press, 1988.

［8］ BRUBACHER J S. A history of the problems of education［M］. New York: McGraw Hill Book Company, 1947.

［9］ BROWN J W. An enquiry into the life and legend of Michael Scot［M］. Edinburgh: T. and A. Constable, 1897.

［10］ DAWLEY A. Class and community: the industrial revolution in Lynn［M］. Cambridge, Mass.: Harvard University Press, 1976.

［11］ MEIKLEJOHN A. Free speech and its relation to self-government

[M]. New York: Harper & Brothers, 1948.

[12] COGSWELL J G. Outline of the system of education at the Round Hill School with a list of the present instructors and of the pupils from its commencement until this time, June, 1831[M]. Boston: N. Hale's Steam Power Press, 1831.

[13] CREMIN L A. American education, the national experience 1783-1876[M]. New York: Harper & Row, 1982.

[14] CROGMAN W H. The negro, his needs and claims[M]. Judson & Dunlop: Printers and Paper Dealers, 1883.

[15] DAY J. An introduction to algebra[M]. New Haven: Steele for Howe & Deforest, 1814.

[16] DEWEY J. Democracy and education[M]. New York: The Macmillan Company, 1930.

[17] DEWOLFE HOWE M A. The life and letters of George Bancroft [M]. Vol. 1. London: Hodder & Stoughton, 1908.

[18] DOW L. A hint to the public[M]. Salisbery: Coupee & Crider, 1811.

[19] DWIGHT T. A sermon preached at the opening[M]. Boston: Belcher & Armstrong for Farrand & Mallory, 1808.

[20] DWIGHT T. A valedictory address to the young gentlemen, who commenced bachelors of arts[M]. New Haven: Thomas and Samuel Green. 1776.

[21] DWIGHT T. The charitable blessed[M]. New Haven: Sidney's press, 1810.

[22] DWIGHT T. The nature and danger of infidel philosophy[M]. Bristol: R. Edwards, 1799.

[23] DWIGHT T. Theology explained and defended in series of

sermons[M]. Vol. 1. London: W. Baynes and Son, 1822.

[24] DWIGHT T. Theology explained and defended in series of sermons[M]. Vol. 5. London: W. Baynes and Son, 1822.

[25] ELIOT C W. Educational reform: assays and address[M]. New York: The Century Co., 1901.

[26] ELIOT S A. A sketch of the history of Harvard college and of its present state[M]. Boston: Charles C. Little and James Brown, 1848.

[27] FIELD B, HALE J, GREENE S S, et al. Remarks on the seventh annual report of the Hon Horace Mann of the Massachusetts Board of Education[M]. Boston: Charles C. Little and James Brown, 1844.

[28] FONER E. Free soil, free labor, free men[M]. New York: Oxford University Press, 1995.

[29] FISHER G P. Life of Benjamin Silliman[M]. New York: Charles scribner and company, 1866.

[30] GEIGER R L. The history of American higher education, learning and culture from the founding to World War Ⅱ[M]. Princeton: Princeton University Press, 2014.

[31] GJERDE J. Catholicism and the shaping of nineteenth century America[M]. Cambridge: Cambridge University Press, 2012.

[32] GURALNICK S M. Science and the anti-bellum American college[M]. Philadelphia: The American Philosophical Society, 1975.

[33] HATCH N O. The democratization of American Christianity [M]. New Haven and London: Yale University Press, 1989.

[34] HARRIS N, ROTHMAN D J, THERNSTROM S. The history of the United States[M]. Vol. 1600-1876. New York: Holt, Rinehart and Winston, 1969.

[35] ISSAC L. A sermon at the ordination of the Rev. Jeremiah Day [M]. New Haven:The Journal Office,1817.

[36] IRVING B. Literature and the American College[M]. Boston: Houghton,Mifflin and Company,1908.

[37] HECK W H. Mental discipline & educational values[M]. New York:John Lane Company,1909.

[38] HOFSTADTER R. Great issues in American history,from the revolution to the civil war[M]. New York:Random House,1962.

[39] HOOKS B. Teaching critical thinking:practical wisdom[M]. New York:Routledge,2010.

[40] HODGE F A. John Locke and formal discipline[M]. Virginia: J. P. Bell Company,1911.

[41] HUMPHREY D C. From King's College to Columbia,1746-1800[M]. New York:Columbia University Press,1976.

[42] HUTCHINS Z. Great awakenings[M]. New York: Oxford University Press,2012.

[43] HUBBELL G A. Horace Mann,educator,patriot and reformer [M]. Philadelphia:WM. F. Fell Company,1910.

[44] HILLARD G S. Life,letter and journal of George Ticknor, [M]. Vol. 1. London:Gilbert and Rivington. 1876.

[45] JAMES K. A sermon[M]. Boston:Printed by Gilbert & Dean, 1803.

[46] JOHNSTON C H. High school education[M]. New York: Charles Scribner's Sons,1912.

[47] KLIEBARD H M. Forging the American curriculum[M]. New York:Routledge,1992.

[48] KLIEBARD H M. The struggle for the American curriculum

(1893-1958)[M]. New York: Routledge, 1995.

[49] KINGSLEY J L. Remarks on the present situation of Yale College for the consideration of its friends and patrons[M]. New Haven: MWA copy, 1818.

[50] LESLEY S I. Susan recollections of my mother[M]. Boston and New York: Houghton Mifflin Company, 1899.

[51] MANN H. Report of an educational tour in German, and parts of Great Britain and Ireland [M]. London: Simpkin, Marshall, and Company, 1846.

[52] LOCKE J. Thoughts Concerning Education[M]. London: J. and R. Tonson in the Strand, 1913.

[53] LUCAS C J. A history of American higher education[M]. New York: ST. Martin's Griffin, 1994.

[54] MARSDEN G M. The soul of the American university[M]. New York: Oxford University Press, 1994.

[55] MARION T. The education of women[M]. Chicago: University of Chicago Press, 1910.

[56] MANN H. Reply to the "Remarks" of thirty-one Boston schoolmasters on the seven annual report[M]. Boston: WM. B. Fowle and Nahum Capen, 1844.

[57] MANN M. Annual reports on education[M]. Boston: Horace B. Fuller, 1868.

[58] MARY M. Life of Horace Mann[M]. Boston: Walker, Fuller and Company, 1865.

[59] MCFEELY W S. Frederick Douglass[M]. New York: W. W. Norton and Company, 1991.

[60] MCCARTHY M C. History of American higher education[M].

New York:Peter Lang,2011.

[61] MORSE J. True reasons on which the election of a Hollis Professor of divinity in Harvard College[M]. Charlestown:Printed for the author,1805.

[62] MOORE G. Fichte: addresses to the German nation[M]. Cambridge:University of Press,2008.

[63] MONROE P. A textbook in the history of education[M]. New York:Macmillan Company,1935.

[64] MRS STICH T. Thoughts on female education [M]. Philadelphia:Printed by Clark & Raser,1831.

[65] NORTON A. Remarks on a report of a Committee of the Overseers of Harvard College[M]. Cambridge: Hillard and Metcalf, 1824.

[66] NUSSBAUM M, RORTY A O. Essays on Aristotle's De Anima[M]. Oxford:Clarendon,1992.

[67] PAULE M. Platonism[M]. Princeton: Princeton University Press,1917.

[68] PEARSON E. Andover Theological Seminary:the constitution and associate statutes[M]. Boston:Belcher & Armstrong for Farrand & Mallory,1808.

[69] POTTS D B. Liberal education for a land of colleges, Yale Reports of 1828[M]. New York:Palgrave Macmillan,2010.

[70] PORTER N. The American colleges and the American public [M]. New Haven,Conn. :Charles C. Chatfield,1870.

[71] POCHMANN H A. German culture in America:philosophical and literary influences(1600-1900)[M]. Madison: The University of Wisconsin Press,1957.

[72] RAY A G. The Lyceum and public culture in the nineteenth-century United States[M]. Michigan: Michigan State University Press, 2005.

[73] REUBEN J A. The making of the modern university: intellectual transformation and the marginalization of morality[M]. Chicago: University of Chicago Press, 1996.

[74] RIPPA S A. Educational ideals in America: a documentary history[M]. New York: David Mckay Company, 1969.

[75] SIZER N. Forty years in phrenology[M]. New York: Fowler & Wells, 1882.

[76] STEPHEN L. Samuel Johnson[M]. New York: Harper & Brothers Publishers, 1901.

[77] SIBLEY J L. Biographical sketches graduates of Harvard University[M]. Vol. 2 (1659-1677). Cambridge: Charles William Sever, 1881.

[78] SPEER W. Great revival of 1800[M]. Philadelphia: Presbyterian Board of Publication, 1872.

[79] SPARGUE W B. The life of Jedidiah Morse[M]. New York: Anson D. F. Randolph & Company, 1874.

[80] SMITH T L. Revivalism and social reform: American protestantism on the eve of civil war[M]. Baltimore: Johns Hopkins University Press, 1980.

[81] TANNER D, TAANER L N. Curriculum development: theory into practice[M]. New York: Macmillan Publishing Co. , Inc, 1980.

[82] TRACK D B. George Ticknor and the Boston Brahmins[M]. Cambridge, Mass. : Harvard University Press, 1967.

[83] TAPPAN D. Sermons on important subjects[M]. Cambridge:

Hilliard and Lincoln & Edmands, 1807.

[84] THORNDIKE L. Michael Scot, Nelson[M]. London: Thomas Nelson, 1965.

[85] TICKNOR A E. Life of Joseph Green Cogswell as sketched in his letters[M]. Cambridge, Mass. : Riverside Press, 1874.

[86] TICKNOR G. Remarks on changes lately proposed or adopted in Harvard University cummings[M]. Boston: Hilliard & Co. , 1825.

[87] VEYSEY L R. The emergence of the American university[M]. Chicago: the University of Chicago Press, 1965.

[88] VIRGIL. The Aeneid of Virgil[M]. CONINGTON J, trans. London: Longmans, Green, and Co. , 1866.

[89] WINTERER C. The culture of classicism: ancient Greece and Rome in American intellectual life, 1780-1910[M]. Baltimore: The John Hopkins University Press, 2002.

[90] WARE H. Answer to Dr. Woods' reply in a second series of letters, addressed to trinitarians and calvinists[M]. Cambridge: Hilliard and Metcalf, 1822.

[91] WALTERS R G. American reformers, 1815-1860[M]. New York: Hill and Wang, 1978.

[92] WALKER J. Memoir of Hon. Daniel Appleton White, prepared agreeably to a resolution of the Massachusetts Historical Society[M]. Boston: John Wilson and Son, 1863.

[93] WHITEHEAD J S. The separation of college and state[M]. New Haven and London: Yale Press, 1973.

[94] WILSON J G, FISKE J. Cyclopedia of American biography [M]. Vol. Ⅱ. New York: A. Appleton and Company, 1888.

[95] WOODS L. Remarks on Dr. Ware's answer[M]. Andover:

Mark Newman,1822.

[96] WOODS L. Letters to unitarians and reply to Dr. Ware[M]. Andover:Mark Newman,1822.

五、英文文集、会议录

[1] DAY J,KINGSLEY J. Curriculum changes at Yale[C]//The annals of America,Vol. 5(1821-1832). Chicago:William Benton,1968:266-267.

[2] Encyclopedia Britannica. The annals of America[C]. Vol. 5 (1821-1832). Chicago:William Benton,1968.

[3] FOWLER O S,FOWLER L N. The American phrenological journal & miscellany[C]. Vol. 1. Philadelphia:Fowlers and Wells. 1838.

[4] FOWLER O S,FOWLER L N. The American phrenological journal & miscellany[C]. Vol. 1. Philadelphia:Fowlers and Wells. 1839.

[5] FOWLER O S,FOWLER L N. The American phrenological journal & miscellany[C]. Vol. 2. Philadelphia:Fowlers and Wells. 1840.

[6] MANN H. Common school journal[C]. Vol. Ⅲ. Boston:Marsh,Capen,Lyon and Webb,1841.

[7] SILLIMAN B. The American journal of science[C]. Vol. Ⅰ. New York:J. Eastburn and Co. Literary Rooms,Broadway,1818.

[8] WILSON J G,FISKE J. Appleton's cyclopedia of American biography[C]. New York:D. Appleton and Company,1888.

六、英文报告

[1] Andover Theological Seminary. Alumni catalogue,catalogue of

those, who was educated at the theological seminary[R]. Andover, Mass.: Flagg & Could, 1815.

[2] Harvard University. The foundation of the Massachusetts professorship of natural history[R]. Boston: Russell & Cutler, 1805.

[3] LYANSC K. The doctrine of formal discipline[R]. Pedagogical Seminary, 1914.

[4] STRONG L, HOWE S. The substance of two reports of the faculty of Amherst College to the board of trustees[R]. Amherst: Carter and Adams, 1827.

七、英文文章

[1] CAPPER C. Margaret Fuller as a cultural reformer: the conversations in Boston[J]. American Quarterly, 1987, 39(4): 509-528.

[2] CARNOCHAN W B. Education as architecture: the Yale Report of 1828[J]. Journal of Aesthetic Education, 2002, 36(3): 8-12.

[3] ELIOT C W. Educational reform and the social order[J]. The School Review, 1909, 27(4): 217-222.

[4] GAZETTE A. Defects of common education: cultivation of thought[J]. American Journal of Education, 1827(6): 336.

[5] HAROLD W A. College discipline[J]. The American Scholar, 1934, 3(1): 123-124.

[6] HALL G S. Anti-materialism[J]. The Journal of Speculative Philosophy, 1872, 6(3): 216-222.

[7] HALL G S. Philosophy in the United States[J]. Mind, 1879, 4(13): 89-105.

[8] HERBST J. The Yale report of 1828[J]. International Journal

of the Classical Tradition,2004,11(2):213-231.

[9] KEAGY J M. Suggestions to parents: early intellectual education [J]. American Journal of Education,1826(11):672.

[10] MASUR L P. Age of the first person singular: the vocabulary of the self in New England,1780-1850[J]. Journal of American Studies, 1991,25(2):189-211.

[11] MCBRIDE J H. Physical training as mental training[J]. The Scientific Monthly,1915,1(1):56-65.

[12] NUTTING H C. Mental training and transfer[J]. The Classical Journal,1931,26(4):296-298.

[13] SAVAGE J,PHILIPS J,OLIVER F J,et al. Boston monitorial school: report of the trustees[J]. American Journal of Education,1826,1(1):29.

[14] THOMPSON R. Habit of hear: Emerson, belletristic rhetoric, and the role of the imagination[J]. College English,2007,69(3):260-282.

[15] UROFSKY M I. Reforms and response: the Yale report of 1828[J]. History of Education Quarterly,1965,5(1):53-67.

[16] WACH H M. Expansive intellect and moral agency: public culture in antebellum Boston[J]. Proceedings of the Massachusetts Historical Society, Third Series,1995,107:30-56.

[17] WESTON A H. College discipline[J]. The American Scholar, 1934,3(1):123-124.

后　　记

我一直喜爱阅读外国文学和历史，尤其对美国教育改革者的教育家国梦怀有浓厚的兴趣。从 2012 年夏季开始，我来到北京师范大学跟随导师张斌贤教授攻读博士学位。因张老师的建议，选取了 mental discipline 为博士学位论文选题。这是一个颇具学术价值的研究选题，也是一个十分有趣的话题，它体现了近代美国教育和文化先驱是如何调和自由与民主、如何均衡个人理想和美国梦的。在撰写博士学位论文期间，我得到许多师友的帮助，从而使拙作得以完成。

首先，感谢导师张斌贤教授。张老师心系外国教育史学科建设，精通美国教育史，至今仍笔耕不辍。博士三年期间，张老师严格要求，鼓励开阔视野，重视史料，常叮嘱学生区别“我注六经”与“六经注我”之区别。在博士学位论文的撰写过程中，张老师给予了莫大的支持和帮助。在此，深深感激张老师。

感谢吴式颖先生对我的支持和激励。极为感激北师大外国教育史教师团队。郭法奇老师曾细致阅读我的博士论文开题与论文初稿，提供了数条修改建议，涉及论文框架、关键概念界定和结语的铺陈，衷心感谢他的帮助。李子江老师在文笔撰写和论文构架方面提出了颇为有益的见解。我的博士学位论文涉及古希腊罗马哲学及教父神学，难度很大，王晨老师在这方面的指点、敦促、教诲犹如雪中送炭。然而，为才力所限，距离“工匠精神”仍有很长的路要走。此外，感谢孙益老师和姜星海老师在北师大给予的帮助和关心。

感激我的硕士导师董标教授，虽已毕业，董老师在“诚”的要求和“学者”身份的提点上始终牵引我的为学之路。他认同心智形塑研究的学术价值。他在心智形塑的内涵、外延及其古代思想谱系上的源流等方面给予了我宝贵的指点。感谢田正平先生，当年得知我要进入北师大攻读博士学位，田老师给我寄语，叮嘱我“立志高远”。还要感谢中国社会科学院的老先生李金山，他赠予我一些心理学和哲学资料，极有裨益。

2013年年末，我曾前往多伦多大学留学，尤为感激 Rick Halpern 教授的帮助和关心，他对我在了解美国南北战争前的社会历史方面的帮助是不可估量的。在北师大求学期间，香港学者曾荣光先生的系列课程令我印象深刻，虽然我与他素不相识，但我在他的课堂上学习和领悟了许多知识，这对我博士学位论文的撰写很有裨益。周采老师、王保星老师、贺国庆老师的书籍和文章对我亦有莫大的启发。

然后，感谢我的同门师姐祝贺、李曙光、康绍芳、陈瑶、刘春华，师妹高玲、小慧敏、范婕等给予我的支持和鼓励。感谢师兄涂诗万、林伟、王慧敏，师弟孙碧、杜光强、郑菲遐、杨帆等或赠予历史资料，或在精神上予以激励。同班同学申晓月一再叮嘱我修改论文，提醒我重振精神。陈黎明、武晓伟、周瑛仪、桂敏、赵志红等人和我一直相互支持和陪伴。王者鹤、屈廖健和余庆在三年间给予了我关心和帮助，也感激童想文和牛国兴在远方的鼓励和帮助。

最后，十分感谢我的丈夫陈斌，他在物质和精神上都给予我无微不至的支持和关心，他的双亲、我的父母、兄弟姐妹和亲姨都给予我无尽的关怀和支持，他们是我能够乐观开朗的精神源泉。感谢河北大学出版社和本书责编的大力支持与辛勤付出。

时光一去不复返，我会永远怀念博士生岁月。

曹春平

2021年4月5日